于豪亮著作二種

馬王堆帛書《周易》釋文校注

書中對馬王堆漢墓出土的帛書《周易》中的《六十四卦》、《繫辭》、卷後佚書做了釋文，並與傳世幾個《周易》版本（包括漢石經、《周易集解》、唐石經、敦煌寫本、宋本、阮本等）進行了校勘與注釋。

通過此番比較，可以更清楚地瞭解到《周易》在流傳過程中所經歷的整理加工、刪節編排、改字潤色等方面的演變。

于豪亮　著

上海古籍出版社

圖書在版編目（CIP）數據

馬王堆帛書《周易》釋文校注／于豪亮著. —上海：
上海古籍出版社，2013.12（2023.9重印）
　（于豪亮著作二種）
　ISBN 978－7－5325－7083－6

　Ⅰ.①馬… Ⅱ.①于… Ⅲ.①《周易》—注釋 Ⅳ.
①B221.2

　中國版本圖書館 CIP 數據核字（2013）第 245415 號

于豪亮著作二種

馬王堆帛書《周易》釋文校注

于豪亮　著

上 海 古 籍 出 版 社　出版、發行
（上海市閔行區號景路159弄1–5號A座5F　郵政編碼201101）
　　（1）網址：www.guji.com.cn
　　（2）E-mail: gujil@ guji.com.cn
　　（3）易文網網址：www.ewen.co
上海市崇明縣裕安印刷廠印刷

開本787×1092　1/16　印張13.5　插頁2　字數 280,000
2013 年 12 月第 1 版　2023 年 9 月第 10 次印刷
印數：14,351–18,450

ISBN 978－7－5325－7083－6
K·1802　定價:58.00 元
如發生質量問題,讀者可向承印公司調換

上世紀60年代的作者

作者在山西太原參加第二屆古文字學術研究會（1981年）

作者與徐中舒先生（右）合影（1981年）

手稿一

其心而後許，定位而後求。君子儆於此三（四四下）者，故存也。危以勤，則人弗與也，無立（位）而

求，則人弗予也，莫之予，則傷之者必至矣。易

此之謂也。 夫子老而好易，居則在席，〔行則在橐〕

者之趨，知謀遠者卜筮之繁。賜以此為然矣。子贛

〔囊〕之趨，知謀遠者卜筮之繁。賜以此為然矣。子贛曰：夫（四五下）子它日教此弟子曰：德行亡者神靈

老而好之乎？夫子曰：君子言以榘方也，前羊而至者，弗羊而至者，弗羊而巧也。賜緡□（四六上）蔡其要者不詭其應。

尚書多於吴（謀），周易未失也，且又〔首古之遺言焉〕。予非安其用也，予樂其辭也。□（四七上）

尤於□□□□□□□如是則君子已重過矣。賜聞諸夫子曰：孫正而行義，則人不惑矣。夫（四七下）

子今不安其用而樂其辭，則是用倚於人也。而可乎？子曰：校哉！賜！吾告女（汝）易之道矣。□（四八上）

忘，衛人為而去詐。 文（四八下）王仁，不得其志。 夫易，我後其祝卜矣，我觀其

易始興也。 予樂其知之□□□□□之自□□□易也。以成其慮。 紂乃无道，文王作諱而辟咎，然後

吾百占而才（纔）當。唯周梁山之占也，亦必（四九下）從其多者而已矣。子曰：易，我後其祝卜矣，我觀其

德義耳也。 幽贊而達乎數，明數而達乎德，又（有）仁□（五〇上）之而義行之耳。 贊而不達於數，則

則其為之巫。 數而不達於德，則其為之史。 史巫之筮，鄉（嚮）（五〇下）之而未也。□之而非也，□之而

後世之士疑丘者或以易乎？吾求其德而已，吾與史巫同塗（途）而殊歸者也。 君（五一上）子德行焉求

目　　次

 總 論

帛書《周易》[*]

馬王堆漢墓出土的帛書《周易》分爲三部分。即：(一)《六十四卦》。這是通常被稱爲《經》的部分，共約 4 900 餘字。(二)《六十四卦》卷後的佚書。除了很少一部分見於今本《繫辭·下》以外，此書的其餘部分，都是不曾流傳下來的佚書，内容是孔子和他的學生討論卦、爻辭含義的記録。估計這部分原來約有 11 000 餘字，因帛書殘破，現存約 9 000 餘字。(三)《繫辭》。同今本《繫辭》有相當出入：没有今本《繫辭·上》的第八章(即"大衍之數五十"章)，今本《繫辭·下》第四章的第五、第六、第八、第九等四節又在上述的佚書之内。除此以外，今本《繫辭》大致都包含在帛書《繫辭》裏面，不過兩者章節的次序不很相同，文句也有差異。帛書《繫辭》還包含了今本《説卦》的前三節，又有 2 000 餘字爲今本《繫辭》所無。帛書《繫辭》共約 6 700 餘字。《六十四卦》、卷後佚書、《繫辭》，三部分共約 21 000 餘字。

下面分别就這三部分略加介紹。

一　《六十四卦》

帛書《六十四卦》可以稱爲别本《周易》，因爲它同已知《周易》的各種本子都不相同。不僅卦名不同，六十四卦排列的次序、卦辭、爻辭也不相同。

現將帛書《六十四卦》、卷後佚書、《繫辭》同漢石經、通行本(阮刻注疏本)的卦名列表於後(見下頁)，供讀者參考。

從表上可以看出，卦名不同，只是字形不同而已，字的讀音都相同或相近，可以通假。

帛書《六十四卦》	鍵	婦	掾	禮	訟	同人	无孟	狗	根	泰蓄	剥	損	蒙	繁	頤	箇	贛	襦	比
卷後佚書	鍵			履		同人	无孟		根			損							比
帛書《繫辭》	鍵	婦		履	容		无孟	均、句		大畜		損						嬬	比
漢石經	乾	否		履	訟				艮		剥	損	蒙	賁	頤	蠱	欿		比
通行本	乾	否	遯	履	訟	同人	無妄	姤	艮	大畜	剥	損	蒙	賁	頤	蠱	坎	需	比

---

[*] 于豪亮同志遺稿《帛書〈周易〉》爲 1976 年前所寫，曾隨《馬王堆帛書〈六十四卦〉釋文》同時發表於《文物》1984 年第 3 期。

蹇	節	既濟	屯	井	辰	泰壯	餘	少過	歸妹	解	豐	恆	川		嗛	林	師	明夷	復	登	奪	夬
蹇			屯				予		歸妹		豐	恆	川	奈	嗛、㴉		師	明夷			覆	
		既齎	肫	井		大莊 大淋 □壯	餘	少過	歸妹			恆	川		嗛	林	師		復	登	説	
蹇	節			井	震	大壯	豫	小過	歸昧	解	豐(豐)	恆	川	泰			師		復	升	兌	夬
蹇	節	既濟	屯	井	震	大壯	豫	小過	歸妹	解	豐	恆	坤	泰	謙	臨	師	明夷	復	升	兌	夬

卒	欽	困	勒	隋	泰過	羅	大有	㴑	旅	乖	未濟	筮□	鼎	筭	少㝛	觀	漸		渙	家人	益
		困									未濟		鼎			觀		中覆	夬、渙		益
				隋	大過	羅	大有			詠	未齎	筮蓋 筮闉			小蓄	觀			夬	家人	益
		困	革			離	大有		旅	暌		噬□	鼎	巽		觀	漸				益
萃	咸	困	革	隨	大過	離	大有	晉	旅	暌	未濟	噬嗑	鼎	巽	小畜	觀	漸	中孚	渙	家人	益

　　需要指出的是,帛書的卦名有兩個與《歸藏》有關。一個是欽卦,帛書的欽卦,通行本是咸卦①。《歸藏》也有欽卦,朱彝尊《經義考》云:"欽在恒之前則咸也。"帛書《周易》同《歸藏》的咸卦都名爲欽卦,應該不是巧合。另一個是林卦,帛書的林卦是通行本的臨卦。《歸藏》有"林禍",李過《西溪易説》云:"臨爲林禍。"帛書《周易》與《歸藏》同一"林"字,也顯得兩者有一定的淵源。《漢書·藝文志》不載《歸藏》,《隋書·經籍志》云:"《歸藏》漢初已亡,按晉《中經》有之。"孔穎達在《周易正義》中稱之爲"僞妄之書",從此以後,人們都把《歸藏》當作僞書。我們認爲《歸藏》不是僞書,因爲咸卦又名欽卦,不見於已知的各家《周易》,只見於帛書和《歸藏》,這説明《歸藏》同帛書《周易》有一定的關係,而帛書《周易》漢初已不傳,所以《歸藏》成書,絕不晚於戰國,并不是漢以後的人所能僞造的。

　　帛書六十四卦排列的次序與通行本不同。上表的次序就是帛書排列的次序。它的排列有規律可尋,不像通行本需要有一篇《序卦傳》來説明排列的理由。

　　帛書上卦排列的次序是:鍵(乾)、根(艮)、贛(坎)、辰(震)、川(坤)、奪(兑)、羅(離)、筭(巽)。下卦排列的次序是:鍵(乾)、川(坤)、根(艮)、奪(兑)、贛(坎)、羅(離)、辰(震)、筭(巽)。上卦的鍵(乾),依次同下卦的八個卦組合,成爲鍵(乾)、婦(否)、掾(遯)、禮(履)、訟、同人、无孟(无妄)、狗(姤)。然後,上卦的根(艮)再同下卦的八個卦組合,組合時,把下卦的根(艮)提到前面,先同根(艮)組合,再依次同其餘七個卦組合。這樣就組合成爲根(艮)、泰蓄(大畜)、剥、損、蒙、繁(賁)、頤、箇(蠱)。然後,上卦的贛(坎)再同下卦組合,組

---

① 《荀子·大略》:"《易》之咸,見夫婦。……咸,感也。"是荀子所記之《周易》同於今本而不同於帛書。

合時,把下卦的贛(坎)提到前面,先同贛(坎)組合,再依次同其餘七個卦組合。這樣就組合成爲習贛(坎)、襦(需)、比、蹇(蹇)、節、既濟、屯、井。然後,上卦的辰(震)、川(坤)、奪(兌)、羅(離)、筭(巽)先後以同樣的方式,分別同下卦的八個卦組合。這樣,就排列成爲六十四卦的次序。

爲什麽上卦排列的次序是鍵(乾)、根(艮)、贛(坎)、辰(震)、川(坤)、奪(兌)、羅(離)、筭(巽),下卦排列的次序是鍵(乾)、川(坤)、根(艮)、奪(兌)、贛(坎)、羅(離)、辰(震)、筭(巽)呢?

帛書《繫辭》有這樣四句話:"天地定立(位),〔山澤通氣〕,[1]火水相射,雷風相榑(薄)。"今本《説卦傳》作"天地定位,山澤通氣,雷風相薄,水火不相射"。我們以帛書的四句話作爲排列的依據,只把"火水"改爲"水火",再根據傳統的乾爲天、坤爲地、艮爲山、兌爲澤、坎爲水、離爲火、震爲雷、巽爲風的説法,就可把八個卦作如下排列:

$$
\begin{array}{ccc}
& \text{鍵} & \\
\text{根} & \text{(乾)} & \text{筭} \\
\text{(艮)} & & \text{(巽)} \\
\text{贛 (坎)} & & \text{(離) 羅} \\
& \text{(震) (坤) (兌)} & \\
\text{辰} & \text{川} & \text{奪} \\
\end{array}
$$

如上圖所示,從鍵(乾)起,從左至右的次序是:鍵(乾)、根(艮)、贛(坎)、辰(震)、川(坤)、奪(兌)、羅(離)、筭(巽)。這是上卦排列的次序。對角的兩卦相連,然後再從左至右,其次序是:鍵(乾)、川(坤)、根(艮)、奪(兌)、贛(坎)、羅(離)、辰(震)、筭(巽)。這是下卦排列的次序。

漢石經、《周易集解》和通行本,六十四卦排列次序相同,帛書卻與之全然不同,因此,帛書本顯然是另一系統的本子。

帛書《六十四卦》同各本的卦辭、爻辭也頗有不同之處,現在分別加以討論。

(1) 帛書卦、爻辭優於今所見各本者

帛書明夷初九"明夷于蚩(飛),垂其左翼,君子于行,三日不食"。各本均無"左"字[2],當以帛書有"左"字爲是。因爲有了"左"字不僅語句整齊,而且也同《詩·鴛鴦》"鴛鴦在梁,戢其左翼"語句相似。

帛書箇(蠱)之尚(上)九"不事王侯,高尚其德,兇(凶)",通行本作"不事王侯,高尚其事"(《禮記·表記》引同)。兩相比較,應以帛書有"兇(凶)"字者爲是。因爲《周易》是筮書,帛書多一"凶"字,更符合《周易》體例。

帛書狗(姤)之初六"擊于金梯",通行本作"繫于金柅"。《經典釋文》云:"柅,《説文》作欙,

---

[1]　帛書殘缺,根據通行本或根據上下文文義補的字,外加方括弧,以示區別。

[2]　《左傳》昭公五年引《易》亦無"左"字。

王肅作抳，子夏作鑈，蜀才作尼。”帛書的“梯”字應爲“庢”的假借字①，與柅、抳、尼、檷、鑈諸字古音同在脂部，以音近相通假。《周易正義》説：“柅之爲物，衆説不同。……惟馬云：‘柅者在車之下，所以止輪令不動者也。’王（弼）注云：‘柅，制動之主。’蓋與馬同。”這就是説梯、柅、檷是阻止車輪轉動的工具。因此，帛書“擊于金梯”的擊字就比通行本作繫好，繫字不應如字解而應讀爲擊。《戰國策·齊策一》：“轄擊摩車而相過。”注：“擊，閡也。”《廣雅·釋言》：“礙，閡也。”所以“擊于金梯”就是礙於金梯、阻於金梯。同樣，帛書婦（否）之九五“擊于枹（苞）桑”，通行本“擊”字作“繫”，繫字也應讀爲擊，擊字也訓爲礙、阻②。

帛書漸之六四：“鳿（鴻）漸于木，或直其寇，殻，无咎。”殻字下部殘缺，但顯然是從殻的字，此字當讀爲殻。《説文·殳部》：“殻，從上擊下也。”《吕氏春秋·當務》：“下見六王五伯，將殻其頭也。”注：“殻音殻，擊也。”直讀爲值。《史記·匈奴傳》：“諸左方王將，居東方，直上谷。”《索隱》：“古例以直爲值，值者當也。”這幾句話的意思是，與“盗寇”相遇，擊之即無咎。這是比較容易理解的。通行本作“鴻漸于木，或得其桷，无咎”。王弼注：“或得其桷，遇安栖也。”桷是方形的屋椽，上面蓋瓦，并非鴻鳥栖息之處，爲什麼鴻鳥“或得其桷”，就“遇安栖”了呢？可見王弼的注釋只是望文生義，解釋得非常牽强。以帛書和通行本對勘，我們可以知道通行本的“得”字應讀爲“值”（古音同爲之部入聲，音近相通），“桷”字應讀爲“寇”（寇爲侯部字，桷爲侯部入聲字，音近相通），通行本又脱了一個“殻”字，所以難於理解。

帛書益之六四：“利用爲家遷國。”通行本“家”作“依”，《周易正義》解釋爲“依人而遷國”，增字解釋，不很妥當，應以帛書作“爲家遷國”爲是。“爲”讀爲“化”，易也。故“爲家遷國”即遷家遷國。

帛書溍（晉）之六五：“矢得勿血（恤）。”王弼本作“失得勿恤”。《經典釋文》云：“失，馬、鄭、虞、王肅本作矢。”《周易集解》引荀爽亦作“矢”。知作“矢”是，王弼本作“失”，蓋以形近致誤。

（2）帛書與各本不同，文義均可通者

帛書贛（坎）之六四：“算（尊）酒巧訣用缶。”通行本作“尊酒簋二用缶”。帛書的“巧”與“簋”同爲幽部字，巧當讀爲簋。訣從夬聲，當讀爲簋。《説文繫傳》：“簋，古文簋從匚夫，臣鍇曰夫聲。”陳逆簋的簋字也從夫聲作笑。所以訣可以假爲簋。帛書作“巧（簋）訣（簋）”，通行本作“簋二”，文字雖有差異，文義的差别却不大，都能講得通。

帛書井之九二：“井瀆射付唯敝句。”《説文》：“瀆，溝也。”付讀爲鮒，《文選·吴都賦》劉逵注引鄭玄：“山下有井，必因谷水，所生魚無大魚，但多鮒魚耳。”鮒魚就是鯽魚。“唯”應讀爲“維”，《廣雅·釋詁二》：“維，係也。”敝句即敝笱，《詩》：“敝笱在梁。”《説文》：“笱，曲竹捕魚器

---

① 《説文·广部》：“庢，礙止也。”
② 聞一多《周易義證類纂》謂“繫于金柅”、“繫于苞桑”，繫字當讀爲擊，正與帛書相合。

也。"古人或以弓矢射魚。《春秋》隱公五年:"公矢魚于棠。"《吕氏春秋·知度》:"非其人而欲有功,譬之若……射魚指天而欲發之當也。""井瀆射唯敝句"的意思是,井溝之中只能生長小鯽魚,以弓矢射魚,又安設破笱捕魚,弓矢不能射中小魚,破笱也無法捕小魚。這是比喻勞而無功。所以《象傳》説:"井谷射鮒,無與也。""與"讀爲"用",也言其勞而無功。此句通行本作"井谷射鮒甕敝漏"。意思是,以弓矢射井裏的鯽魚,没有得魚,反而將汲水的陶甕射破。帛書和通行本文義不同,但均可通。

(3) 帛書不如通行本者

帛書蒙卦卦辭:"〔非我求〕童蒙,童蒙求〔我,初筮〕吉,再參(三)瀆(瀆),瀆(瀆)即(則)不吉。"漢石經殘字只存"不吉"兩字,因此可以推知"初筮"之下必定也是"吉"字。《周易集解》和通行本"吉"字均作"告"。從文義看,以作"告"爲長。《禮記·表記》引《易》,《公羊傳》定公十五年何休注引《易》、《疏》引鄭玄《易注》,《漢書·藝文志》引《易》,都作"告",不作"吉",也證明當作"告"。"告"字與"吉"字形近易訛,帛書和漢石經均以此致誤。

帛書還有一些抄寫上的錯誤,如師之尚(上)六"大人君有命",《周易》中"大君"一詞數見,知此處衍一"人"字。奪(兑)之九二"誖吉,悔亡",漢石經、唐石經、《周易集解》、通行本均作"孚兑吉",知帛書"誖"字下脱一"奪(兑)"字。

(4) 帛書的古字古義

帛書卦、爻辭中的古字古義不少,略加説明於下。帛書師之六三"師或與(輿)屍",師之六五"弟子輿屍",兩"屍"字通行本均作"尸",知屍爲尸的異體字,讀音與尸字同。鄂君啓節"夏屍之月"的"屍"也如此作,因此,"夏屍之月"的"屍"字也當讀與"尸"字同。

帛書卒(萃)之尚(上)六"粢欨涕洎",通行本作"齎咨涕洟"。《周易集解》引荀爽、虞翻,《古易音訓》引陸希聲均作"齎資"。按:粢爲齍的異體字,因此粢可假爲齎。欨字是欼的簡體,因爲帛書《五十二病方》有鋈字,是鐅字的簡體,所以欨是欼的簡體。欼字亦見《石鼓文》"犖欼"。《説文》云:"鐅,从韭,次弟皆聲。"由於次與弟同音,所以欼字無論是从次聲或是从弟聲,都同咨或資音近。例如从弟聲的趀字,《説文》云"讀若資";通行本《周易·夬》"其行次且",次字鄭玄本作趀;《儀禮·既夕禮》"設床第",鄭注:"古爲第爲次。"都是弟與次同音之例,因此欨(欼)字可假爲咨及資。帛書"涕洎"的"洎"字,通行本作"洟"。《釋文》:"鄭云:'自目曰涕,自鼻曰洟。'"故洟和洎都是鼻涕之意。《説文》云:"自,鼻也,象鼻形。"因爲自的本義爲鼻,所以鼻息的"息"字从心从自,卧息的"眉"从尸从自。《説文》謂眉字"从尸从自會意,自亦聲"。準此而言,洎字也應該从水从自會意,从水从自正是鼻涕之意。《詩·澤陂》:"涕泗滂沱。"傳:"自鼻曰泗。"泗、洟、洎三字音近相通,洎應爲本字,泗與洟都是假借字。但是,古籍中不見洎字有鼻涕之義,這是因爲泗、洟等假借字通行,洎字就失去其本義了。通過帛書的"涕洎",我們才能認識洎字的本義。

帛書損卦卦辭"盒之用二巧",通行本作"曷之用二簋"。大有之初九"無交盒",通行本作

“無交害”。按：离字是辇字的簡體。《説文》云：“辇，車軸耑鍵也。兩穿相背，从舛，离省聲。离，古文离字。”辇字中部所从的“离”或“离”省寫爲冏，再省去下部所从的牛，就成爲离字。這是車轄的轄字。辇、离是本字，轄是異體字。在損卦中离讀爲曷，在“大有”中离讀爲害。离與曷、害同爲匣母，又同爲祭部字，故得通假。

帛書羅（離）之尚（上）九：“王出正（征），有嘉折首，獲不戠。”通行本作：“王用出征，有嘉折首，獲匪其醜。”按：戠當假爲醜。《詩·遵大路》：“無我魗兮。”《疏》：“魗與醜古今字。”所以戠讀爲醜。“獲不戠”的“不”字和“獲匪其醜”的“匪”字都應讀爲“彼”字，所以“獲不戠”即“獲彼醜”；“獲匪其醜”即“獲彼其醜”，“彼其”即《詩·羔裘》、《候人》“彼其之子”的“彼其”，王引之云：“其，語助也。”（見《經傳釋詞》）所以“獲不戠”和“獲匪其醜”的含義相同，即《詩·出車》“執訊獲醜”，《常武》“仍執醜虜”之意。

帛書剝之初六“戠貞兇”，通行本作“蔑貞凶”。按：戠是戴的或體字。把戴字所从的横目改寫成竪目並移於下部，再把上部省寫成戈，即成戠字。由於戠是戴的或體，所以可假爲蔑。

帛書豐之尚（上）六：“臭其無人。”“臭”字，唐石經作“闃”，宋撫州本作“聞”，阮刻注疏本作“闃”。按：宋撫州本和阮刻本並誤，以唐石經作“闃”爲是。闃从門臭聲，臭字或作瞁，《通俗文》云：“驚視曰瞁。”帛書之“臭”與“瞁”形近，當爲瞁之異體，故臭即臭，以音近假爲闃。《釋文》引《字林》：“静也。”《周易集解》引虞注：“空也。”

帛書贛（坎）卦卦辭“有復隽心”，隋（隨）之尚（上）六“乃從讈之”，隽字即讈字，通行本並作維。按：隽與讈並爲讈的異體字，假作繐。《説文》：“繐，維綱中繩，从糸讈聲，讀若畫，或讀若維。”繐字讀若維，自可假作維。因此隽與讈亦可假作維。

帛書乖（睽）之六三“見車惄，其牛譬”，通行本作“見輿曳，其牛掣”，兩者不很相同。按：惄疑假作折。《左傳》襄公十七年：“國人逐瘈狗。”瘈字，《説文》及《漢書·五行志》並引作“狾”，而瘈字即瘛字。瘛可以假爲狾，則惄字可以假作折。“其牛譬”之譬字即挐字，與曳通。故“見車惄”即“見車折”，“其牛譬”即“其牛曳”。通行本“其牛掣”的掣字，《釋文》云：“鄭玄作挈，云：‘牛角皆踊曰挈。’《説文》作觢，云：‘角一俯一仰。’子夏作契，云：‘一角仰也。’”帛書的惄字其實同掣、挈、觢、契諸字也相通假，由於帛書作“見車惄”，通行本作“其牛掣”，所以字義各不相同。

帛書辰（震）卦卦辭“不亡鈚鬯”，通行本作“不喪匕鬯”。《説文》：“鬯，以秬釀鬱艸，芬芳攸服，以降神也。从凵，凵，器也。中象米。匕所以扱之。《易》曰：‘不喪匕鬯。’”鬯爲祭祀所用的香酒，盛這種香酒的器具也名爲鬯。《國語·周語上》：“王使大宰忌父帥傅氏及祝史奉犧牲玉鬯往獻焉。”注：“玉鬯，鬯酒之圭，長尺二寸，有瓚，所以灌地降神之器。”玉鬯的鬯又可以寫作瑒。《説文》：“瑒，圭尺有二寸，有瓚，以祠宗廟者也。”帛書鈚鬯的鬯字應是瑒的假借字，當然也與鬯字相通。

帛書井之六四,“井杦,无咎”,通行本作“井甃,无咎”。按：漢印中叔字的左偏旁作朩,知杦字即梀字,也就是椒字。椒字古常與从秋聲之字通假,如《左傳》文公九年“楚子使越椒來聘”,椒字《穀梁傳》作萩；《左傳》襄公二十六年“椒舉娶于申公子牟”,椒字《國語·楚語上》作湫。椒字既然常與从秋聲之字假借,當然可以假爲甃。

帛書夬之九四“脤无膚,其行郪胥”,通行本作“臀无膚,其行次且”。按：脤字亦作屑。《考工記·梟氏》：“其臀一寸。”鄭注：“故書臀作屑。”因此脤與臀相通。《釋文》云：“次,本亦作赼,或作䠡,《說文》及鄭作越。且,本亦作趄,或作跙。”這個詞也可以寫爲“蔖且”,《詩·有客》：“有萋有且。”次且、蔖且和郪胥是同一個詞的不同寫法。

帛書有個別的字,與漢代的古文《易》相同。例如,婦(否)之初六“犮茅茹以其菁”,菁字通行本作彙。《釋文》云：“彙,古文作菁。”

(5) 帛書的古音

帛書《六十四卦》的通假字和叶韻,也有助於對漢以前古音的探討。現在擇其較爲重要的介紹於下。

帛書襦(需)之尚(上)六“有不楚客三人來”,通行本作“有不速之客三人來”。按《釋文》云：“速,馬云：‘召也。’”《儀禮·鄉射儀》：“使人速。”注：“速,召賓。”知作“速”字是,“楚”字當假爲“速”。就聲母言,楚爲穿母二等字,速爲心母字,在《玉篇》和《萬象名義集》中照系二等和精系常互爲反切上字,故楚字和速字的聲母相近。就韻母言,楚在魚部,速爲侯部入聲,在《詩經》中侯部字有時同魚部字叶韻。如《賓之初筵》以語、殺韻；《采菽》以股、下、紓、予韻；《七月》以股、羽、野、宇、戶、下、鼠、處韻。到了戰國時期,侯部字同魚部字叶韻更爲普遍,如《老子》二十六章以主、下韻；《逸周書·小明武》以古、阻、下、主韻；《素問·示從容論》以足、著、索、逆韻；《離合真邪論》以處、度、候、路、忤、布、故、處、寫韻,又以怒、下、取韻；《鬼谷子·捭闔》以戶、後韻；《陰符》以虛、無、銖韻；《文子·道原》以慕、欲、慮韻,又以下、與、後韻；《上德》以玉、素韻。以上所舉,僅是部分例子,已足以說明戰國時期侯、魚兩部關係的密切；到了西漢,侯部就併入魚部了。因此,就韻母言,楚字和速字也相近。既然楚字和速字的聲母和韻母都很相近,楚字就可以假借爲速字。

帛書旅之初六：“旅瑣瑣,此其所取火。”通行本作“斯其所取灾”。按：火與灾義近。《左傳》宣公十六年：“凡火,人火曰火,天火曰灾。”《穀梁傳》昭公九年：“夏四月,陳火。國曰灾,邑曰火。”《公羊傳》襄公九年：“曷爲或言灾,或言火? 大者曰灾,小者曰火。”三傳解説各不相同,但均以灾與火並舉,正是因爲灾與火含義相近之故。在《詩經》中,火字在微部,如《七月》以火、衣韻,又以火、葦韻,《大田》以穉、火韻,均説明火字在微部。在這裏,火字與上文的瑣字叶韻,則火字應在歌部。《詩·汝墳》傳和《爾雅·釋言》並云：“燬,火也。”表明燬與火讀音相同,燬字本來也在微部,然而帛書《稱》云：“先天成則燬、非時而榮則不果。”燬與果韻,則燬可以讀爲歌部字。燬讀爲歌部字是火讀爲歌部字的有力旁證。又《方言·十》：“煤,火也。楚轉語也。猶齊言㷉，火也。"《廣韻》㷉字與祼字讀音相同，均在換韻①，換韻古在元部，歌、元對轉，故與歌部最近。而且在《周禮》的《大宗伯》、《小宗伯》、《肆師》諸篇，祼字或書爲"果"，更是讀爲歌部了。看來火字讀爲歌部，起源於方音，隨着時間的推移，到了東漢就普遍讀爲歌部了。

帛書困之九五"貳椽"，通行本作"劓刖"。《釋文》云："荀、王肅本劓刖作臲卼。鄭云：'劓刖當爲倪仉。'京作劓劊。"又帛書困之尚(上)六"于貳掾"，漢石經作"劓劊"，通行本作"臲卼"，《釋文》云："臲，《説文》作劓，薛同。卼，《説文》作卼，又作杌。"今本《説文》引作"槷黜"。按：劓刖、臲卼、劓劊、槷黜都是同一個詞的不同寫法，帛書的"貳椽"、"貳掾"也是這個詞的不同寫法之一。貳字與臲、劓、槷、劊音近相通。《儀禮·特牲饋食禮》："闑西闑外。"鄭注："古文闑作槷。"武威出土漢簡《儀禮》甲本，"闑"字作"槷"，是"槷"與"闑"、"槷"相通，因此，"貳"也與"臲"、"槷"、"卼"、"劊"等字相通。"椽"、"掾"古音在元部，刖、卼、劊等字在祭部，祭、元通轉，故"椽"、"掾"與刖、卼、劊等字相通。

貳和槷是日母字，古歸泥母。臲、劓、槷、劊、闑等字則是疑母。貳、槷同臲、劊等字的通假，似乎説明某些泥母字同疑母有一定的關係。除貳、槷以外，柅字也是一個。毛公鼎和番生簋的"金豪"，徐同柏釋爲"金柅"。柅是娘母，古歸泥母。豪則是疑母。"柅"、"豪"通假，説明泥母的柅同疑母有一定的關係。此外，邇、禰也同疑母有關。大克鼎"擾遠能敊"，孫詒讓《籀高述林》云："擾遠能敊……猶《詩》、《書》言柔遠能邇。"王國維在《觀堂集林》中進一步指出："敊與㸇通，《堯典》'格于藝祖'，今文作'假于祖禰'，知藝、禰同用。"邇爲日母，古歸泥；禰爲泥母；敊、㸇和藝是疑母。邇、禰與敊、㸇、藝通假，説明邇、禰同疑母有一定的關係。如果我們再考慮到兒字有日母和疑母兩種讀法的話，我們就不妨假定貳、槷、柅、邇、禰、兒等字在上古音中本來讀爲疑母，後來才讀爲泥母的。

二　卷　後　佚　書

卷後佚書抄在《六十四卦》之後，有些地方殘損得很厲害，分爲五篇。

第一篇，自"二三子問曰"至"夕沂若厲，无咎"止。無篇題，未記字數。

第二篇，篇首文字殘缺，至"小人之貞也"止。無篇題，未記字數。十分殘破。

第一、第二兩篇共約 2 500 餘字。

第三篇，篇題爲《要》，記字數 1 640。前面一部分殘缺，僅存 18 行半，1 040 餘字，估計殘缺九行。

第四篇，首句爲"繆和問于先生曰"，故篇題爲《繆和》。未記字數。

第五篇，首句爲"昭力問曰"，故篇題爲《昭力》。記字數 6 000。此篇甚短，所記字數應是

---

① 《方言》郭注讀㷉爲"呼隗反"，《玉篇》同，《廣韻》又入賄韻。

第四、第五兩篇字數的總和。

這五篇共約 10 200 餘字。整行殘缺部分不計算在内,僅存約 9 600 字。

這部佚書的大部分篇幅是孔子和他的門徒們討論卦、爻辭含義的問答記録。《繆和》的後半部分雖然不是問答記録,却把一些歷史事件生搬硬套地同卦、爻辭聯繫在一起。所舉的歷史事件,有的已在戰國時期。書中有"黄帝四輔,堯立三卿"之語。"黄帝問四輔"見於帛書《十大經》;"堯立三卿",與《文子·自然》"昔堯之治天下也,舜爲司徒、契爲司馬、禹爲司空"之説相合。書中還出現"黔首"一詞,這個詞最早見於《戰國策·魏策·魏惠王死章》。看來佚書是戰國晚期的作品。

佚書所舉歷史事件,大部分見於《吕氏春秋》、《韓詩外傳》、《大戴禮記》、《説苑》、《新序》等書,有的也見於《韓非子》、《賈子》等書,不見於古籍的很少。其中有的與歷史事實不合,現舉例説明於下。

> 二品(三)子問曰:"人君至于饑乎?"孔子曰:"昔者晉厲公路其國[①],蕪其地,出田七月不歸,民反諸雲夢,無車而獨行(下缺)。

此段所記晉厲公事,與《左傳》不合。《左傳》成公十七年:"晉厲公侈,多外嬖。反自鄢陵,欲盡去群大夫而立其左右。……公游于匠麗氏,欒書、中行偃遂執公焉。"又《成公十八年》:"晉欒書、中行偃使程滑弑厲公。"可見晉厲公並無出亡受饑的事。《國語·吴語》曾記載楚靈王受饑事:"昔楚靈王不君,其臣箴諫不入,……三軍叛于乾谿。王親獨行,屏營徬徨于山林之中。三日,乃見其涓人疇,王呼之曰:'余不食三日矣……'"佚書的作者,大約把楚靈王誤記爲晉厲公了。

書中還有這樣一段:

> 吴王夫蹉(差)攻(疑脱"楚"字),當夏,大(太)子辰歸(餽)冰八筦。君問左右,冰(以下殘缺八字),注冰江中上流與士歗(飲),其下流江水未加清(清),而士人大説(悦)。斯罜爲三遂(隊)而出擊荆人,大敗之。襲其郢,居其君室,徙其祭器。察之則從八筦之冰始也。

這一段與《左傳》、《史記》都不相同。《左傳》、《史記》記吴王闔廬九年(即魯定公四年,公元前 506 年)吴大敗楚軍,入郢。次年,越伐吴,秦救楚,楚昭王返郢。再次年(公元前 504 年),《左傳》云:"吴大子終纍敗楚舟師。"《史記·吴世家》云:"吴王使太子夫差伐楚,取番,楚恐而去郢,徙都。"兩書所記的是一件事,不過《左傳》記載率領軍隊的是太子終纍,《史記》却以爲是太子夫差。即使以《史記》爲根據,這時的夫差也還只是太子,不是吴王。而且,

---

① 《管子·四時》:"國家乃路。"注:"失其常居也。"

《左傳》記夫差的太子名友,《史記》則記名友,二字形近,必有一誤,但都與此書"大子辰"的"辰"字不合。

如上所述,佚書所記的歷史事件是有不少錯誤的。

佚書也有個別的字可以校正古籍的誤字。例如《繆和》云:"荆莊王欲伐陳,使沈尹樹往觀之。""沈尹樹"《左傳》作"沈尹戍",《左傳》昭公十九年杜注:"戍,音恤。"是杜預讀此字作戍亥之戍。佚書作"樹",樹與戍古同在侯部,讀音相近,知《左傳》此字實爲戍守之戍,杜注誤讀爲戍。

總的説來,佚書宣揚的是儒家思想,所記歷史事件,有不少錯誤。

三 《繫 辭》

帛書《繫辭》字數較通行本《繫辭》爲多。分爲上下兩篇,篇首頂端以黑色方塊爲記。上篇包括: 通行本《繫辭·上》的第一、二、三、四、五、六、七、九、十、十一、十二章;《繫辭·下》的第一、二、三章;第四章的第一、二、三、四、七節;第七章的後面數句("若夫雜物撰德"以下數句);第九章。下篇包括: 通行本《繫辭》所無的部分,約 2 100 字;通行本《説卦》的前三節;通行本《繫辭·下》的第五、六章,第七章的前面部分("若夫雜物撰德"以前部分)和第八章。

帛書《繫辭》共約 6 700 餘字。

帛書《繫辭》,在個別字上有勝於通行本之處。例如,通行本《繫辭·上》"聖人以此洗心",《釋文》云:"洗心,京、荀、虞、董、張、蜀才作先。"韓康伯注:"洗濯萬物之心。"這是望文生義的解釋。萬物何以有心,"聖人"又如何"洗濯萬物之心",大約韓康伯自己也説不明白。帛書作"耵(聖)人以此佚心","佚心"即佚樂其心,因此以帛書爲是。"先"與"洗"都是"佚"字之誤,疑"佚"字或書作"失","失"與"先"形近,因而誤爲"先",再由"先"誤爲"洗"。

四 小 結

《漢書·藝文志》云:"《易》爲卜筮之事,傳者不絶。漢興,田何傳之。迄於宣、元,有施、孟、梁邱、京氏列於學官,而民間有費、高二家之説。劉向以中古文《易經》校施、孟、梁邱《經》,或脱去无咎、悔亡。唯費氏《經》與古文同。"西漢初年傳《易》者當然不止田何一人,但以田何爲最有名,據《漢書·儒林傳》,施、孟、梁邱三家都傳田氏《易》。漢石經以梁邱氏《易》爲底本,校以孟、施、京三家本,因此,漢石經雖然殘缺很多,在帛書發現以前,却是最早的本子了。以帛書同漢石經殘字相校,可以得出這樣的結論,即兩者是截然不同的本子,不僅卦序不同,卦名和卦、爻辭也有所不同。

高氏《易》出於丁寬,丁寬也傳田何《易》,故高氏《易》同漢石經不會有很大的差别。

　　中古文《易》與費氏《易》相同。在《經典釋文》和《古易音訓》中,我們還可以見到所徵引的古文。以帛書和徵引的古文相校,相同之處很少,不同之處很多。因此,帛書與古文《易》也不同。

　　除了上面所舉西漢的幾種傳本外,還有西晉出土的《周易》。《晉書·束晢傳》:“太康二年,汲郡人不準盜發魏襄王墓——或言安釐王冢,得竹書數十車。……其《易經》二篇,與《周易》上下經同。”西晉出土的《周易》,與當時通行本相同,當然就與帛書不同。

　　我們再以帛書同《周易集解》、《古易音訓》、《漢上易傳》以及《易漢學》、《易義別錄》、《漢魏二十一家易注》、《漢魏遺書鈔》、《玉函山房輯佚書》等書所引漢、魏各家《易》比較,發現帛書與漢、魏各家本都不相同。

　　唐石經《周易》、敦煌唐寫本《周易》殘卷和通行本《周易》都是王弼本,與帛書更不同。

　　因此,帛書可稱爲別本《周易》,它的卦序簡單,可能是較早的本子。從字體看,抄書的時代應在漢文帝初年。

　　佚書是戰國晚期的作品。繆和、呂昌、昭力等人都不見於古籍。《晉書·束晢傳》云:“其《易經·公孫段》二篇,公孫段與邵陟論《易》。”此書早已失傳。大約公孫段、邵陟同繆和、呂昌等都是一類人。

　　《繫辭》也是戰國晚期的作品。帛書比通行本字數多,章節次序彼此也不相同。看來有些章節通行本漏抄了,當然也有可能是漢代整理的人曾加過工,進行過刪節、潤色和編排的工作。

《六十四卦》釋文

《六十四卦》一

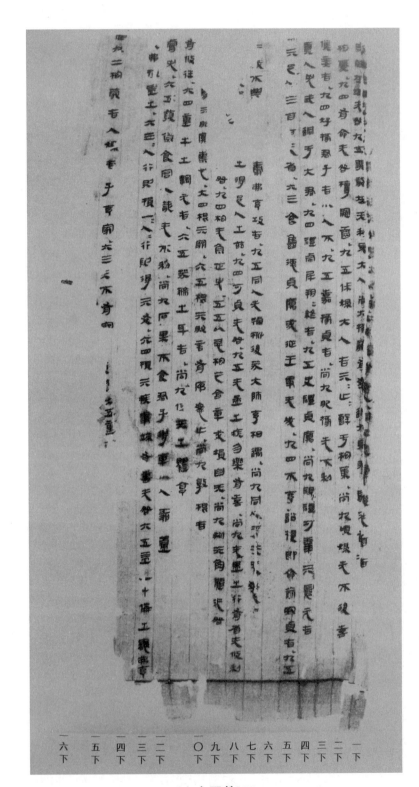

《六十四卦》二

《六十四卦》三

《六十四卦》四

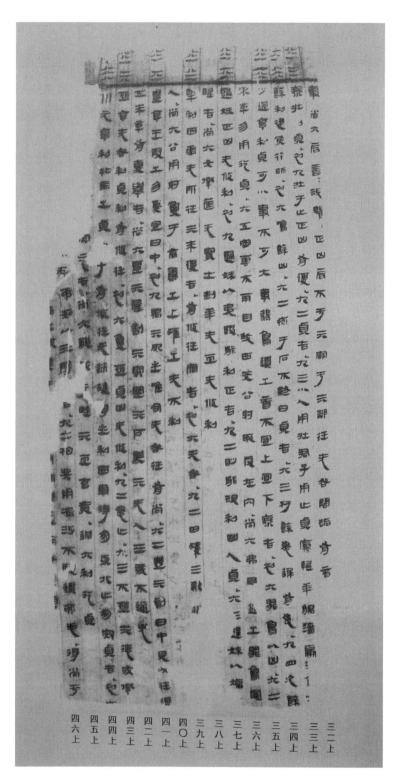

《六十四卦》五

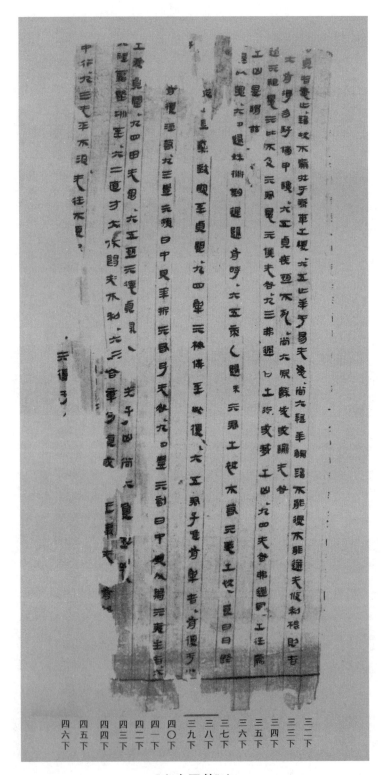

《六十四卦》六

四七上
四八上
四九上
五〇上
五一上
五二上
五三上
五四上
五五上
五六上
五七上
五八上
五九上
六〇上
六一上
六二上
六三上
六四上

《六十四卦》七

四七下
四八下
四九下
五〇下
五一下
五二下
五三下
五四下
五五下
五六下
五七下
五八下
五九下
六〇下
六一下
六二下
六三下
六四下

《六十四卦》八

六五上
六六上
六七上
六八上
六九上
七〇上
七一上
七二上
七三上
七四上
七五上
七六上
七七上
七八上
七九上
八〇上

《六十四卦》九

六五下
六六下
六七下
六八下
六九下
七〇下
七一下
七二下
七三下
七四下
七五下
七六下
七七下
七八下
七九下
八〇下

《六十四卦》一〇

八一上
八二上
八三上
八四上
八五上
八六上
八七上
八八上
八九上
九〇上
九一上
九二上
九三上
一一上
一二上
一三上

《六十四卦》一一

《六十四卦》一二

䷀ 鍵(乾),元享(亨)利貞。初九,濡(潛)龍勿用。九二,見龍在田,利見大人。九三,君子終日鍵(乾)鍵(乾),夕沂(惕)若厲,无咎。九四,(一上)或鱗在潚(淵),无咎。九五,罪(飛)龍在天,利見大人。尚九,抗(亢)龍有悬(悔)。迴(用)九,見羣龍无首吉。(一下)

䷋ 婦(否)之非(匪)人,不利君子貞。大往小來。初〔六〕,犮(拔)茅茹以其菁(彙),貞吉,亨。六二,枹(包)承,小人吉,大人不亨。六三,(二上)枹(包)憂(羞)。九四,有命,无咎。檮(疇)羅(離)齒(祉)。九五,休婦(否),大人吉。其亡其亡,擊(繫)于枹(苞)桑。尚九,頃(傾)婦(否),先不(否)後喜。(二下)

〔䷠〕掾(遯),亨,小利貞。初六,掾(遯)尾厲,勿用有攸往。六二,共(執)之用黃牛之勒(革),莫之勝奪(說)。九三,爲(係)掾(遯)有疾厲,畜(三上)僕妾吉。九四,好掾(遯),君子吉,小人不(否)。九五,嘉掾(遯),貞吉。尚九,肥掾(遯),先〈无〉不利。(三下)

〔䷉〕禮(履)虎尾,不真(咥)人。亨。初九,錯(素)禮(履)往,无咎。九二,禮(履)道亶(坦)亶(坦),幽人貞吉。六三,眇(眇)能視,跛能利。禮(履)虎尾,(四上)真(咥)人,凶。武人迴(爲)于大君。九四,禮(履)虎尾,朔朔,終吉。九五,夬禮(履),貞厲。尚九,視禮(履)巧(考)翔(祥),其景(旋)元吉。(四下)

〔䷅〕訟,有復(孚)洫(窒)寧(惕)克〈中〉吉,冬(終)兇。利用見大人,不利涉大川。初六,不永所事,少(小)有言,冬(終)吉。九二,不克訟,歸而迪(逋)(五上)其邑人三百戶,无省(眚)。六三,食舊德,貞厲,或從王事,无成。九四,不克訟,復即命俞(渝)。安貞吉。九五,(五下)訟元吉。尚九,或賜之般(鞶)帶,終朝三摭(褫)之。(六)

〔䷌〕同人于野,亨。利涉大川,利君子貞。初九,同人于門,无咎。六二,同人于宗,閵(吝)。九三,服(伏)容(戎)〔于〕莽,登其高〔陵〕,(七上)三歲不興。〔九四,乘其〕庸(墉),弗剋攻,吉。九五,同人先號桃(咷)後笑,大師克相遇。尚九,同人于茭(郊),无悬(悔)。(七下)

〔䷘〕无孟(妄),元亨利貞。非(匪)正有省(眚),不利有攸往。初九,无孟(妄),往吉。六二,不耕穫,不蕾(菑)餘(畬),〔利有攸〕往。六三,无〔孟(妄)(八上)之兹(災)〕,或繫〔之牛,行人〕之得,邑人之兹(災)。九四,可貞,无咎。九五,无孟

(妄)之疾,勿藥有喜。尚九,无孟(妄)之行,有省,无攸利。(八下)

〔☰☴〕〔狗〕(姤),女壯,勿用取女。初六,擊(繫)于金梯(柅),貞吉。有攸往,見兇。羸豨(豕)復(孚)適(蹢)屬(躅)。九二,枹(包)有魚,无咎。不利賓。九三,〔脤无(九上)膚,其行郪胥。屬无大〕咎。九四,枹(包)无魚,正兇。五〈九〉五,以忌(杞)枹(包)瓜,含章,或(有)塤(隕)自天。尚(上)九,狗(姤)其角,閵(吝),无咎。(九下)

〔☶☶〕根(艮)其北(背),不濩(獲)其身。行其廷(庭),不見其人。无咎。初六,根(艮)其止(趾),无咎,利永貞。六二,根(艮)其肥(腓),不登(拯)其隋(隨),其心不快。九(一○上)〔三,根(艮)其限,〕戾(列)其肥(夤),厲熏心。大〈六〉四,根(艮)其竆(身)。六五,根(艮)其胶(輔),言有序,悔(悔)亡。尚九,敦根吉。(一○下)

〔☶☰〕泰(大)蓄(畜),利貞,不家食,吉。利涉大川。初九,有厲,利巳。九二,車(輿)說(脫)緮(輹)。九三,良馬遂(逐),利根(艱)貞。曰闌(閑)車(輿)〔衛〕,利(一一上)有攸往。六四,童牛之鞠(牿),元吉。六五,哭豨(豶)之牙,吉。尚九,何天之瞿(衢),亨。(一一下)

〔☶☷〕剝,不利有攸往。初六,剝臧(牀)以足,截(蔑)貞兇(凶)。六二,剝臧(牀)以辯,截(蔑)貞兇(凶)。六三,剝无咎。六四,剝臧(牀)以(一二上)膚,兇。六五,貫魚食宮人籠(寵),无不利。尚九,石(碩)果不食,君子得車(輿),小人剝蘆(廬)。(一二下)

〔☶☱〕損,〔有孚〕,元吉,无咎,可貞。〔利〕有攸往。禽(曷)之用二巧(簋),可用芳(享)。初九,巳事端(遄)往,无咎,酌損之。九二,利貞,正(征)兇(凶)(一三上)弗損益之。六三,三人行則損一人,一人行則得其友。六四,損其疾,事端(遄)有喜,无咎。六五,益之十傰(朋)之龜,弗克(一三下)回,〔元吉。尚〕九,弗損益之,无〔咎〕,貞吉,有攸往,得僕(臣)无家。(一四)

〔☶☵〕〔蒙,亨。匪我〕求童蒙,童蒙求〔我,初筮〕吉,再參(三)瀆(瀆),瀆(瀆)即不吉(告)。利貞。初六,廢(發)蒙,利用刑人,用說桎梏。已往閵(吝)。(一五上)九二,枹(包)蒙吉,入(納)婦吉,子克家。六三,勿用取〔女,見金〕夫不有竆,〔无攸利。六四,困〕蒙閵(吝)。六五,童蒙〔吉。尚九,擊蒙,不利〕(一五下)〔爲寇〕,利所寇。(一六)

〔☶☲〕繁(賁),亨。小利〕有攸往。〔初九,繁(賁)其止,〕舍車而徒。六二,繁(賁)其〔須〕。九三,繁(賁)茹(如)濡茹(如),永貞吉。六四,繁(賁)茹(如)蕃(皤)(一七上)茹(如),白馬斡(翰)茹(如),非(匪)寇,閨(婚)詬(媾)。六五,繫(賁)于〔丘園,束帛〕戔戔,閵(吝),終〔吉。尚九,白繫(賁)无〕咎。(一七下)

〔☶☳〕頤,貞吉,觀頤自求口〕實。初九,舍而(爾)靈龜,〔觀〕我挩(朵)頤,凶。六二,曰顛頤柿(拂)經于北〈丘〉頤,正(征)凶。六三,(一八上)柿(拂)頤,貞凶,十年勿用,无攸利。六四,顛頤吉,虎視沈(眈)沈(眈),其容笛(逐)笛(逐)。无咎。六〔五,柿經,〕居貞吉。〔不可涉大〕川。(一八下)〔尚九,由頤,厲吉,利〕涉大川。(一九)

〔☶☴〕箇(蠱),〔元〕亨。利涉大川。先甲三日,後甲三日。初六,斡(幹)父之箇(蠱),有子巧(考),无咎,厲終吉。〔九二〕,斡(幹)母之箇(蠱),不(二〇上)可貞。九三,斡(幹)父之箇(蠱),少有悬(悔),无大咎。六四,浴(裕)父之箇(蠱),往見閵(吝)。六五,斡(幹)父之箇(蠱),用輿(譽)。尚(上)九,不事王侯,高尚其德,兌。(二〇下)

〔☵☵〕習贛(坎),有復(孚)雋(維)心,亨,行有尚。初六,習贛(坎),入贛(坎)閤(窞),凶。九二,贛(坎)有訛(險),求少(小)得。六三,來之贛(坎)贛(坎),嗑且訛(枕),入〔于〕贛(坎)(二一上)閤(窞),〔勿用。〕六四,算(尊)酒巧(簋)訣(貳)用缶,入䄂(約)自牖,終无咎。九五,贛(坎)不盈,堲(祇)既平,无咎。尚六,繫用諱(徽)纆(纆),覭(寘)之于緫(叢)勒(棘),三歲弗得。兌。(二一下)

〔☵☰〕襦(需),有復(孚),光亨,貞吉,利涉大川。初九,襦(需)于茭(郊),利用恆,无咎。九二,襦(需)于沙,少(小)有言,冬(終)吉。〔九三,〕(二二上)襦(需)于泥,致寇至。六四,襦(需)于血,出自穴。六〈九〉五,襦(需)于酒食,貞吉。尚六,入于穴,有不楚(速)客三人來,敬之終吉。(二二下)

〔☵☷〕比,吉。原筮元永貞,无咎。不寧方來,後夫兌。初六,有復(孚),比之无咎。有復(孚)盈缶,冬(終)來或(有)沱(它)吉。六二,〔比之(二三上)〔自內〕,貞吉。六三,比之非(匪)人。六四,外比之,貞吉。九五,顯比,王用三驅,失前禽,邑人不戒(誡),吉。尚六,比无首,兌。(二三下)

〔☵☶〕蹇(蹇),利西南,不利東北。利見大人,貞吉。初六,往蹇(蹇)來輿(譽)。六二,王僕(臣)蹇(蹇)蹇(蹇),非〔今〕之故。〔九三,往(二四上)〔蹇(蹇)來反。六四,〕往蹇(蹇)來連。九五,大蹇(蹇)侚(朋)來。尚六,往蹇(蹇)來石(碩),吉,利見大人。(二四下)

〔☵☱〕節,亨。枯(苦)節不可貞。初九,不出戶牖,无咎。九二,不出門廷(庭),凶。六三,不節若,則〔嗟若,无〕咎。六四,(二五上)〔安節,亨。九五,甘節,〕吉。往

得尚。尚六,枯(苦)節,貞凶,悬(悔)亡。(二五下)

〔䷾〕既濟,亨。小利貞,初吉冬(終)亂。初六〈九〉,拽(曳)其綸(輪),濡其尾,无咎。六二,婦亡(喪)其發(茀),勿遂〈逐〉,七日得。〔九三,〕高宗伐鬼〔方,三〕(二六上)年克之,小人勿用。六四,襦(繻)有衣茹(袽),冬日戒。九五,東鄰殺牛以祭,不若西鄰之濯(禴)祭,實受其福,吉。尚六,濡其首,厲。(二六下)

〔䷂〕屯,元亨利貞。勿用有攸往,利律〈建〉侯。初九,半(磐)遠(桓),利居貞,利建侯。六二,屯如壇(邅)如,乘馬煩(班)(二七上)如,非寇,闒(婚)厚(媾)。〔女〕子貞不字,十年乃字。六三,即鹿毋(无)華(虞),唯入于林中。君子幾不如舍,往哭(吝)。(二七下)六四,乘馬〔煩〕(班)如,求闒(婚)厚(媾),往吉,无不利。九五,屯其膏,小貞吉,大貞凶。尚六,乘馬煩(班)如,(二八上)汲(泣)血連如。(二八下)

〔䷯〕井,苙(改)邑不苙(改)井,无亡无得。往來井井,氒(汔)至亦未汲(繘),井纍(羸)其荊垪(瓶),凶。初六,井泥不食,舊(二九上)井无禽。九二,井瀆射付(鮒)唯(甕)敝句(漏)。九三,井茝(渫)不食,爲我心塞(惻),可用汲,王明,並受其福。六四,(二九下)井秌(甃),无咎。九五,井戾(冽)寒淉(泉)食。尚六,井收勿幕,有復(孚)元吉。(三〇)

〔䷲〕辰(震),亨。辰(震)來朔(虩)朔(虩),笑言亞(啞)亞(啞),辰(震)敬(驚)百里,不亡(喪)鈚(匕)腸(鬯)。初九,辰(震)來朔(虩)朔(虩),後笑〔言〕亞(啞)亞(啞),吉。六二,辰(震)來(三一上)厲,意(億)亡(喪)貝,齍(躋)于九陵,勿遂(逐),七日得。六三,辰(震)疏(蘇)疏(蘇),辰(震)行無(无)省(眚)。九四,辰(震)遂泥(泥)。六五,辰(震)往來厲,意无亡(喪)有(三一下)事。尚六,辰(震)昔(索)昔(索),視瞿(矍)瞿(矍),正(征)凶。辰(震)不于其窮(躬),于其鄰。往无咎,闒(婚)詬(媾)有言。(三二)

〔䷡〕泰(大)壯,利貞。初九,壯于止(趾),正(征)凶,有復(孚)。九二,貞吉。九三,小人用壯,君子用亡(罔),貞厲,羝羊觸藩,羸其角。九(三三上)四,貞吉,悬(悔)亡。藩〈藩〉塊不羸,壯于泰車之緮(輹)。六五,亡羊于易,无悬(悔)。尚六,羝羊觸藩,不能退,不能遂,无攸利,根(艱)則吉。(三三下)

〔䷏〕餘(豫),利建侯行師。初六,鳴餘(豫)凶。六二,疥(介)于石,不終日,貞吉。六三,杅(盱)餘(豫)悬(悔),遲有悬(悔)。九四,尤(由)餘(豫),(三四上)大有得,勿紆(疑),偝(朋)甲(盍)讒(簪)。六五,貞疾,恆不死。尚六,冥餘(豫),成或(有)諭(渝),无咎。(三四下)

〔䷽〕少(小)過,亨,利貞。可小事,不可大事。翡(飛)鳥遺之音,不宜上宜下,泰

（大）吉。初六，羅（飛）鳥以凶。六二，﹙三五上﹚過其祖，愚（遇）其比（妣），不及其君，愚（遇）其僕（臣），无咎。九三，弗過仿（防）之，從或臧（戕）之，凶。九四，无咎。弗過愚（遇）之，往厲﹙三五下﹚必革（戒），勿用永貞。六五，密雲不雨，自我西茭（郊）。公射（弋）取皮（彼）在穴。尚六，弗愚（遇）過之，羅（飛）鳥羅﹙三六上﹚之，凶。是謂兹（災）〔省〕（眚）。﹙三六下﹚

≡≡〈≡〉歸妹，正（征）凶，无攸利。初九，歸妹以弟（娣），跛能利（履），正（征）吉。九二，眇能視，利幽人貞。六三，歸妹以嬬（須），〔反〕﹙三七上﹚歸以弟（娣）。六四，歸妹衍（行）期，遲歸有時。六五，帝乙歸妹，其君之袂，不若其弟（娣）之袂良。日月既（幾）﹙三七下﹚望，吉。尚（上）六，女承筐无實，士刲羊无血，无攸利。﹙三八﹚

≡≡〈≡〉解，利西南，无所往，其來復吉。有攸往，宿（夙）吉。初六，无咎。九二，田獲三狐，得〔黃矢，貞吉。〕﹙三九上﹚〔六三，負〕且乘，致寇至，貞閵（吝）。九四，解其栂（拇），偖（朋）至此（其）復（孚）。六五，君子唯有解，吉。有復（孚）于小﹙三九下﹚人。尚六，公用射夐（隼）于高庸（墉）之上，獲之，无不利。﹙四〇﹚

〔≡〕≡豐，亨，王叚（假）之，勿憂，宜日中。初九，禺（遇）其肥（配）主，唯（雖）旬无咎，往有尚。六二，豐其剖（蔀），日中見斗，往得﹙四一上﹚疑〔疾〕，有復（孚）洫（發）若。九三，豐其蘋（沛），日中見茉（沬），折其右弓（肱），无咎。九四，豐其剖（蔀），日中見斗，禺（遇）其夷主，吉。六﹙四一下﹚五，來章有慶舉（譽），吉。尚六，豐其屋，剖（蔀）其家，闐（闚）其戶，臭（闃）其无人，三歲不遂（覿），兇。﹙四二﹚

〔≡〕≡恆，亨，无咎，利貞，利有攸往。初六，夐（浚）恆，貞凶，无攸利。九二，愳（悔）亡。九三，不恆其德，或承﹙四三上﹚之羞，貞閵（吝）。九四，田无禽。六五，恆其德，貞，婦人〔吉〕，夫子凶。尚六，夐（振）恆兇（凶）。﹙四三下﹚

〔≡≡〕≡≡川（坤），元亨。利牝馬之貞。〔君〕子有攸往，先迷後得主，利。西南得朋，東北亡（喪）朋，安貞吉。初六，﹙四四上﹚禮（履）霜堅冰至。六二，直方大，不習无不利。六三，合〈含〉章可貞，或從王事无〔成〕有終。〔六四，聒囊，〕﹙四四下﹚〔无咎无譽。〕六五，黃常（裳）元吉。尚六，龍戰于野，其血玄黃。迥（用）六，利永貞。﹙四五﹚

≡≡≡[泰，小往大來，吉，亨。初九]，犮茅茹以其胃（彙），〔征〕吉。九二，枹（包）妄（荒），用馮河，不叚（遐）遺，弗忘。得尚于﹙四六上﹚中行。九三，无平不波（陂），无往不復。〔根（艱）貞无咎，勿血〕其復，于〔食有福。六四，翩翩不富以其鄰，不戒〕﹙四六下﹚〔以復。六五，帝〕乙歸妹以齒（祉），〔元吉。〕尚六，城復于湟，〔勿〕用師，自邑告命，貞閵（吝）。﹙四七﹚

☷☶ 〔嗛(謙),亨,君〕子有終。初六,嗛(謙)嗛(謙)〔君〕子,用涉大川,吉。六二,鳴嗛(謙),貞吉。九三,勞嗛(嗛),君子有終吉。六(四八上)四,无不利謂(撝)嗛(謙)。六五,不富以其鄰,〔利用侵伐,无〕不利。尚六,鳴〔謙,利〕用行〔師征邑國。〕(四八下)

☷☱ 〔林(臨),元亨〕利貞。至于八月有〔凶〕。初九,禁(咸)林(臨),貞吉。九二,禁(咸)林(臨)吉,无不利。六三,甘林(臨),无攸利。既憂(四九上)之,无咎。六四,至林(臨)无咎。〔六〕五,知林(臨)大〔君之宜,吉。尚六,〕敦林(臨)吉,无咎。(四九下)

☷☵ 〔師,貞,丈〕人吉,无咎。初六,師〔出〕以律,不(否)臧兇。九二,在師中吉,无咎。王三湯(錫)命。六三,師或與(輿)尼(尸)兇(凶)。六四(五〇上)師左次,无咎。六五,田有禽,利執言,无咎。長子率(帥)師,弟子輿尼(尸),貞凶。尚六,大人君有命,啓國承家,小人勿〔用〕。(五〇下)

☷☲ 明夷,利根(艱)貞。初九,明夷于蜚(飛),垂其左翼,君子于行,三日不食。有攸往,主人有言。六二,明夷,夷于左(五一上)股,用撜(拯)馬牀(壯)吉。九三,明夷,夷于南守(狩),得其大首,不可疾貞。六四,明夷,夷于左腹,獲明夷之心,于出(五一下)門廷(庭)。六五,箕子之明夷,利貞。尚六,不明海(晦),初登于天,後入于地。(五二)

☷☳ 復,亨。出入无疾,堋(朋)來无咎,反復其道,七日來復,利有攸往。初九,不遠復,无提(祇)悬(悔),元吉。六二,(五三上)休復,〔吉〕。六三,編(頻)復,厲,〔无〕咎。六四,中行獨復。六五,敦復,无悬(悔)。尚(上)六,迷復,兇(凶),有茲(災)省(眚)。用行師,終有(五三下)大敗,以其國君凶,至十年弗(不)克正(征)。(五四)

☷☴ 登(升),元亨。利見大人,勿血(恤),南正(征)吉。初六,允登(升)大吉。九二,復(孚)乃利用濯(禴),无咎。〔九三〕,登(升)虛邑。六〔四,〕(五五上)〔王用芳于岐山,吉。〕无咎。六五,貞吉,登(升)階。尚六,冥登(升),利于不息之貞。(五五下)

☱☴ 奪(兌),亨,小利貞。初九,休奪(兌)吉。九二,誇(孚)吉,悬(悔)亡。九〈六〉三,來奪(兌)兇。九四,章(商)奪(兌)未寧,〔介〕疾有喜。〔九五〕,(五六上)〔復于剝,有厲。尚六,〕景奪(兌)。(五六下)

☱☰ 夬,陽(揚)于王廷(庭),復(孚)號,有厲告自邑。不利節(即)戎,利有攸往。初九,牀(壯)于前止(趾),往不勝,爲咎。九二(五七上)〔惕〕號,莫(莫)夜有戎,〔勿血(恤)。九]三,牂(壯)于頯(頄),有凶。君子缺(夬)缺(夬)獨行,愚(遇)雨如濡,有溫(慍)无咎。九四,脤(臀)无膚,其行(五七下)郪(次)胥(且),牽羊悬(悔)亡,聞言不信。九五,莧鞎(陸)缺(夬)缺(夬),中行无咎。尚六,无號,冬(終)有兇。(五八)

〔≡≡〕卒(萃),王叚(假)于廟,利見大人,亨,利貞,用大生(牲)吉,利有攸往。初六,有復(孚)不終,乃亂乃卒(萃),若其號,一(五九上)屋(握)于笑,勿血(恤),往无咎。六二,引吉,无咎,復(孚)乃利用濯(禴)。六三,卒(萃)若(如)嗟(嗟)若(如),无攸利,往无咎,少闉(吝)。九四,大(五九下)吉,无咎。九五,卒(萃)有立(位),无咎,非(匪)復(孚),元永貞,悬(悔)亡。尚六,桼(齎)欥(咨)涕泊(洟),无咎。(六〇)

〔≡≡〕欽(咸),亨,利貞,取女吉。初六,欽(咸)其栂(拇)。六二,欽(咸)其蹕(股),凶。居吉。九三,欽(咸)其蹕(股),執其隨,闉(吝)。九四,貞吉,(六一上)悬(悔)亡。童(憧)童(憧)往來,倗(朋)從璽(爾)思。九五,欽(咸)其股(脢),无悔。尚(上)六,欽(咸)其胶(輔)陝(頰)舌。(六一下)

〔≡≡〕困,亨,貞,大人吉,无咎,有言不信。初六,辰(臀)困于株木,入于要(幽)浴(谷),三歲不覿(覿),凶。九二,困于酒(六二上)食,絑(朱)發(紱)方來。利用芳(亨)祀,正(征)凶,无咎。六三,困于石,號〈據〉于疾(蒺)莉(藜),入于其宮,不見其妻,凶。九四,來徐徐,困于(六二下)〔金車〕,闉(吝),有終。九五,貳(劓)橡(劓),困于赤發(紱),乃徐有説,利用芳(祭)祀。尚六,困于褐(葛)纍(藟),于貳(劓)掾(劓),(六三上)曰悬(悔)夷有悬(悔),貞吉。(六三下)

〔≡≡〕勒(革),已日乃復(孚),元亨利貞,悬(悔)亡。初九,共用黃牛之勒(革)。六二,〔已日乃〕勒(革)之,正(征)吉,〔无咎。九三,正(征)〕(六四上)凶,貞厲,勒(革)言三〔就,有復(孚)。九四,悬(悔)亡,〕有復,苩命吉。九五,大人虎便,未〔占〕有復(孚)。尚六,君子〔豹便,小人勒(革)〕(六四下)〔面,正(征)凶,居〕貞吉。(六五)

〔≡≡〕隋(隨),元亨利貞,无咎。初九,官或(有)諭(渝),貞吉,出門交有功。六二,係小子,失丈夫。六三,係丈夫,失小子,隋(隨)(六六上)有求得,利居貞。九四,隋(隨)有獲,貞凶,有復(孚)在道,已(以)明何咎。九五,復(孚)于嘉,吉。尚九〈六〉,枸(拘)係之,乃從(六六下)薦(維)之,王用芳(享)于西山。(六七)

〔≡≡〕泰(大)過,棟聱(隆),利有攸往,亨。初六,籍用白茅,无咎。九二,梧(枯)楊生荑(稊),老夫得其女妻,无不利。九三,(六八上)棟橈凶。九四,棟聱(隆)吉,有

它闐(吝)。六〈九〉五,楛(枯)楊生華,老婦得其士夫,无咎无譽。尚九〈六〉,過涉滅釘(頂),凶,无咎。(六八下)

〔☲☲〕羅(離),利貞,亨,畜牝牛吉。初九,禮(履)昔(錯)然,敬之无咎。六二,黃羅(離)元吉。九三,日褽(昃)之羅(離),不鼓珤(缶)而歌,即大经(耋)之髭(嗟),(六九上)凶。九四,出(突)如來如,紛(焚)如死如棄如。六五,出涕沱若,卒〈戚〉髭(嗟)若,吉。尚九,王出正(征),有嘉折首,獲不戴。无咎。(六九下)

〔☲☰〕大有,元亨。初九,无交禽(害),非咎。根(艱)則无咎。九二,泰(大)車以載,有攸往,无咎。九三,公用芳(享)于天子,(七〇上)〔小〕人弗克。九四,〔匪其〕彭,无咎。六五,闕(厥)復(孚)交如委(威)如,終吉。尚九,自天右(祐)之,吉无不利。(七〇下)

〔☲☷〕溍(晉),康侯用賜(錫)馬蕃庶,晝日三綏(接)。初九〈六〉,溍(晉)如浚(摧)如,貞吉,悔亡(罔),復(孚)浴(裕),无咎。六二,溍如〔愁〕(七一上)如,貞吉。〔受兹介福,于〕其王母。六三,衆允,愿(悔)亡。九四,溍如炙(鼫)鼠,貞厲。六五,愿(悔)亡,矢得勿血(恤),(七一下)往吉,无不利。尚九,溍(晉)其角,唯(維)用伐邑,厲吉,无咎,貞闐(吝)。(七二)

〔☶☲〕旅,少亨,旅貞吉。初六,旅瑣瑣,此其所取火。六二,旅既(即)次,壞(懷)其茨(資),得童剥(僕)貞。九三,〔旅焚其次,喪其童剥(僕),〕(七三上)〔貞厲。九四,旅于處,得〕其溍(資)斧,〔我心〕不快。六五,射雉一矢亡,冬(終)以舉(譽)命。尚九,烏梦(焚)其巢,旅人先笑後掳(號)桃(咷)。亡(喪)(七三下)牛于易,兇(凶)。(七四)

〔☲☶〕乖(睽),小事吉。初九,愿(悔)亡(喪)。亡(喪)馬勿遂〈逐〉自復,見亞(惡)人无咎。九二无咎。九二,愚(遇)主于巷,无咎。六三,見車(輿)怒(曳),其牛謘(掣),其(七五上)〔人天且〕劓,无〔初有〕終。九四,乖(睽)苽(孤),愚(遇)元夫,交復(孚)厲,无咎。六五,愿(悔)亡,登(厥)宗筮(噬)膚,往何咎。尚九,乖(睽)苽(孤),見豨(豕)負(七五下)塗,載鬼一車,先張之柧(弧),後説之壺(弧),非(匪)寇,闌(婚)厚(媾),往愚(遇)雨即(則)吉。(七六)

〔☲☵〕未濟,亨,小狐乞(汔)涉濡其尾,无攸利。初六,濡其尾,闐(吝)。九二,抴(曳)其綸(輪),貞。六三,未濟,正(征)凶,利涉大川。九四,貞吉,愿(悔)亡。(七七上)〔震用伐鬼〕方,三年有商(賞)于大國。〔六〕五,貞吉,愿(悔)亡,君子之光,有復(孚)吉。尚九,有復(孚)于歓酒,无咎。濡其(七七下)首,有復(孚)失是。(七八)

☲☳ 〔筮(噬)蓋(嗑),亨〕,利用獄。初九,句(屨)〔校滅〕止(趾),无咎。六二,筮(噬)膚滅鼻,无咎。六三,筮(噬)腊肉愚(遇)毒,少(小)閵(吝),无咎。九四,筮(噬)乾瓔(胏),(七九上)得金矢,根(艱)貞吉。六五,筮(噬)乾肉愚(遇)毒,貞厲,无咎。尚九,荷(何)校滅耳。兇。(七九下)

☲☴ 〔鼎,元吉,亨。〕初六,鼎填(顛)止(趾),利〔出〕不(否),得妾以其子,无咎。九二,鼎有實,我救(仇)有疾,不我能節(即),吉。九三,鼎耳(八〇上)勒(革),其行塞,雄膏不食,方雨〔虧悔,終吉。九四,鼎折足,覆公芏(餗),其刑(形)屋(渥),〕凶。六五,鼎黃〔耳金鉉,利貞。尚九,〕(八〇下)〔玉鉉,大吉,〕无不利。(八一)

☴☴ 〔筭(巽),〕小亨,利有攸往,利見〔大人。〕初六,進內(退),利武人之貞。九二,筭(巽)在牀下,用使(史)巫忿(紛)若,吉,无咎。九三,(八二上)編筭(巽)閵(吝)。六四,悬(悔)亡,田獲三品。九五,貞吉,悬(悔)亡。无〔不利,无初〕有終,先庚三〔日,〕後庚三日,吉。尚九,筭(巽)在牀下,(八二下)亡(喪)其潛(資)斧,貞凶。(八三)

〔☴☰〕少(小)蓻(畜),亨,密雲不雨,自我西茭(郊)。初九,復自道,何其咎,吉。九二,堅(牽)復吉。九三,車(輿)說綾(輹),夫妻反目。六四,有復(孚)(八四上)血,去湯(惕)〔出,〕无咎。九五,有復(孚)縊(攣)如,富以其鄰。尚九,既雨既處,尚得(德)載女(婦),貞厲,月幾望,君子正(征)兇(凶)。(八四下)

〔☴☷〕觀,盥而不尊(薦),有復顜(顒)若。初六,童觀,小人无咎,君子閵(吝)。六二,覞(闚)觀,利女貞。六三,觀我生進退。六四,觀國(八五上)之光,〔利〕用賓于王。九五,觀我生,君子无咎。尚九,觀其生,君子无咎。(八五下)

〔☶☴〕漸,女歸吉,利貞。初六,瑪(鴻)漸于淵,小子厲,有言,无咎。六二,瑪(鴻)漸于坂(磐),酒(飲)食衍(衎)衍(衎),吉。九三,瑪(鴻)漸于陸,(八六上)〔夫正(征)不復,婦】繩不〔肎〕,凶,利所寇。六四,瑪(鴻)漸于木,或直其寇(桷),殼,无咎。九五,瑪(鴻)漸于陵,婦三歲不(八六下)繩(孕),終莫之勝,吉。尚九,瑪(鴻)漸于陸,其羽可用爲宜(儀),吉。(八七)

〔☴☱〕中復(孚),豚魚吉,和〈利〉涉大川,利貞。初九,杆(虞)吉,有它不寧。九二,鳴鶴在陰,其子和〔之,我有好爵,吾〕(八八上)〔與爾〕贏〔之。六三,直敵,〕或鼓或皮(罷),或汲(泣)或歌。六四,月既望,馬必亡,无咎。九五,有復(孚)論(攣)如,无咎。尚九,(八八下)鳱(翰)音登于天,貞凶。(八九)

〔☴☵〕渙,亨,王叚(假)于廟,利涉大川,利貞。初六,撜(拯)馬吉,悬(悔)亡。九二,渙賁(奔)其階(机),悔亡。六三,渙其竀(躬),无咎。九〈六〉四,渙(九○上)其羣,元吉。渙〔有丘,匪〕姨(夷)所思。九五,渙其肝(汗),大號。渙王居,无咎。尚九,渙其血,去湯(逖)出。(九○下)

〔☲☴〕家人,利女貞。初九,門有家,愻(悔)亡。六二,无攸遂,在中貴(饋),貞吉。九三,家人樊(嗃)樊(嗃),悔厲吉。婦子裏(嘻)裏(嘻),終闔(吝)。(九一上)六四,富家,大吉。九五,王叚(假)有家,勿血(恤),往吉。尚(上)九,有復(孚)委(威)如,終吉。(九一下)

〔☶☴〕益,利用攸往,利涉大川。初九,利用爲大作,元吉,无咎。九〈六〉二,或益之十倗(朋)之龜,弗亨〈克〉回(違)。永貞(九二上)吉。王用芳(享)于帝,吉。六三,益之用工事,无咎。有復(孚),中行告公用閏(圭)。六四,中行告公從,利用爲(九二下)家遷國。九五,有復(孚)惠心,勿問元吉,有復(孚)惠我德。尚九,莫益之,或擊之,立心勿恆,(九三上)兇(凶)。(九三下)

《六十四卦》校勘記

《六十四卦》校勘記

鍵

鍵即乾。各本均作“乾”。《左傳·昭公二十九年》“在乾之姤”，《國語·周語三》“遇乾之否”，亦作乾。《易·説卦》：“乾，健也。”《廣雅·釋訓》：“乾乾，健也。”是乾可訓爲健。武億《經讀考異》云：“愚謂乾古字作𠊎，見《古今韻會》，傳《易》者因轉寫作健，是健即乾字之轉。”乾字古不作乾，武氏已先言之。帛書作“鍵”，蓋鍵字與𠊎字、健字均从建字得聲，可以通假。

浸龍勿用

各本均作“潛龍勿用”。《漢書·五行志上》“其後寖盛”，師古注：“寖，古浸字。”浸、浸屬精母，潛屬從母，聲母相近，又同在侵部，故“浸”字得假爲“潛”字。

鍵鍵

“君子終日鍵鍵”，各本均作“乾乾”。

夕沂若厲

“夕”字下一字，右下角殘損，據《周易》卷後佚書，知是“沂”字。此字各本均作“惕”。沂字與惕字古音不相近，古籍亦無通假之例。“夕沂(惕)若厲”，《説文》“夕”字下引作“夕惕若夤”，但同書“𩏑”字下又云：“讀若易曰夕惕若厲。”證以帛書，知“夤”爲誤字，“厲”字不誤。

或鰇在潚

各本均作“或躍在淵”。字書無“鰇”字。此字無論从“綽”字得聲，或从“鯙”字得聲，古音均在藥部，躍字亦在藥部；鯙字與綽字所从之“卓”字，古歸端母，躍字古歸定母，聲母亦相近；聲母韻母均相近，故“鰇”得假作“躍”。

《説文》有“潚”字：“潚，深清也，从水肅聲。”金文中，“淵”字常作“潚”，帛書“淵”字亦多作“潚”。

罪龍在天

　　漢石經、唐石經、宋本、阮本及《左傳·昭公二十九年》引《易》均作“飛龍”，《史記·武帝紀》及《封禪書》作“蜚龍”。罪即翡字，假作“飛”。

尚九

　　各本之“上九”，帛書均作“尚”。

抗龍有悔

　　漢石經、唐石經、宋本、阮本均作“亢龍”。《左傳·昭公二十九年》、《史記·蔡澤傳》、賈誼《新書·容經》亦引作“亢龍”。帛書《易經》作“抗龍”，《繫辭》作“炕龍”，《漢書·王莽傳》作“炕龍”，《説文·心部》作“忼龍”。亢、抗、炕、忼並相通假。“悔”，帛書多作“悊”。

迵九

　　各本均作“用九”。“迵”字與“用”字古音同在東部；迵屬定母，用屬喻母四等，喻母四等古亦歸定母。兩字以音近相通。

婦

　　婦即否。各本均作“否”。《左傳·莊公二十二年》“遇觀之否”，《國語·周語三》“遇乾之否”，亦作“否”。婦與否古音同在之部，又同爲並母字，古音相同，故“婦”字得假爲“否”字。

婦之非人

　　“婦”與“否”疑假爲“服”。《説文·女部》：“婦，服也。”是“婦”可訓“服”。服有“用”義。《説文·舟部》：“服，用也。”《荀子·賦篇》：“讒人服矣。”注：“用也。”《詩·蕩》：“曾是在服。”傳：“服，服政事也。”故“婦（否）之非（匪）人”即“用之非人”，亦即“服政事之非人”。

犮茅茹以其茖

　　唐石經、宋本、阮本作“拔茅茹以其彙”。“犮”假爲“拔”。《釋文》云：“彙音胃……古文作茖，董作䕺。”《爾雅·釋文》：“謂，舍人本作‘彙’，云：‘彙者莖也’。”《泰卦》王弼注：“茹，相牽引之貌也。”《漢書·藝文志》云：“劉向以中古文《易經》校施、孟、梁丘《經》，或脱去‘无咎’、‘悔亡’，唯費氏《經》與古文同。”王應麟云：“《釋文》引古文，如彙作茖、翩作偏、介作砎、枕作沈、蹢躅作躑躅、繻作襦。”今帛書“彙”字書作“茖”；既濟之六四，今本作“繻有衣袽”，帛書作“襦有衣茹”。是帛書之字亦有與中古文《易經》相同者。“茖”字與

“彙”字古音相同,故得通假。

枹承,小人吉,大人不亨。

各本均作“包承,小人吉,大人否,亨”。案:“枹”當假爲“苞”。《周禮·天官》注:“庖之言苞也。裹肉曰苞苴。”《詩·野有死麕》:“白茅包之。”“承”當假爲“薀”。《廣雅·釋器》:“薀謂之蕰。”《周禮·天官·醢人》注:“凡醢醬所和,細切爲齏,全物若腬爲菹。《少儀》曰:‘麋鹿爲菹,野豕爲軒,皆腬而不切……切葱若薤實之,醢以柔之。’由此言之,則齏菹之稱,菜肉通。”菹即蕰,亦即薀,即“枹承”之承。“包承”即以茅草包裹此類食物。

枹憂

各本均作“包羞”。憂字與羞字古音相近,故“憂”得假爲“羞”。《方言》十二:“羞,熟也。”故枹憂即包裹熟食。

檮羅齒

各本均作“疇離祉”。《釋文》云:“疇、鄭作古疇字。”《周易集解》引《九家易》云:“疇者、類也……離、附。祉、福也。”案:“檮”與“疇”均從“壽”得聲,故“檮”得假爲“壽”或“疇”。《方言》七:“羅謂之離,離謂之羅。”羅與離同屬來母,又同在歌部,音近相通。“齒”與“祉”均從“止”得聲,“齒”亦得假爲“祉”。

休婦

各本均作“休否”。“婦(否)”亦假作“服”。《書·酒誥》:“服休服采。”疏:“鄭玄以服休爲燕息之近臣,服采爲朝祭之近臣。”鄭蓋以“燕息”釋“休”,“近臣”釋“服”。“休婦”亦此意,故“大人吉”。

擊于枹桑

唐石經、宋本、阮本均作“繫于苞桑”。《周易集解》謂京房、鄭玄、荀爽作“包”。但《文選·六代論》李善注引鄭玄仍作“苞”。《戰國策·齊策一》:“轊擊摩車而相過。”注:“閡也。”“閡”與“礙”義近,故“擊于枹桑”即礙於苞桑。

頃婦,先不後喜

各本均作“頃否,先否後喜”。案“頃婦(否)”當假作“傾服”。《説文·舟部》:“服,用也。一曰車右腓。”傾服,右腓傾跌也。先不後喜,“不”字當假作“否”字。

掾

掾即遯。唐石經、宋本、阮本均作“遯”。《釋文》云：“遯，又作逯，又作遁。”《周易集解》引鄭玄注作“逯”，《鄭烈碑》“肥逯而不悶”作“逯”，《婁壽碑》“遁世無悶”作“遁”。案：“掾”與“逯”均從“豕”得聲，與遯、遁音近，故得假借。高亨謂“遯”當假作“豚”，則“掾”亦當假作“豚”。

共之用黄牛之勒，莫之勝奪

各本均作“執之用黄牛之革，莫之勝説”。帛書之“共”字與“執”字，字異而義同。《詩·抑》“克共明刑”，《韓奕》“虔共爾位”，《傳》並云：“共，執也。”是“共”字可訓爲“執”。帛書《易經》與各本《易經》有字異而義同者，“共”字即一例。帛書“用黄牛之勒”，各本均作“用黄牛之革”。《詩·斯干》“如鳥斯革”，《釋文》引韓詩“革”作“勒”，是“革”字與“勒”字可以通假。“莫之勝奪”，各本均作“莫之勝説”，《周易集解》引虞翻云：“勝、能，説、解也。”是“説”字即今“脱”字，然此字實以“奪”字爲本字。《説文》：“奪、手持隹失之也，從又、從奞。”《後漢書·李膺傳》：“豈可以漏奪名籍，苟安而已？”均“奪”字爲本字之證。

爲掾有疾厲

唐石經、宋本、阮本均作“係遯有疾厲”。《釋文》：“係，或作繫。”爲字古在歌部，係古在支部，歌與支或叶韻，疑因方音相近“爲”字假作“係”字。

畜僕妾吉

各本均作“畜臣妾吉”。在奴隸社會中，臣與僕均爲奴隸，字異而義近。

好掾，君子吉，小人不

各本均作“好遯、君子吉，小人否”。

肥掾

各本均作“肥遯”。《文選·思玄賦》注引《淮南九師道訓》作“遯而能肥”，《後漢書·張衡傳》注引作“遯而能飛”，是“肥”字或作“飛”。然“肥掾”實即“肥豚”。

禮

禮即履。漢石經、唐石經、宋本、阮本均作“履”。帛書《繫辭》亦作“履”。《序卦》傳云：“履者禮也。”《詩·東方之日》：“履我即兮。”傳：“履、禮也。”禮字與履字音近義同，故得通用。

不真人亨

各本均作“不咥人”。真字古在真部,咥字古在質部,質部爲真部入聲,故咥字與真字音近相通。《文選·西征賦》:“履虎尾而不噬。”注:“鄭玄本爲噬。”是此字或作“噬”。《周易集解》引荀注,亨下有“利貞”二字。

錯禮

各本均作“素履”。“錯”字與“素”字同在魚部,錯屬清母,素屬心母,聲母亦相近,故“錯”得假爲“素”。

禮道亶亶

各本均作“履道坦坦”。“亶”字與“坦”字均从旦得聲,故得通假。

眇能視

唐石經、宋本、阮本均作“眇能視”,“眇”字即“眇”字。《周易集解》作“眇而視”。“能”與“而”古音近,得相通假。說見《經傳釋詞》。

跛能利

唐石經、宋本、阮本作“跛能履”。《周易集解》作“跛而履”。“利”與“履”同爲來母脂部字,故“利”得假爲“履”。

武人迵于大君

各本作“武人爲于大君”。鍵(乾)之“迵九”,各本作“用九”,是知“迵”字假爲“用”字。此處之“武人迵于大君”,“迵”字當亦假爲“用”字。各本作“爲”,“爲”亦有“用”字之義(見《經傳釋詞》)。

朔朔終吉

唐石經、宋本、阮本均作“愬愬”。《説文》:“虩,《易》履虎尾虩虩。”《釋文》云:“愬愬,子夏《傳》云恐懼貌……馬本作‘虩虩’,《説文》同。”《吕氏春秋·慎大》引作“愬愬”,高誘注:“愬讀如虩。”是諸家本作“愬愬”或“虩虩”。帛書作“朔朔”,朔字、愬字、虩字均音近相通。

視禮巧羕

唐石經、宋本、阮本均作“視履考祥”。《釋文》云:“考祥,本亦作詳。”《古易音訓》引晁説之云:"荀作詳,鄭作祥。"《丙子學易編》云:"古本或作詳。"案:考字與巧字均从丂得聲,可以通假,《書·金縢》:"予仁若考,能多材多藝。"《史記·魯世家》作:"旦巧,能多材多藝。"是"巧"字與"考"字通假之證。"羕"字即"翔"字,"翔"字可假爲"詳"字,《漢書·西域傳上》:"其土地山川王侯户數道里遠近翔實矣。"注:"翔與詳同,假借用耳。""翔"字亦可假爲"祥"字,《易·豐》:"象曰……天際翔也。"《釋文》:"鄭、王肅作祥"。

其睘元吉

各本均作"其旋元吉"。《漢書·賈誼傳》"或推而還",師古注:"還讀曰旋。"還字與旋字音近義同,古籍多通假之例。帛書"睘"字即用作"還"字。

訟

各本均作"訟",帛書《繫辭》作"容"。

有復洫寧克吉冬凶

漢石經作"(有)孚愶,惕,中吉,終凶"。唐石經、宋本、阮本作"有孚窒,惕,中吉,終凶"。《釋文》云:"馬作咥,云讀爲躓,猶止也。鄭云:'咥,覺悔貌。'"案:帛書本與諸本均不同。各本"有孚"之"孚"字,帛書均作"復"。孚與復音近相通。復蓋謂反覆,洫假爲恤,憂也。"冬凶"之"冬"字即"終"字。《釋名·釋天》:"冬,終也,物終成也。"此句之斷句疑爲"有復,洫,寧,克吉,冬凶"。

利用見大人

各本均作"利見大人",此"用"字疑衍。

少有言

各本均作"小有言"。

无省

各本均作"无眚"。《釋名·釋天》:"眚,省也,如病者省瘦也。"《釋文》:"眚,子夏《傳》云:'妖祥曰眚。'馬云'災也'。鄭云'過也'。"《公羊傳·莊公二十二年》:"大省者何?災省也。"《小爾雅·廣詁》:"省,過也。"金文中"省"與"眚"爲一字,故音義並通。

食舊德貞厲

各本"食舊德貞厲"下有"終吉"二字,帛書無此二字。

復即命俞

各本均作“復即命渝”，“俞”爲“渝”之假借字。

或賜之般帶，終朝三扷之

唐石經、宋本、阮本作“或錫之鞶帶，終朝三褫之”。《釋文》：“錫，賜也。鞶，王肅作槃。帶，亦作帶。褫，本又作褫，鄭本作扡。”案：“般”爲“鞶”之假借字。《穀梁傳·桓公三年》“諸母般申之曰”，集解：“般，囊也……一本作鞶。”是“般”假爲“鞶”之證。“扷”即“褫”字，隸書从“虒”之字常省作“虎”。《論衡·吉驗》“南至掩淲水”，《後漢書·東夷傳》作“淲”，是其證。《玉篇》、《集韻》有“扷”字，讀若“號”，蓋後起字。

同人于宗，閵

各本均作“同人于宗，吝”。“閵”爲“吝”之假借字。

服容于莽

各本均作“伏戎于莽”。“服”字假爲“伏”字，《繫辭》：“伏戲氏之王天下也。”《釋文》：“孟、京作‘伏’，云：‘伏，服也。’”《荀子·性惡》“今使塗之人伏術爲學”，楊注：“伏術、伏膺於術。”集解引郝懿行曰：“伏與服古字通，服者伏也。古書服事亦作伏事，服膺亦作伏膺。”“容”字亦假爲“戎”字，《詩·何彼禯矣》傳：“禯，猶戎戎矣。”《古文苑·冢賦》“靈木戎戎”，注：“盛貌。”《漢書·揚雄傳》“沈沈容容”，補注：“謂禽獸衆多之貌也。”“容容”與“戎戎”音義俱相近，故“容”得假爲“戎”。

登其高〔陵〕

各本均作“升其高陵”，“登”字與“升”字音義俱近，古籍中常相通假。《呂氏春秋·孟夏紀》“農乃升麥”，《禮記·月令》作“農乃登麥”；《孟秋紀》“農乃升穀”，《月令》作“農乃登穀”。是其證。

乘其庸

唐石經、宋本、阮本均作“墉”。《釋文》：“墉，鄭作庸。”“庸”爲本字，“墉”爲後起字。

先號桃後笑

各本均作“先號咷而後笑”。此脱“而”字。“桃”字假作“咷”。

同人于茭

各本均作"同人于郊"。"郊"字帛書常作"茭"。

无孟

"无孟"即"无妄"。唐石經、宋本、阮本均作"无妄"。《史記·春申君傳》作"毋望",《正義》:"毋望,猶不望而忽至也。"《漢書·谷永傳》"遭无妄之卦運",應劭曰:"无妄者,無所望也。"《釋文》:"无望,馬、鄭、王肅皆云'妄猶望',謂無所希望也。"《論衡·寒溫》、《明雩》作"無望",《明雩》云:"德酆政得,災猶至者,無望也。"案:无與無、毋通,孟與望、妄古音亦相通假。

非正有省

各本均作"其匪正有眚"。"省"即"眚"。

不蓄餘

各本均作"不菑畬"。秦漢時"甾"字常作"甾",如秦之"兩錙"錢,"錙"字即作"甾"。"餘"字與"畬"字以同音通假。《禮記·坊記》引《易》作"不菑畬,凶"。多一"凶"字。

邑人之兹

各本均作"邑人之災"。"兹"字與"災"字音近相通。

勿樂有喜

各本均作"勿藥有喜"。"樂"爲"藥"之假借字。

无孟之行,有省,无攸利

各本均作"无妄,行有眚,无攸利"。

狗

狗即姤。此卦之首一字殘缺,從下文"尚九,狗,其角闔"知字作"狗"。帛書《繫辭》作"均"、"句"。《釋文》云:"姤,薛云古文作遘,鄭同。"唐石經唯《雜卦》作"遘,遇也",其餘均改作"姤"。宋本、阮本作"姤"。《左傳·昭公二十九年》"在乾之姤",亦作"姤"。《後漢書·魯恭傳》注:"本多作'后',古字通。"是此字又作遘、后及姤。狗、均、句及遘、姤、后,諸字音近相通。

擊于金梯

唐石經、宋本、阮本均作“繫于金柅”。《釋文》云:“柅,《説文》作‘檷’,云絡絲趺也。王肅作‘抳’,从手。子夏作‘鑈’。蜀才作‘尼’,止也。”《正義》云:“柅之爲物,衆説不同,王肅之徒,皆爲織績之器,婦人所用。惟馬云:‘柅者在車之下,所以止輪,令不動者也。’王(弼)注云‘柅制動之主’,蓋與馬同。”帛書作“梯”,梯蓋柅、檷等字之假借字。从弟、从尼、从爾之字古音同在脂部,可以通假。《戰國策·齊策一》“轄擊摩車而相過”,注:“擊,閡也。”閡與礙字義近,故“擊于金梯”,即礙於金梯。聞一多釋“繫”爲“擊”。正與帛書同。

羸豨復適屬

唐石經、宋本、阮本均作“羸豕孚蹢躅”。《釋文》:“蹢,一本作‘躑’,古文作‘蹢’。躅,本亦作‘蠲’,古文作‘踒’。”案:豨與豕通。《説文》:“豕,彘也。竭其尾,故謂之豕,象毛足而後有尾,讀與豨同。”是古時豨、豕同聲。《史記·天官書》“奎曰封豕”,《漢書·天文志》作“封豨”。正“豕”與“豨”通假之證。復,《説文·彳部》云:“復,往來也。”適屬、蹢躅、躑蠲、蹢踒並雙聲連語,《釋文》云:“不静也。”

枹有魚

唐石經、宋本、阮本均作“包有魚”。《釋文》云:“本亦作‘庖’。虞云:‘白茅苞之。’荀作‘胞’。”《正義》亦作“庖”。案:《周易集解》引虞翻云:“巽爲白茅,在中稱包。”故虞實作“包”。荀作“胞”者,“胞”蓋假爲“庖”。《周禮·天官》“庖人”,《漢書·百官公卿表》作“胞人”。帛書作“枹”,“枹”亦可假爲“包”或“庖”。

枹无魚,正兇

各本均作“起凶”。“起”字誤,當從帛書作“正”,“正兇”即“征凶”。

五五,以忌枹苽

“五五”應爲“九五”之誤。唐石經、宋本、阮本均作“以杞包瓜”。《釋文》云:“杞,張云‘苟杞’。馬云‘大木也’。鄭云‘柳也’。薛云‘柳柔韌木也’。包瓜,子夏作‘苞’。”案:杞即杞柳,可編爲籃,故云“以忌(杞)包瓜”。“苽”本“菰”字,常假爲“瓜”。

或塤自天

各本均作“有隕自天”。《説文繫傳》徐鍇引作“有霣自天”。案:今本之“有”字應作“或”字解,《經傳釋詞》:“有猶或也,《易·姤》九五曰有隕自天,言或隕自天也。”“塤”與“隕”音近,爲"隉"之假借字。

狗其角,閵

今各本作"姤其角,吝"。案:"狗"與"姤"當假作"遘",遇也。"角"假爲"埆"。《詩·行露》"何以速我獄",傳:"獄,埆也。"《釋文》引盧植云:"相質觳争訟者也。"又引崔注:"埆者,埆正之貌。"故"狗其角"即"遘其埆",即遇争訟之事也。

根

根即艮。漢石經、唐石經、宋本、阮本均作"艮",《左傳·襄公九年》"遇艮之八",亦作"艮"。《説文》:"艮,很也……《易》曰:艮其限。"亦作"艮"。帛書作"根",根從艮得聲,可以通假。高亨謂"艮"當訓"顧"。

根其北

各本均作"艮其背",《漢書·高帝紀》:"項羽追北。"注引韋昭曰:"古背字也。"《荀子·議兵》:"遇敵處戰則必北。"注:"北者乖背之名。"

不濩六身

各本作"不獲其身"。案:《風俗通·聲音》:"濩,言救民也。"《説文》:"護,救視也。"是濩與護通。"不濩六身"即"不護其身"。

行其廷

各本均作"行其庭"。古"廷"與"庭"有别,但多通假。

根其止

漢石經作"艮其止",唐石經、宋本、阮本作"艮其趾",《釋文》:"其趾,如字,荀作'止'。"

根其肥

漢石經、唐石經、宋本、阮本均作"艮其腓"。《釋文》云:"腓,本又作'肥',義與咸卦同。"今本咸之六二"咸其腓",《釋文》云:"腓,鄭云'膊腸也'。王廙云:'腓,腓腸也。'荀作'肥',云:'謂五也,尊盛故稱肥。'"《説文》:"腓,脛腨也。"(《慧琳音義》"腓"字下引《説文》作"腨腸也")腓即脛肉,今稱脚肚。此作"根其肥",欽(即今本之咸)之六二作"欽其遇","肥"字即"遇"字。字書無"遇"字,就其從肥從足而言,應與"腓"字同,而"肥"字亦必爲"腓"之假借字。荀謂"尊盛故稱肥",恐不確。

不登其隋

漢石經作"不扜□□"。唐石經、宋本、阮本作"不拯其隨"。《釋文》云："不承，音拯救之拯。馬云：'舉也。'"《漢上易傳》云："拯，一作'扜'。"是此字或作扜、作承、作拯。帛書作"登"。《説文》云："扜，上舉也。撜、扜或从登。"是"撜"字即"扜"字。作"登"者蓋省去所从之"手"字。登、扜、承、拯，古音同在蒸部，可以通假。隋者，《周禮·守祧》云"既祭則藏其隋"，鄭玄注："玄謂隋尸所祭肺脊黍稷之屬。"

戾其肥，厲熏心

唐石經、宋本、阮本均作"列其夤，厲薰心"。《韓詩外傳》卷二引作"列其寅，危薰心"。《釋文》云："夤，馬云：'夾脊肉也。'鄭本作'腢'。荀作'腎'。薰，荀作'勳'。"《周易集解》引虞翻作"裂其夤，厲閽心"。《漢上易》謂："子夏作'薰'，孟、京、馬、王作'熏'。"《古易音訓》引晁説之云："列，孟、一行作'裂'，夤，孟、京、一行作'胭'。"案：帛書作"戾其肥，厲熏心"，與諸家均不同。帛書於根（艮）之六二曰"根（艮）其肥"，於根（艮）之九三曰"戾其肥"；於欽（咸）之六二曰"欽（咸）其瞿"，於欽（咸）之九三曰"欽（咸）其瞿"。此絶非筆誤，而係抄本之不同。戾有反轉之義，《素問·至真要大論》："諸轉反厲。"注："反，戾，筋轉也。"故"戾其肥"即腿抽筋。《韓非子·外儲説左上》："叔向御坐平公請事，公腓痛足痹轉筋而不敢壞坐。"亦指此。

根其竆

各本均作"艮其身"。帛書作"竆"者，"竆"假爲"躬"，躬即身。

根其胶

各本均作"艮其輔"。欽（咸）之尚（上）六"欽其胶陜舌"，各本均作"咸其輔頰舌"。是"胶"即"輔"字，胶从肉父聲，父字與甫字音義俱近。疑"胶"爲本字，"輔"爲假借字。

泰蓄

"泰蓄"即"大畜"。帛書《繫辭》作"大蓄"。《釋文》云："大畜，本又作蓄。"

有厲，利巳

唐石經、宋本、阮本均作"有厲，利巳"。《釋文》云："巳、夷止反，或音紀"，音"紀"則字當作"己"，然帛書實是"巳"字。李鏡池謂"巳"當假作"祀"。

車說緮

　　唐石經、宋本、阮本及《說文》引《易》均作“輿脱輹”。《釋文》云：“或作‘輻’。”案：作“輹”是，作“輻”非。帛書作“緮”，“緮”蓋“輹”之假借字。小畜《釋文》云：“輹，馬云‘車下縛也’。鄭云‘伏菟’。”《釋名·釋車》：“輹似人屐，伏兔在軸上似之。”《正義》引鄭注：“謂輿下縛木，與軸相連，鉤心之木是也。”是知輹在輿之底部，縛在軸上，使輿固着於軸上。因其縛於軸上，故有時而脱。若輻則非易脱之物，《老子》云“三十輻共一轂”，非輪破轂裂，輻不得脱。故知作緮（輹）是，作輻非。《左傳·僖公十五年》亦作“車説其輹”。

良馬遂

　　唐石經、宋本、阮本均作“良馬逐”。《周易集解》引虞翻同。《釋文》云：“鄭本作‘逐逐’，云‘兩馬走也’。姚云：‘逐逐、疾並驅之貌。’”《顔氏家訓·書證》亦引作“逐逐”。《古易音訓》引晁説之：“王昭素謂當作‘逐逐’。”帛書作“遂”。案：《國語·齊語》：“犧牲不略則牛羊遂。”注：“長也。”則帛書作“遂”爲長。

利根貞

　　各本均作“利艱貞”。按：“根”與“艱”通。《書·益稷》：“暨稷播，奏庶艱食鮮食。”《疏》：“艱，馬本作‘根’。”《釋名·釋言語》：“艱，根也。如物根也。”是根與艱以音近可以通假。

曰闌車□

　　末一字殘缺。唐石經、宋本、阮本均作“曰閑輿衛”。《釋文》云：“曰，音越，劉云：‘曰猶言也。’鄭云：‘日習車徒。’”是鄭玄作“日”。《周易集解》引虞翻亦作“日”。蓋“曰”字與“日”字形近，易以致誤。帛書作“曰”，明作“曰”者不誤。“闌”與“閑”古相通，《國語·楚語》“爲之關籥蕃籬而遠備閑之”，韋昭注：“閑，闌也。”是闌與閑音近義通。“輿”字帛書作“車”，今本《易經》“輿”字，帛書多作“車”字。末一殘缺之字，各本均作“衛”，唯卷後佚書作“率”，當以作“衛”爲是。

童牛之鞫

　　唐石經、宋本、阮本均作“童牛之牿”。《説文》：“告，牛觸人，角箸橫木，所以告人也。《易》曰：‘僮牛之告。’”《釋文》云：“童牛，無角牛也。《廣蒼》作‘犝’。牿，劉云：‘牿之言角也。’陸云：‘牿當作角。’九家作‘告’。《説文》同。”《鄭志》及《周禮·大司寇》疏謂：“艮爲手，持木以就足，是施梏。”是鄭玄作“梏”。諸家説解不同，童牛無角，當以鄭説爲是。帛書作“鞫”，鞫與告、牿、梏音近相通。

哭豨之牙

各本作"豶豕之牙"。帛書《周易》卷後佚書亦作"豶豨之牙"。《釋文》："劉云：豕去勢曰豶。"此處作"哭"，疑爲誤字。又《釋文》："牙，鄭讀爲'互'。"蓋"牙"與"互"形近易訛，帛書作"牙"，知不當作"互"。

何天之瞿

各本均作"何天之衢"。

蔑貞兇

唐石經、宋本、阮本作"蔑貞凶"。帛書作"截"，"截"爲"蔑"之或體字，假爲"蔑"。

剥臧以辯

唐石經、宋本、阮本均作"剥牀以辨"。《釋文》："辨，徐音辦具之辦。辦，足上也。馬、鄭同。黄云：'牀簣也。'薛、虞：'膝下也。'"《周易集解》引虞翻曰："指間稱辨。"案："辨"字王引之謂當讀爲"蹁"，膝頭也(見《經義述聞》)。朱駿聲從虞"指間"之說，謂假作"采"(見《説文通訓定聲》)。俞樾謂當假作"胖"，脅肉也(見《群經平議》)。疑以朱説爲是。帛書作"辯"。"辯"與"辨"均從"辡"得聲，古籍中"辯"與"辨"常通假。《禮記·樂記》"其治辯者"，《釋文》出"治辨"，云："本又作辯。"故帛書之辯字應爲辨之假借字。帛書之"臧"字，各本皆作"牀"。

《詩·七月》"八月剥棗"，傳："剥，擊也。"是"剥牀"即"擊牀"。王國維《殷卜辭中所見先公先王考》謂《楚辭·天問》"該秉季德，厥父是臧"以下十二韻，"以《大荒東經》及郭注所引《竹書》參證之，實紀王亥、王恆及上甲微三世之事"。並謂"有易之人乃殺王亥，取服牛，所謂'胡終弊於有扈，牧夫牛羊'者也。其云'有扈牧竪，云何而逢？擊牀先出，其命何從'者，似記王亥被殺之事"。《周易》之"剥牀"義爲"擊牀"，則所記疑亦爲王亥被殺之事。

剥无咎

唐石經、宋本、阮本均作"剥之无咎"。《釋文》云："一本作'剥之无咎'，非。"《古易音訓》引晁説之云："京、劉、荀爽、一行皆無'之'字。"漢石經及敦煌唐寫本《周易王弼注》殘卷(伯二五三〇)亦無"之"字，知今本多一"之"字。

剥臧以膚

唐石經、宋本、阮本作"剥牀以膚"。《釋文》云："京作'簠'，謂祭器。"漢石經亦作"剥牀以篡"。案:"篡"當假作"膚"。《説文·肉部》謂"膚"爲"臚"之籀文,《一切經音義》廿二引《釋名》:"腹前曰臚。"

貫魚食宫人籠无不利

各本作"貫魚,以宫人寵,无不利"。"籠"字與"寵"字均從"龍"字得聲,疑"籠"字爲"寵"字之假借字。此句似當讀爲"貫魚食宫人,籠(寵),无不利"。

石果不食

各本均作"碩果不食"。"石"字與"碩"字古相通,《莊子·外物》"嬰兒生无石師而能言",《釋文》云:"石、本又作碩。"故"石果不食"即"碩果不食"。

君子得車,小人剥蘆

宋本、阮本作"君子得輿,小人剥廬"。唐石經字殘缺。《釋文》云:"京作'德輿',董作'德車'。"帛書作"得車"。今本《易經》之"輿"字,帛書多作"車"字。

禽之用二巧

各本均作"曷之用二篹","曷"字帛書作"禽"。案:帛書有從曷之字,如井之"愍至亦未汲",困之"困于褐蘲","曷"字均不如此作,故此字非"曷"字。《説文》云:"轚,車軸耑鍵也,兩穿相背,從舛,禼省聲。禼,古文卨字。""禽"字應即"轚"字之省寫,中部之"禼(或离)"省作"吕",再省去下部之"牛",即成"禽"字。轚爲轄之或體,故禽亦爲轄之或體。轄從害得聲,而害字與曷字音近,古籍中常相通假。《書·湯誓》"時日曷喪",《孟子·梁惠王》引作"時日害喪"。害與曷既得通,則禽與曷亦得通假。然禽與曷疑均當假作"祭",祭在祭部,禽與曷在月部,月部與祭部皆爲入聲,故"禽"與"曷"得假作"祭"。

"二巧",唐石經、宋本、阮本作"二篹"。《釋文》云:"篹,蜀才作'軌'。"案:篹、軌屬見母,巧屬溪母,又同在幽部,音近相通。

巳事端往

唐石經、宋本、阮本作"巳事遄往"。《説文》"遄"字下引作"吕事遄往"。《釋文》云:"巳,音以,本亦作'以',虞作'祀'。遄,速也。虞作'顓'。"《周易集解》作"祀事遄往"。案"巳"字與"已"字本爲一字,故《史記·律書》云:"巳者,言陽氣之已盡也。"《釋名·釋天》云:"巳,已也,陽氣畢布已也。"巳與已既爲一字,而祀字從巳得聲,故"巳事"得假作"祀事"。遄、顓、端均從耑得聲,"端"可假爲"遄"。《周易集解》引虞翻:"遄,速也。"

正兇

各本均作"征凶"。

事端有喜

各本均作"使遄有喜"。案：古"事"、"使"爲一字，故得通假。

益之十倗之龜，弗克回

各本均作"或益之十朋之龜，弗克違"。案：倗即朋。《周禮·士師》："七曰爲邦朋。"注："故書朋作倗。""回"與"違"通，《詩·大明》"厥德不回"，傳："回，違也。"《詩·常武》"徐方不回"，箋："回，猶違也。"

得僕无家

各本作"得臣无家"。

初筮吉再參擴擴即不吉

漢石經蒙卦此處唯餘"不吉"二字，知漢石經"初筮"下亦必作"吉"字。唐石經、宋本、阮本均作"初筮告，再三瀆，瀆則不告"。《説文》"黷"字下引《易》作"再三黷"。

案：《釋文》云："瀆，鄭云：'褻也。'"《説文》："黷，握持垢也。"擴、瀆、黷並从賣得聲，"擴"當爲"瀆"或"黷"之假借字。"吉"字，《公羊傳·定公十五年》何休注引《易》，疏引鄭玄注，《禮記·表記》引《易》，均作"告"。《漢書·藝文志》："故筮瀆不告，《易》以爲忌。"亦作"告"。帛書及漢石經均作"吉"，知此字本作"吉"，"吉"與"告"形近，遂誤作"告"。疑諸書本作"吉"，後人改作"告"。

廢蒙

各本均作"發蒙"。"發"與"廢"古字通，《莊了·列禦寇》"曾不發藥亐"，《釋文》："發，司馬本作廢。"帛書之"廢"字當假爲"發"字。

已往閵

各本作"以往吝"。《説文》"遴"字下引《易》作"以往遴"，"吝"字下引作"以往吝"。閵、遴、吝並音近相通。

枹蒙

唐石經作"苞"。宋本、阮本作"包"。《釋文》："包，鄭云：'苞當作彪，彪，文也。'"《古易音訓》云：“京房、鄭、陸績、一行皆作‘彪’。”帛書作“枹”，枹與包、苞、彪音近相通。

入婦

各本均作“納婦”。案：“入”字與“納”字古同屬泥母緝部，故“入”可假爲“納”。《戰國策·秦策四》：“入其社稷之臣於秦。”注：“入，納也”。

六三夫不有窫

各本均作“勿用取女，見金夫，不有躬，无攸利”。帛書“窫”字假爲“躬”字。

利所寇

各本作“利禦寇”。案：《詩·伐木》“伐木許許”，《説文·斤部》引作“伐木所所”（《後漢書·朱穆傳》、《顏氏家訓·書證》並引作“滸滸”）。許、滸並从午得聲（《説文·水部》“滸”作“汻”），而“午”與“禦”均疑母字，“所”字可假爲“許”、“滸”，自得假爲“禦”。

蘩

“蘩”即“賁”。帛書卦名殘缺，從後文之“蘩如濡如”知卦名作“蘩”。《釋文》云：“賁，傅氏云：‘賁，古斑字，文章貌。’鄭云：‘變也，文飾之貌。’王肅云：‘有文飾，黃白色。’”蘩字古屬並母，斑、賁屬幫母；蘩、斑在元部，賁在文部，三字音近相通。

舍車而徒

唐石經、宋本、阮本同。漢石經作“□轝而徒”，“轝”即“輿”字。《釋文》云：“鄭、張本作‘輿’。”

蘩茹濡茹

“茹”字，各本均作“如”。“茹”假爲“如”。

蘩茹蕃茹

唐石經、宋本、阮本均作“賁如皤如”。《釋文》云：“董音槃。鄭、陸作燔，音煩。荀作‘波’。”顧炎武《易音》作“蹯”，謂：“蔡邕《述行賦》‘乘馬蹯而不進兮，心鬱悒而憤思’，即此字。”案：蕃、燔、蹯，古屬並母元部，以同音相假；波屬幫母，皤屬並母，均在歌部，歌元對轉，故波、皤亦得假爲蕃或蹯、燔。

白馬䮧茹

各本均作“白馬翰如”。案：䮧即幹，幹與翰音近義通。《爾雅·釋詁》：“翰、幹也。”故

"榦"可假作"翰"。

非寇,闃詬

各本均作"匪寇,婚媾"。案:"婚"與"闃"古音同在文部,故"闃"可假爲"婚"。"詬"與"媾"音同,故"詬"可假爲"媾"。

戔戔

各本均作"戔戔"。《釋文》云:"子夏《傳》作'殘殘'。"案:《考工記·鮑人》釋文云:"帴,馬融音'淺',干寶爲'殘',與《周易》'戔戔'之字同。""帴"訓"狹",則戔戔狹窄貌。

舍而靈龜

各本作"舍爾靈龜","而"即"爾"。

□我□頤

唐石經、宋本、阮本均作"觀我朵頤"。《釋文》云:"朵,京作'揣'。"《古易音訓》引作"瑞",云:"動也。"帛書此字有殘缺,非"朵"字,亦非"揣"或"瑞"字。

曰顚頤,柫經于丘頤

唐石經、宋本、阮本均作"顚頤,拂經于丘頤"。《釋文》云:"拂,違也。薛同。子夏《傳》作'弗',云:'輔弼也。'"《古易音訓》云:"劉表、一行作'弗',下同,弗,古弼字。"帛書作"柫","柫"蓋假作"弗"或"拂"。

虎視沈沈

今各本均作"虎視眈眈"。帛書此句,字有殘缺,從左部偏旁,知作"虎視沈沈"。《周禮》卷十七《春官宗伯·大師》注:"眂讀爲虎眂之眂。"《漢竹邑侯相張壽碑》作"覘覘虎視"。眂即視字。沈、眈、覘並同音假借。

其容笛笛

宋本、阮本作"其欲逐逐"。唐石經下二字殘。《釋文》云:"逐逐,如字,敦實也。薛云'速也'。子夏《傳》作'攸攸',《志林》云:'攸當爲逐。'蘇林音迪。荀作'悠悠'。劉作'跾',云'遠也'。《説文》:'跾,音式六反。'"《漢書·叙傳下》"其欲浟浟",顔注:"浟浟,欲利之貌,浟音滌,今《易》'浟'作'逐'。"案:笛與逐、攸、悠、浟、跾諸字音近相通。"笛"古或書作"篴",《周禮·笙師》:"笙師掌教龡、竽、笙、塤、籥、簫、篪、篴、管。"鄭司農注:"今時所吹五空竹篴。"篴字从逐得聲,亦足以證明"笛"字與"逐"字同音。

"容"字各本均作"欲"。《説文》小徐本云:"容,盛也。从宀谷聲。"大徐本删"聲"字,非是。段注:"谷古音讀欲,以雙聲疊聲也。"此説亦有未盡之處,蓋"容"字古在東部,"谷"字古在屋部,屋部爲東部入聲,其諧聲固不僅雙聲而已。"容"與"欲"均从谷得聲,自可通假。"其欲逐逐"之欲,各家均如字解,實有未安。帛書作"其容笛笛",知"容"爲本字,"欲"爲"容"之假借字。

笛

"笛"即"蠱"。漢石經、唐石經、宋本、阮本均作"蠱"。《左傳·昭公元年》:"在《周易》女惑男,風落山,謂之蠱。"又《僖公十五年》"其卦遇蠱",均作"蠱"。帛書作"笛"者,蓋笛與蠱同屬見母,又同在魚部(《廣韻》"笛,古賀切",爲後來之演變),以同音相假。

榦父之笛,有子巧

各本均作"幹父之蠱,有子考"。榦即幹。《廣雅·釋詁三》:"幹,事也。"《序卦》:"蠱者事也。"《尚書大傳》:"乃命五史,以書五帝之蠱事。""蠱事"即"故事"。"榦(幹)父之笛(蠱)"者,從事於其父之事,即世其業也。

"有子巧",各本均作"有子考"。帛書之"視禮巧翔","巧"字各本亦作"考"。由帛書之作"巧",知"巧"爲本字,"考"爲"巧"之假借字。《考工記》云:"巧者述之,守之世,謂之工。"蓋"有子巧",乃能世其業也。《周禮·大司徒》云:"十曰以世事教能,則民不失職。"《管子·小匡》:"是故聖王之處士必於閒燕,處農必就田墅,處工必就官府,處商必就市井……夫是故士之子常爲士……是故農之子常爲農……是故工之子常爲工……是故商之子常爲商。"《易經》所記,蓋即此種情況。

少有悔

各本均作"小有悔"。案:《禮記·少儀》,《釋文》:"猶小也。"是"少"與"小"通。

浴父之笛

各本均作"裕父之蠱"。"浴"與"裕"均从"谷"得聲,疑此二字當假作"俗"。《説文》:"俗,不安也。""浴(裕)父之笛(蠱)",謂不安於其父之舊業。

用輿

各本作"用譽"。"輿"與"譽"同音,"輿"當爲"譽"之假借字。

不事王侯,高尚其德,兇(凶)

各本均作“不事王侯,高尚其事”,無“兇(凶)”字。《禮記・表記》引亦無“凶”字。

習贛

唐石經、宋本、阮本均作“習坎”。《國語・晉語二》:“坎,水也。”亦作“坎”。漢石經《說卦》“欿者水也”,字作“欿”。《釋文》云:“本亦作‘埳’。京、劉作‘欿’。險也,陷也。”案:《詩・伐檀》“坎坎伐輪兮”,漢石經魯詩作“欿欿”,是“欿”可與“坎”通假。《詩・伐木》“坎坎鼓我”,《說文》引作“竷竷舞我”。“贛”從“竷”得聲,“坎”字可與“竷”字相通假,亦得與“贛”字通假矣。《書・顧命》“爾無以釗冒貢于非幾”,《釋文》:“貢,馬、鄭、王作‘贛’,馬云:‘陷也。’”是贛亦有陷義。“贛”與“坎”音近義通,故“贛”亦得假爲“坎”。

有復巂心亨

各本作“有孚,維心亨”。案:《隸辨・造橋碑》“濟舟扶攜”,“攜”作“攜”,故“巂”字即“巂”字。在此當假作“纗”字。《說文》:“纗,維綱中繩,從糸巂聲,讀若畫,或讀若維。”是“纗”與“維”音同,故“纗”得假作“維”。段玉裁謂“或讀若維”之維“疑當作絓”,蓋以維在微部,從巂得聲之字在支部,古音不相通。然讀字自有方音之不同,亦未可一概而論。

習贛入贛閭,凶

各本作“習坎,入于坎窞,凶”。此處當脫一“于”字。《釋文》云:“窞,徒坎反。《說文》云:‘坎中更有坎。’王肅又作‘徒感反’,云:‘窞、坎底也。’《字林》云:‘坎中小坎。一曰旁入。’”“窞”與“閭”音近相通。

贛有訧

各本均作“坎有險”。案:六三“來之贛贛,嗛且訧”,今本作“來之坎坎,險且枕”。知帛書此句與各本不同,詳後“嗛且訧”條。

求少得

各本作“求小得”,“少”與“小”通。此處作“少”解。

嗛且訧

唐石經、宋本、阮本均作“險且枕”。《釋文》云:“險,如字,古文及鄭、向本作‘檢’,鄭云:‘木在手曰檢’。枕,鄭玄云:‘木在首曰枕。’陸云:‘閑礙險害之貌。’九家作‘扗’。古文作‘沈’,沈,直林反。”案：唫、檢、險並从僉得聲，可以通假，當以“險”爲本字。訦、枕、沈在侵部，玷在談部，音亦相近，可以通假，當以“沈”爲本字。《莊子·外物》“慰暋沈屯”，《釋文》引司馬彪注：“沈，深也。”九二之“贛有訦”者坎或深也（“有”可訓“或”，見《經傳釋詞》）；“唫且訦”者，險且深也。

奠酒巧訣用缶

　　各本均作“尊酒簋貳用缶”。《禮記·禮器》正義引鄭注：“大臣以王命出會諸侯，尊於簋，副設玄酒而用缶也。”《周易集解》引虞注：“坤爲缶，禮有副尊，故貳用缶耳。”王弼注：“一樽之酒，二簋之食，瓦缶之器。”王引之以鄭、虞之説並非，王弼於“用缶”之義尚未實指其事，以爲“用缶者，以缶爲尊，又以缶爲簋也”（見《經義述聞》）。

　　帛書作“奠酒巧訣用缶”。“奠”即“尊”，“尊”字帛書常作“奠”。“巧”即“簋”，巧屬溪母，簋屬見母，均在幽部，故“巧”得假爲“簋”。“訣”爲“簠”之假借字，《説文繫傳》：“簠，……古文簠从匚夫，臣鍇曰夫聲。”“季宫父簠”簠字亦从夫。“訣”字从夫，自得假爲“簠”。“奠酒巧訣用缶”即“尊酒簋簠用缶”，亦即尊與簋簠均以陶器爲之。

入蒻自牖

　　各本均作“納約自牖”。《古易音訓》云：“納，京、一行作‘内’，云‘内自約束’。”《周易集解》引虞云：“坎爲納也。”《釋文》云：“牖，陸作誘。”《周易集解》引崔憬云：“納約，文王於紂時行此道，從羑里納約，卒免於難，故曰自牖終无咎也。”蓋以爲“牖”假作“羑”。案：諸家解説似覺未安。帛書作“入蒻自牖”，入，納也。蒻，《廣雅·釋草》：“蒻，蒻也。”《説文》：“蒻，蒲子，可以爲平席。”《書·顧命》“敷重篾席”，《釋文》：“篾，馬云‘纖蒻’。”《楚辭·招魂》“蒻阿拂壁”，注：“蒻，蒻席也。”是蒻乃蒲席也，“入蒻自牖”者，自窗牖納入蒲席也。食具用陶器，自窗牖納入蒲席，蓋指幽囚而言。

贛不盈，塭既平

　　宋本、阮本均作“坎不盈，祇既平”。《説文》引《易》作“禔既平”，云：“安福也。”《周易集解》引虞注：“禔，安也。”《釋文》云：“祇，鄭云：‘當爲坁，小丘也。’京作‘禔’。”唐石經及敦煌唐寫本《周易王弼注》（伯二五三〇）作“祇”。

　　王弼注：“祇，辭也。”義有未安，蓋“祇既平”之“祇”當實有所指，不當爲虚辭。許、虞訓安，“安既平”，文義亦不順。鄭云“當爲坁”，似亦不合，《説卦》云“坎者水也”，《序卦》云“坎者陷也”，坎既爲水爲陷，不應有訓“坁”之“小邱”。帛書作“塭既平”，字書無“塭”字，从㗊得聲之“媼”字，《説文》云：“媼……从女㗊聲，讀若奥。”蓋㗊與媼均爲影母字，故媼从㗊得聲。疑塭亦讀爲奥，假作隩。《説文》：“隩，水隈厓也。”《爾雅·釋邱》：“厓内爲隩，外爲隈。”“贛（坎）不盈，塭既平”者，謂水不盈，水涯亦已平而無波，故云“无咎”也。塭字誤爲禔、祇、祇諸字，蓋因“塭”

字所从之"朢"與"禔"所从之"是"形近,遂誤作"禔",又因"禔"與"祇"音近而誤爲"祇",後更誤爲"祇"。

係用諱繩,親之于繿勒

唐石經、宋本、阮本均作"係用徽纆,寘于叢棘"。《穀梁傳·宣公二年》范寧注引作"繼用徽纆,示于叢棘。"《釋文》云:"寘,劉作'示',言衆議於九棘之下也。子夏《傳》作'湜'。姚作'寔',寔,置也。張作'置'。"案:"係"與"繼"通,《爾雅·釋詁》:"係、繼也。"諱與緯、褘並从韋得聲,而緯、褘與徽義同。《廣雅·釋詁三》:"緯、徽,束也。"《文選·思玄賦》李善注引《爾雅》"婦人之徽謂之縭",今本《爾雅·釋器》作"婦人之褘謂之縭"。蓋緯屬喻母三等,喻三古歸匣母;諱、褘、徽並屬曉母,曉匣相近;而四字同在微部。音近義通,可以假借。"纆"字即"纆"字。《釋文》云:"劉云:三股曰徽,兩股曰纆,皆索名。""係用諱(徽)纆(纆)"者,縛以繩索也。

帛書之"親"字,各本或作"寘"、"示",或作"湜"、"寔",或作"置"。親在真部,寘、示在脂部,脂真對轉,故親與寘、示相假借。湜、寔古音與寘、示不相近,但字義相近。繿屬清母,叢屬從母,又同在東部,故繿可假作叢。勒與棘同在職部,故勒可假爲棘。"親之于繿勒",即"寘之于叢棘"。《周易集解》引《九家易》曰:"坎爲叢棘,又爲法律。案:《周禮》:王之外朝,左九棘,右九棘,司寇公卿,議獄于其下。"故"親(寘)之于繿(叢)勒(棘)"者置之於獄中也。

襦,有復

襦即需。《釋文》云:"需,鄭讀爲秀。"需與秀並爲心母字,蓋以雙聲相通假。各本均作"需"。《左傳·哀公九年》"遇泰之需",亦作"需"。帛書《繫辭》作"嬬"。"有復",各本作"有孚",《釋文》云:"有孚,又作勇。"

襦于茭

各本作"需于郊"。

襦于沙

各本均作"需于沙"。《釋文》云:"沙,如字。鄭作'沚'。"按:《説文》:"沙,水散石也。从水从少,水少沙見,楚東有沙水。沁,譚長説沙或从尐。"則《釋文》引鄭之"沚"字爲"沁"字之訛。

少有言

各本作"小有言"。

有不楚客三人來

各本作"有不速之客三人來"。案：楚爲穿母二等字,速爲心母字。照系二等與精系最近,在《玉篇》與《萬象名義集》中互爲反切上字,疑以此"楚"假爲"速"。

有復

各本均作"有孚"。

冬來或沱吉

各本作"終來有它吉"。《釋文》云："有它,本亦作'他'。"帛書"冬"假爲"終",或假爲"有"(見《經傳釋詞》),"沱"假爲"它"。

比之非人

各本作"比之匪人"。《釋文》云："王肅本作'匪人,凶'。"案：《彖傳》："比,輔也。"故"比之非人"即"輔之非人"。

邑人不戒

《周易集解》同。阮本"戒"作"誡"。阮校云："岳本、閩監、毛本同(即作誡),石經初刻作'戒',後改。"

比无首兇

漢石經同,唐石經、宋本、阮本作"比之无首,凶"。

蹇

"蹇"即"蹇"。漢石經作"蹇"。唐石經、宋本、阮本作"蹇"。《漢書·龔遂傳》"蹇蹇亡已",亦作"蹇"。《離騷》"余固知謇謇之爲患兮",王逸注引《易》作"王臣謇謇"。《冀州從事張表碑》"謇謇匪躬",《後漢書·魯丕傳》"廣納謇謇",《樊準傳》"忘謇謇之忠",《朱暉傳》"無謇謇之志",《爰延傳》："納謇謇之士",《楊震傳》注、《三國志·陳羣傳》注、《文選·辨亡論》注引《易》並作"謇"。案：蹇、蹇、謇、謇均从寒省聲,可以通假。

往蹇來輿

各本均作"往蹇來譽"。"輿"當假爲"譽"。

王僕蹇蹇

　　“王僕”各本均作“王臣”。

非□之故

　　各本均作“匪躬之故”。帛書“非”字下一字殘缺，《經》後之《昭力》引作“非今之故”，且釋爲“非獨今之故也”，知此處殘缺之字爲“今”字。《昭力》之説解與諸家均不同。案：躬與今同爲見母，又同在侵部，音近相通。《詩・谷風》“我躬不閲”，《禮記・表記》引作“我今不閲”，“躬”字固可假作“今”字。

大蹇佣來

　　漢石經作“大謇崩來”，唐石經、宋本、阮本作“大蹇朋來”。佣、崩、朋並在東部，音近相通。

往蹇來石，吉

　　各本均作“往蹇來碩，吉”。“石”與“碩”古字通（見剥之尚［上］九，石［碩］果不食條）。

枯節

　　各本均作“苦節”。

不出户牖

　　各本作“不出户廷”。

不出門廷

　　各本作“不出門庭”。

往得尚

　　各本作“往有尚”。“尚”疑假爲“賞”。

既濟

　　各本同。帛書《繫辭》作“既齎”。

初六，拽其□

　　末一字左部殘缺，右部存“侖”字，據未濟“拽六綸”，知此字實“綸”字。各本作“初九，曳其輪”。案：“六”字應爲“九”字之誤。“抴”與“曳”通。《儀禮·士相見禮》：“執玉者則爲舒武，舉前曳踵。”注：“古文曳作抴。”

婦亡其發，勿遂，七日得

唐石經、宋本、阮本並作“婦喪其茀，勿逐，七日得”。《釋文》：“茀，首飾也。馬同。干云：‘馬髴也。’鄭云：‘車蔽也。’子夏作‘髴’。荀作‘紱’。董作‘髢’。”《周易集解》引虞翻云：“髴髮，謂鬢髮也。一名婦女之首飾……髴或作茀。俗説以髴爲婦人蔽膝之茀，非也。”《古易音訓》引孟喜：“髴，鬒髮也。”是孟喜亦作“髴”。案：諸説除董遇作“髢”外，其餘茀、髴、紱諸字均與帛書之“發”字音近。帛書困之九二“絑發方來”，各本均作“朱紱方來”，疑此處之“發”字亦假爲“紱”字。

“勿遂”即“勿逐”。帛書之“逐”字常書爲“遂”。

襦有衣茹

唐石經、宋本、阮本並作“繻有衣袽”。《釋文》云：“繻，鄭、王肅云‘音須’。子夏作‘襦’。王廙同。薛云：‘古文作繻。’袽，絲袽也。王肅音‘如’，《説文》作‘絮’，云‘緼也’。《廣雅》云：‘絮，塞也。’子夏作‘茹’，京作‘絮’。”《説文》“繻”字下引作“繻有衣”；絮字下引作“需有衣絮”。《周禮·考工記·弓人》注：“鄭司農云：‘帤讀爲“繻有衣絮”之絮。’”《周禮·夏官·羅氏》注：“鄭司農云：‘襦讀爲“繻有衣絮”之繻。’”是“襦”字或作“繻”、作“需”。“茹”字或作“袽”、作“絮”、作“絮”。均以音近通假。

東鄰殺牛以祭

各本均作“東鄰殺牛”，無“以祭”二字。

不若西鄰之濯祭

各本均作“禴祭”，《漢書·郊祀志》引作“瀹祭”。案：此字亦作“礿”，《爾雅·釋天》“夏祭曰礿”，郭注：“新菜可汋。”亦作“鬻”，《説文》：“鬻，內肉及菜湯中薄出之。”禴、瀹、礿、鬻音義並同，均喻母四等藥部字，喻四等古歸定。濯字亦爲定母藥部字，故“濯”字可假爲“禴”字。

實受其福，吉

各本均無“吉”字。案：《象傳》曰：“實受其福，吉大來也。”則本應有“吉”字。

半遠

唐石經、宋本、阮本作“磐桓”。《釋文》：“磐，本亦作盤，又作槃。”《周易集解》作“盤桓”。《爾雅·釋言》之《釋文》引作“般桓”。《張表碑》“畔桓利貞”作“畔桓”。案：此詞爲叠韻連語，半遠即磐桓,亦即伴奐、伴換、叛換、畔援。

屯如邅如

唐石經、宋本、阮本作"屯如邅如"。《漢書·叙傳上》"紛屯亶與蹇連兮",注引作"屯如亶如"。《説文》"驙"字下引作"乘馬驙如","乘馬"二字當係誤文,而"邅"字作"驙"。邅、亶、邅、驙,均從亶得聲,可以通假。

乘馬煩如

唐石經、宋本、阮本作"班如",《釋文》:"鄭本作'般'。"煩屬並母,班、般屬幫母,均在元部,音近相通。

非寇,閩厚

唐石經、宋本、阮本作"匪寇,婚媾"。《説文》"媾"字下引同。《釋文》云:"媾,本作冓。"帛書繫(貫)之六四作"非寇閩詬",閩與婚,厚與詬、冓、媾並音近相通。

即鹿毋華

唐石經、宋本、阮本作"即鹿无虞"。《淮南子·繆稱》、《後漢書·何進傳》引同。《釋文》云:"鹿,王肅作'麓',云'山足'。"《周易集解》引虞翻注亦云"山足稱鹿"。案:"鹿"當如字解。"華"與"虞"古音相近,"華"可假作"虞"。惠士奇《易説》云:"《逸周書·大武解》有五虞。五虞者,一鼓走疑,二備重來,三佐軍舉旗,四采虞人謀,五後動撚之。撚,蹂也。蹂其後而從之,此從禽之所以必有虞人也。"

往哭

各本作"往吝"。"哭"即"吝"之別體。

汲血漣如

唐石經、宋本、阮本作"泣血漣如"。《淮南子·繆稱》作"泣血連如"。《説文》"㦍"字下引作"泣涕㦍如"。《後漢書·寇榮傳》"泣血漣如"注引《易》作"泣涕漣如"。案:"汲"與"泣"並在緝部,故"汲"可假爲"泣"。"血"在質部,"涕"在脂部,質部爲脂部入聲,故"血"得假爲"涕"。連、漣、㦍均從連得聲,亦可通假。

苣邑不苣井

各本作"改邑不改井","苣"爲"改"之異體字。

无亡无得

各本作"无喪无得"。

觱至亦未汲,井纍其刑坅

"觱",各本均作"汔"。"汲",各本均作"�‎繘"。"纍",唐石經、宋本、阮本作"羸",《釋文》謂:"蜀才作累,鄭讀曰虆。""刑"字疑衍。案:字書無"觱"字,"觱"字與"汔"字均從"乞"得聲,可假作"汔"。《釋文》云:"汔,幾也。"蓋觱與汔均在物部,幾在微部,物部爲微部入聲,故觱、汔均可訓爲幾。繘字《釋文》云:"鄭云:'綆也。'《方言》云:'關西謂綆爲繘。'郭璞云:'汲水索也。'"王弼注:"已來至而未出井也。"則訓繘爲出。帛書作"汲",與諸本不同,而意義較諸本更爲明白。纍、累、虆、羸並音近相通,《周易集解》引虞注:"鉤羅也。"諸家均以"井"字屬上讀,作"汔至亦未繘井,羸其瓶";《周易集解》引荀爽,"井"字屬下讀。帛書亦當屬下讀,作"觱(汔)至亦未汲,井纍其〔刑〕坅"。

井瀆射付唯敝句

唐石經、宋本、阮本作"井谷射鮒甕敝漏"。《釋文》云:"射,鄭、王肅皆音亦,云'厭也'。荀作'耶'。"又:"鮒,音附,魚名也。子夏《傳》謂'蝦蟆'。"又:"甕,鄭作'罋',云'停水器也'。《説文》作'罋','汲缾也'。"案:帛書作"井瀆射付唯敝句",與諸本均異。"瀆"字《廣雅·釋水》:"瀆,坑也。"《説文》:"瀆,溝也。"瀆與谷均在屋部,音近相通。"付"應即"鮒"字。《文選·吳都賦》劉逵注引鄭玄:"所生魚無大魚,但多鮒魚耳,言微小也。""唯"疑假作"維",《廣雅·釋詁二》:"維,係也。""敝句"當即"敝笱",《詩·敝笱》:"敝笱在梁。"《説文》:"笱,曲竹捕魚器也。""射付(鮒)"之"射",應如字解,謂以弓矢射魚。《春秋經·隱公五年》"公矢魚于棠",《吕氏春秋·知度》:"非其人而欲有功,譬之若夏至之日而欲夜之長也,射魚指天而欲發之當也。""井瀆射付唯敝笱"者,鮒本小魚,生於井瀆之中,以矢射之,又維之以敝笱。矢固不能射中小魚,敝敗之笱亦不能捕小魚也,此譬其勞而無功也。故《象傳》曰:"井谷射鮒,无與也。""无與",猶無用也。"與"作"用"字解。《管子·海王》:"我未與其本事也。"注:"與,用也。"《吕氏春秋·貴直》:"王胡不能與野士乎?"注:"與,猶用也。"帛書作"井瀆射付(鮒)唯(維)敝句(笱)",較諸本爲優。

井笹不食,爲我心塞,可用汲

唐石經、宋本、阮本作"井渫不食,爲我心惻,可用汲"。《史記·屈原賈生傳》引作"井泄不食,爲我心惻,可以汲"。案:帛書之"笹"即"迣",古從止與從辵無别。"渫"字所從之"枼",金文中多假作"世",如默伯毁"十枼不諐",即"十世不忘"。世在祭部,從世得聲之迣、泄在月部

（月部爲祭部入聲）。枼及从枼得聲之渫在葉部。祭部、月部與葉部本不通假，然枼字从世得聲，枼、渫與世、迣、泄之主要元音又復相同（同爲 a），故諸字可以通假。《史記·屈原賈生傳》集解引向秀云："泄者，浚治去泥濁也。"塞與惻均在職部，疑"塞"假爲"惻"。"可用汲"之"用"字當假作"以"。

井枺无咎

"枺"即"椒"。各本作"井甃无咎"。案：椒字古常與从秋得聲之字通假，如《左傳·文公九年》"楚子使越椒來聘"，《穀梁傳》作"萩"。《左傳·襄公二十六年》"椒舉娶於申公子牟"，《國語·楚語上》作"湫舉"；又"聲子使椒鳴逆之"，《楚語》作"湫鳴"。故"枺（椒）"字得假爲"甃"字。

井戾寒潨食

各本作"井洌寒泉食"。"戾"與"洌"同屬來母，"戾"當假爲"洌"。"潨"即"泉"字。

辰

辰即震。《説文》："辰，震也。三月陽氣動，雷電振，民農時也，物皆生。"《白虎通·五行》："辰者震也。"此"辰"與"震"相通之證。案：《詩·十月之交》"爗爗震電"，傳："震，雷也。"《左傳·僖公十五年》："震之離，亦離之震，爲雷爲火。"《國語·晉語十》："震，雷也，車也。"震爲雷之説起源甚早。然《周易》之辰（震）或亦爲人名，如"辰（震）來朔朔（虩虩），笑言啞啞"，"辰（震）行無省"，"辰（震）不于其窮（躬），于其鄰"，以及未濟之"震用伐鬼方（此句帛書殘缺），三年有商（賞）于大國"，均震爲人名之證。

辰來朔朔

唐石經、宋本、阮本作"震來虩虩"。《釋文》云："馬云'恐懼貌'，鄭同荀作'愬愬'。"案：朔朔即愬愬，亦即虩虩，均在鐸部，音近相通。

笑言亞亞

宋本、阮本作"笑言啞啞"。阮校云："（唐）石經初刻'語'，後改'言'，下唯象傳句漫滅不可識，餘並改'語'爲'言'。"《釋文》云："笑言，'言'亦作'語'。""亞亞"即"啞啞"。

辰敬百里

各本作"震驚百里"。"敬"假爲"驚"。

不亡鈚膓

各本作“不喪匕鬯”。《説文》：“鬯，以秬釀鬱艸，芬芳攸服，以降神也。从凵，器也。中象米。匕所以扱之。《易》曰：‘不喪匕鬯。’”蓋鬯爲祭祀之香酒。盛鬯酒之器曰圭瓚，亦名爲鬯。《國語·周語上》：“王使大宰忌父帥傅氏及祝史奉犧牲玉鬯往獻焉。”注：“玉鬯，鬯酒之圭，長尺一寸，有瓚。所以灌地降神之器。”玉鬯之鬯，《説文》名之爲瑒，《説文》云：“瑒，圭尺有二寸，有瓚，以祠宗廟者也。”（《考工記·玉人》“裸圭”注：“瓚如盤，其柄用圭，有流前注。”故可以盛鬯酒）由此可知帛書之“膓”即“瑒”，亦即“鬯”。蓋均在陽部，音近相通。鈚即匕字。

意亡貝

唐石經、宋本、阮本作“億喪貝”。《釋文》：“億，本又作‘噫’，同於其反，辭也。六五同。鄭於力反，云‘十萬曰億’。”《漢上易傳》云：“億，虞氏本作‘噫’。”帛書作“意”。意、億、噫並通。

齎于九陵

唐石經、宋本、阮本作“躋于九陵”。漢石經只存右偏旁“齊”字之右半部，下爲“九陵”二字，由此知無“于”字。《釋文》云：“躋，本又作隮。”帛書作“齎”，爲“躋”之假借字。“九陵”疑即“高陵”，“九”字與“高”字音近相通。

勿遂

各本作“勿逐”。“逐”字，帛書常作“遂”。

辰疏疏

各本均作“震蘇蘇”。“疏”與“蘇”同在魚部，故可通假。

辰行无省

漢石經作“震行无省”。唐石經、宋本、阮本作“震行无眚”。

辰遂沂

唐石經、宋本、阮本作“震遂泥”。《釋文》云：“遂，荀本‘遂’作‘隊’。”《漢上易傳》云：“荀本作‘隧’。”遂、隊、隧並通，均作墜字解。“沂”字各本均作“泥”，蓋以形近誤作“沂”。沂在微部，泥在脂部，音亦相近。

无亡有事

　　各本均作"无喪有事"。

辰昔昔

　　各本均作"震索索"。昔與索同屬心母,又同在鐸部,音近相通。

視瞿瞿

　　各本作"視矍矍"。

正凶

　　各本作"征凶"。

辰不于其窡

　　各本作"震不于其躬"。窡假爲躬。

往无咎

　　各本作"无咎",無"往"字。

閩詬有言

　　各本作"婚媾有言"。案:蘩(賁)之六四"非寇,閩詬",各本亦作"婚媾"。

泰壯

　　"泰壯"即"大壯"。帛書《繫辭》作"大莊"、"大牀"。各本均作"大壯"。"泰"與"大"古相通。《穀梁傳·桓公元年》:"而祭大山之邑也。"《釋文》:"本亦作泰。"《周易集解》引虞翻曰:"壯,傷也。"

壯于止

　　各本均作"壯于趾"。"止"即"趾"之初文。

君子用亡,貞厲

　　各本均作"君子用罔"。《釋文》云:"罔,羅也。馬、王肅云'无'。"《周易集解》引虞翻云:"謂二已變爲離,離爲罔。"王弼亦釋罔爲羅。帛書作"亡","亡"與"罔"音同,"亡"得假爲"罔"

（下文言“貞厲”,不言“凶”,知“亡”字不作“死亡”解）。

嬴其角

唐石經、宋本、阮本同。《釋文》云：“王肅作‘縲’,鄭、虞作‘纍’,蜀才作‘累’,張作‘虆’。”《周易集解》引侯果,釋爲拘嬴。嬴與縲、累、纍、虆並爲來母字,又同在歌部,音近相通。

藩块不嬴

各本作“藩决不嬴”。块與决均从夬得聲,又同在月部,故“块”假爲“訣”。

壯于泰車之緮

各本作“壯于大輿之輹”。緮即輹。

亡羊于易

各本作“喪羊于易”。此指王亥喪牛於易,喪羊於易事。説見顧頡剛《周易卦爻辭中的故事》。

根則吉

各本作“艱則吉”。

餘

“餘”即“豫”。各本均作“豫”。帛書《繫辭》作“余”,卷後佚書作“予”。餘、余、予、豫並同音,故相通假。《釋文》云：“豫,悦豫也,備豫也。”《雜卦》云：“豫,怠也。”

杅餘悔遲有悔

卷後佚書作“旴予悔”。各本作“旴豫悔,遲有悔”。《釋文》云：“旴,子夏作‘紆’。京作‘訏’。姚作‘旴’,云‘日始出’。引《詩》曰‘旴日始旦’（今《詩·匏有苦葉》作‘旭日始旦’）。”《古易音訓》引晁氏謂“陸績作紆”。杅與旴、紆、訏、旴均从于得聲,故可通假。

尤豫

唐石經、宋本、阮本作“由豫”。《釋文》：“由,從也。鄭云‘用也’。馬作‘猶’,云‘猶豫,疑也’。”“尤”即“由”字。《後漢書·馬援傳》“尤豫未決”,即作“尤”。

勿矨

各本均作“勿疑”。按：矨即疑。《説文》云：“疑,惑也。从子、止、匕,矢聲。”非是。秦詔版之"疑"字作"𤕤"，帛書之"疑"字省去"止"而已。

倗甲讒

唐石經、宋本、阮本作"朋盍簪"。《釋文》云："盍，合也。"又云："簪，徐側林反，子夏《傳》同，'疾也'。鄭云'速也'，《埤蒼》同。王肅又祖感反。古文作'貸'。京作'撍'。馬作'臧'。荀作'宗'。虞作'戠'，戠，叢合也。蜀才本依京，義從鄭。"案：帛書作"倗甲讒"。倗即朋（見損之六五"十倗之龜"條）。"甲"與"盍"、"合"通。《釋名・釋形體》："甲，闔也。與胸脅背皆相會闔也。""會闔"即"會盍"，亦即"會合"，故"甲"字可假爲"盍"與"合"。"讒"字應假爲"儳"，《廣雅・釋詁一》："儳，疾也。"與子夏《傳》訓簪爲疾、鄭注訓簪爲速義同。京房作"撍"，撍即捷字（《漢魏二十一家易注》引陸希聲說），是亦與京房義同。讒、儳、簪並侵部字，音亦相近。

或諭

各本均作"有渝"。案："或"與"有"通，"諭"可假作"渝"。

少過

"少過"即"小過"。帛書《繫辭》亦作"少過"。

翡鳥

帛書"翡鳥遺之音"，作"翡"。下文"罪鳥以凶"，作"罪"。翡即罪。各本均作"飛鳥"。

愚其比

各本均作"遇其妣"。"愚"假爲"遇"，"比"假爲"妣"。

愚其僕

各本作"遇其臣"。

弗過仿之，從或臧之

各本作"弗過防之，從或戕之"。仿與防均從方得聲，故"仿"可假爲"防"。"臧"與"戕"均從"爿"得聲，豐之象曰"自藏也"，《釋文》云："衆家作戕。"是"臧"與"戕"可以通借。

往厲必革

各本作"往厲必戒"。案："革"與"戒"古字通。《淮南子・精神》："且人有戒形，而無損於心。"注："戒或作革。"又《說文》云："諽，飭也。從言革聲，讀若戒。"是"革"與"戒"古音同，可以通假。

自我西芰

各本作"自我西郊"。

公射取皮在穴

各本作"公弋,取彼在穴"。《周易集解》引虞注:"弋,矰繳射也。"帛書作"射","射"與"弋"義相近而不相同。帛書"皮"字,各本作"彼","皮"如字解亦通。

飛鳥羅之

各本作"飛鳥離之"。"羅"與"離"古字通。《方言》七:"羅謂之離,離謂之羅。"是其證。

是謂茲□

各本作"是謂災眚"。帛書"茲"下一字殘缺,各本爲"眚"字,"眚"字帛書均作"省",故補作"省"。"災"與"茲"音近相通。

歸妹正凶

歸妹,唐石經、宋本、阮本同。《左傳·僖公十五年》亦作"歸妹"。漢石經作"歸昧",蓋假"昧"爲"妹"。"正凶"各本作"征凶"。

歸妹以弟

漢石經作"歸昧以弟",唐石經、宋本、阮本作"歸妹以娣"。《説文》:"娣,女弟也。从女弟會意,弟亦聲。"《公羊傳·莊公十九年》:"娣者何?弟也。"是"弟"可假爲"娣"。

跛能利

漢石經作"𨂂能履"。唐石經、宋本、阮本作"跛能履"。《周易集解》引虞翻作"跛而履"。𨂂即跛字。"利"與"履"同爲來母字,又同在脂部,是"利"可假爲"履"。

眇能視

各本同。《周易集解》引虞翻作"眇而視"。

正吉

各本作"征吉"。

利幽人貞

　　各本作“利幽人之貞”。

歸妹以嬬

　　唐石經、宋本、阮本作“歸妹以須”。《釋文》云：“須，如字，待也。鄭云：‘有才智之稱。’荀、陸作‘嬬’，陸云‘妾也’。”疑“嬬”與“須”並“嬃”之假借字。《説文》云：“嬃，女字也。《楚詞》曰：‘女嬃之嬋媛。’賈侍中説楚人謂姊爲嬃。从女須聲。”訓嬬、須爲嬃，則與上文之“歸妹以弟”及下文之“反歸以弟”相對。

反歸以茅

　　“茅”即“弟”。各本作“反歸以娣”。

歸妹衍期

　　各本作“歸妹愆期”。“衍”假爲“愆”。

日月既望

　　唐石經、宋本、阮本作“月幾望”。《釋文》云：“幾，音機，又音祈。荀作‘既’。”案：各本均無“日”字，疑“日”字衍。帛書作“既”，各本作“幾”，“幾”與“既”音近，假“幾”爲“既”。

女承筐无實，士刲羊无血

　　各本同。《左傳·僖公十五年》：“初晉獻公筮嫁伯姬于秦，遇歸妹之睽。史蘇占之曰：‘不吉。’其繇曰：‘士刲羊，亦無衁也；女承筐，亦無貺也。’”歸妹之睽，即歸妹之上六，與此義同而文略異。

宿吉

　　各本均作“夙吉”。《説文》云：“宿，止也。从宀佰聲。佰，古文夙。”是宿與夙可相通假。此處宿當訓早。

解其栂，倗至此復

　　漢石經、唐石經、宋本、阮本均作“解而拇，朋至斯孚”。《釋文》云：“拇，陸云‘足大指’。王肅云‘手大指’。荀作‘母’。”《周易集解》引虞翻亦作“母”。敦煌唐寫本《周易》殘卷(伯二五三二)作“解而栂”。“倗”即“朋”，“復”與“孚”通。

公用射敻于高庸之上

各本"敻"作"隼","庸"作"墉"。庸即墉。"敻"與"隼"音近相通。卷後佚書作"雒","雒"爲"隼"之異體字。

豐

各本均作"豐"。帛書《繫辭》作"鄷"。

王叚之

"叚",各本作"假"。

禺其肥主

唐石經、宋本、阮本作"遇其配主"。《釋文》云:"配,如字。鄭作'妃',云'嘉耦曰妃'。"《漢上易傳》卷六謂"孟氏亦作妃"。《周易集解》引虞翻曰:"妃嬪謂四也。"是虞氏亦作"妃"。案:妃與配通。《左傳·文公十四年》"子叔姬妃齊昭公",注:"妃音配,本亦作配。"是其證。帛書作"肥",《説文·女部》段注云:"(妃),《太玄》作娿。其云'娿埶'者,即《左傳》之'嘉耦曰妃,怨耦曰仇也'。""妃"字既可書作"娿",娿又從肥得聲,是"肥"固可假作"妃"矣。

唯旬无咎

唐石經、宋本、阮本作"雖旬无咎"。《釋文》云:"旬,如字,均也。荀作'均',劉昞作'鈞'。"案:"雖"與"唯"通。《莊子·庚桑楚》:"唯蟲能蟲,唯蟲能天。"《釋文》:"本作雖。"是"雖"可假作"唯",各本作"雖",乃假借字;帛書作"唯",乃本字。殷代卜旬,卜辭恆見"旬亡田"之語,此處之"旬无咎"蓋亦沿襲殷人之習慣。"均"、"鈞"乃"旬"之假借字。

豐其剖

唐石經、宋本、阮本作"豐其蔀"。《釋文》云:"鄭、薛作'菩'。"《古易音訓》引晁説之曰:"菩,古文蔀字。"帛書作"剖",蓋剖、菩、蔀均從音字得聲,可以通假,《荀子·王霸》:"則夫名聲之部發於天地之間也。"注:"部當爲剖。"王先謙云:"部是蔀之消字。"此"蔀"、"剖"通假之證。《考工記·輪人》:"爲蓋有部。"注:"部,蓋斗也。"《太平御覽·天部》引桓譚《新論》云:"北斗極天樞,樞,天軸也。猶蓋有保斗矣。蓋雖轉而保斗不移,天亦轉周匝而斗極常在。"《論衡·説日》亦云:"極星在上之北,若蓋之葆矣。"此古蓋天之説。聞一多以此釋"豐其剖,日中見斗",甚是。

日中見斗

唐石經、宋本、阮本同。《釋文》云："孟作見主。"案：《周禮·邕人》："大喪之大湎設斗。"注："音主。"是"斗"與"主"古音同，故孟本作"主"。

有復洫若

各本均作"有孚發若"。帛書作"有復洫若"，與諸本均不同。洫爲曉母質部字，發爲幫母月部字，古音不相通假。"復"蓋反覆，"洫"當假爲"恤"，憂也。

豐其蕧

唐石經、宋本、阮本作"豐其沛"。《釋文》："沛，本或作'旆'。子夏作'芾'。鄭、干作'茷'。"《周易集解》引虞翻曰："日在雲下稱沛。沛，不明也。"又引《九家易注》云："大暗謂之沛。"帛書作"蕧"，蕧在元部，沛、芾、旆均在祭部。祭元通轉，故蕧得與沛、芾、旆通假。

日中見茉

唐石經、宋本、阮本作"日中見沬"。《釋文》云："《字林》作'昧'，鄭作'昧'。"《漢書·王商傳》云："會日有蝕之……(張)匡對曰：'……《易》曰：日中見昧。'"《王莽傳下》云："二月壬申日正黑，莽下書曰：'迺者日中見昧。'"是漢人稱日食爲日中見昧。帛書作"茉"。茉、沬並昧之假借字。

折其右弓

《釋文》云："肱，姚作股。"除姚外，各本均作"折其右肱"。《漢書·王商傳》："日中見昧，則折其肱。"亦作"肱"。案："弓"與"肱"古音並在蒸部，可以通假。《春秋經·昭公三十一年》"黑肱以濫來奔"，《公羊》作"黑弓"。《儀禮·鄉射禮》"侯道五十弓"，注："今文改'弓'爲'肱'。"

禺其夷主

各本作"遇其夷主"。案："夷"當假作"尸"。《周禮·凌人》"共夷槃冰"，注："夷之言尸也。"是"夷"可假作"尸"。《書·康王之誥》云："康王既尸天子。"僞孔傳："主天子之正號。"夷主即指此。

來章有慶舉

各本作"來章有慶譽"。帛書"舉"字當假作"譽"。

剖其家

各本作"蔀其家"。

闚其户

各本作"闚其户"。闚爲見母,窺爲溪母,古音並在支部。故"闚"得假爲"闚"。

臭其无人

唐石經作"闃其无人"。宋本作"闃",阮本作"闃"。作"闃"、"闃"者並誤。《釋文》云:"姚作'闃',孟作'窒'。並通。"錢大昕《潛研堂文集》曰:"孟喜本作'窒',許君偁《易》主孟氏,故不別出'闃'字。虞仲翔訓爲空,仲翔世習孟氏《易》,當亦用'窒'字。窒本訓塞,反訓爲空。猶亂之訓治,徂之訓存也。"按:"闃"字帛書作"臭"。"闃"字所从之"臭",《通俗文》作"瞑"。"瞑"與"臭"形近,疑"臭"即"臭"之異體字。"臭(臭)"與"闃"音近,帛書作"臭",蓋假爲"闃"。《説文》:"闃,静也。"

三歲不遂

各本作"三歲不覿"。帛書"逐"字多書作"遂",疑此"遂"字亦"逐"字。"逐"爲澄母字,澄母古歸定;"覿"亦爲定母字。蓋以雙聲假作"覿"。

夐恆

唐石經、宋本、阮本作"浚恆"。《釋文》云:"鄭作濬。""夐"與"浚"、"濬"並音近相通。

夐恆,兇

唐石經、宋本、阮本作"振恆凶"。《釋文》云:"張作震。"《周易集解》引虞翻亦作"震"。《説文》"楮"字下引作"楮恆凶"。

川

川即坤。漢石經亦作"川"。唐石經、宋本、阮本作"坤"。《釋文》云:"坤,本又作巛,巛今字也。"案:漢碑如《堯廟碑》、《孔龢碑》、《韓勑修孔廟後碑》、《史晨祠孔廟奏銘》、《衡方碑》、《郙閣頌》、《華山廟碑》、《三公山碑》,均作"川",無作"坤"者。《大戴禮記·保傅》作"巛",《詩·采薇·箋》《釋文》云:"坤本亦作巛。"《左傳·昭公二十九年》"其坤",《釋文》云:"坤本又作巛。"敦煌《春秋經傳集解》寫本殘卷"坤"亦作"巛"(見《敦煌古籍叙録》),是古籍亦多作"川"。《説卦》云:"乾健也,坤順也。"順从川得聲,川、順、坤古音相近,故得通假。帛書作

"川",知"川"爲本字,"坤"爲假借字。

東北亡朋

各本作"東北喪朋"。

禮霜堅冰至

各本作"履霜堅冰至"。

合章可貞

各本作"含章可貞"。案：合與含同爲匣母字,含在侵部,合在緝部,緝部爲侵部入聲,古音相近。《釋名·釋飲食》云："含,合也。合口停之也。"故"合"可假爲"含"。

黄常元吉

各本作"黄裳元吉"。《左傳·昭公十二年》引同。案：《説文》云："常,下帬也。从衣尚聲。裳,常或从衣。"《韓詩外傳·三》："越裳氏重譯來朝。"《論衡·恢國》："成王之時,越常獻雉。"是常即裳。

泰卦

帛書卦名殘缺。各本均作"泰",帛書《周易》卷後佚書作"柰"。

犮茅茹以其胃

唐石經、宋本、阮本作"拔茅茹以其彙"。案：帛書婦(否)之初六作"犮茅茹以其菁"。胃、菁、彙古音並同。

枹妄用馮河

宋本、阮本作"包充"。唐石經初刻作"包",後改作"苞"。《釋文》云："包,本又作'苞'。荒,本亦作'充',音同。鄭讀爲'康',云：'虛也。'"《説文》："充,水廣也。《易》曰：'包充用馮河。'"案：聞一多、高亨並謂包當假作匏,葫蘆之屬,古人渡河,繫之於身以濟。是帛書之"枹"亦當假作"匏"。"荒"當從鄭訓虛,妄與充、荒同在陽部,故"妄"得假爲"荒"。

不叚遺

各本作"不遐遺"。帛書"叚"字即假爲"遐"字。

弗忘

各本作“朋忘”。此言匏有濟川之用，不應棄之，亦不應忘之。各本之“朋”字應爲“弗”字之誤。

无平不波

唐石經、宋本、阮本作“无平不陂”。《離騷》“脩繩墨而不頗”，王逸注引《易》作“無平不頗”。波、頗、陂皆从皮得聲，同在歌部，故得假借。

歸妹以□

末一字殘缺，各本作“歸妹以祉”，然此字非“祉”字。

城復于湟

“城復于湟”之“湟”字右部殘缺，左部尚存“水”旁，知是“湟”字。唐石經、宋本、阮本作“城復于隍”。《釋文》云：“隍，城塹也。子夏作‘堭’，姚作‘湟’。”《古易音訓》引晁説之曰：“古文作‘皇’。”《説文》“隍”字下引《易》亦作“隍”。湟、隍、堭、皇並相假借。“城復于湟”蓋謂城崩土覆於湟内。

嗛

嗛即謙。唐石經、宋本、阮本作“謙”。《左傳·昭公五年》亦作“謙”。《釋文》云：“謙，子夏作‘嗛’，云：‘嗛、謙也。’”《漢書·藝文志》“《易》之嗛嗛”作“嗛”；《文選·魏都賦》注：“嗛，古謙。”帛書作“嗛”，蓋古字。

无不利譌嗛

唐石經、宋本、阮本作“撝嗛”。《釋文》云：“撝，指撝也。義與麾同。馬云：‘撝，猶離也。’鄭讀爲宣。”《漢上易傳》云：“子夏曰：‘撝謙，化謙也。言上下化其謙也。’京房曰：‘上下皆通曰撝謙。’”帛書作“譌”，《方言三》：“譌，化也。”“譌”亦作“訛”。《書·堯典》：“平秩南訛。”僞孔傳：“訛，化也。”《詩·節南山》：“式訛爾心。”箋：“訛，化也。”譌與撝均从爲得聲，又同訓“化”，是“譌”得假爲“撝”。

林

林即臨。《周易集解》引鄭玄曰：“臨，大也。陽氣自此浸而長大。”又引荀爽曰：“澤卑地高，高下相臨之象也。”帛書作“林”，林與臨古音同。《左傳·定公八年》“林楚御桓子”，“林楚"《公羊傳》作"臨南",此林與臨音同相假之證。林與臨義亦近,《爾雅·釋詁》:"林,君也。"《詩·賓之初筵》"有壬有林",傳:"林,君也。"臨字亦有此義。《國語·晉語十一》:"臨長晉國,非汝其誰?"臨長即君長也。《穀梁傳·哀公七年》:"春秋有臨天下之言焉。"臨天下即君天下也。"林"與"臨"音同義近,故得通假。李過《西谿易説》謂《歸藏》之"林禍"即"臨",由此可知帛書之"林"乃與《歸藏》之"林禍"有關,則"林"實本字,"臨"爲後起字。

禁林

各本均作"咸臨"。"禁"與"咸"古音同在侵部,故得通假。

不臧兇

唐石經、宋本、阮本作"否臧凶"。《古易音訓》引晁氏云:"否,荀、劉、一行作'不'。"《左傳·宣公十二年》:"《周易》有之,在師之臨,曰:'師出以律,否臧凶。'執事順成爲臧,逆爲否。衆散爲弱,川壅爲澤,有律以如己也。故曰律否臧。且律竭也。盈而以竭,天且不整,所以凶也。不行謂之臨,有帥而不從,臨孰甚焉?"

王三湯命

卷後佚書作"王三賜命"。唐石經、宋本、阮本作"王三錫命"。《釋文》云:"錫,鄭本作賜。"帛書作"湯",湯、錫、賜並从易得聲,"湯"當爲"錫"或"賜"之或體字。

師或與屍

各本作"師或輿尸"。帛書"與"假作"輿","屍"應即"尸"字。鄂君啓節"夏屍之月","屍"字亦如此作。

大人君有命

各本作"大君有命"。案:《易》常見"大君"一詞,如林(臨)之"大君之宜"即是,未有作"大人君"者,"人"字衍。

啓國承家

各本均作"開國承家"。據帛書字本作"啓",景帝後諸家傳《易》者避景帝劉啓諱,改"啓"爲"開"。《荀子·議兵》:"微子開封於宋。"注:"紂之庶兄名啓,歸周後封於宋,此云開者,蓋漢景帝諱,劉向改之也。"帛書作"啓",正本作"啓"之證。

利根貞

各本均作"利艱貞"。

明夷于蜚

"蜚"字上部殘缺,因下部从虫,故應是"蜚"字。蜚即飛。各本均作"明夷于飛"。李鏡如釋"明夷"爲"鳴鵜",高亨釋爲"鳴雉"。

垂其左翼

各本均作"垂其翼",無"左"字。案:《周易》"明夷于飛"四句與《詩經》絶似,如《小雅·鴛鴦》之"鴛鴦在梁,戢其左翼",即與"垂其左翼"相似,故各本之"垂其翼"顯有脱文,當從帛書作"垂其左翼"。

夷于左股

宋本、阮本同。唐石經字跡不清。《釋文》云:"夷,如字。子夏作'睇'。鄭、陸同,云:'旁視曰睇,亦作眱。'左股,馬、王肅作'般',云:'旋也,日隨天左旋也。'姚作'右髀',云:'自辰右旋入丑。'"案:"夷"字或作"睇"者,隸書之"夷"字與"弟"字形近而音亦相近,故"夷"字或書作"弟",進而作"睇"。"股"字,以作"股"爲是,作"般"者,以"般"與"股"形相似而誤。帛書"股"字所从之"肉"與"般"字所从之"舟"(參閲訟之尚九之"般帶"及同人九三之"服容",服字亦从舟),雖相似而實有區別,由此知馬融、王肅、姚信之作"般"或"髀"者,實誤字也。

用撜馬牀吉

宋本、阮本作"用拯馬壯吉"。《釋文》云:"子夏作'抍'。"《説文》:"抍,上舉也。从手升聲。《易》曰'抍馬壯吉'。撜,抍或从登。"是"撜"字即"抍"字。《説文》:"鞏,輢車後登也。从車丞聲。讀若《易》抍馬之抍。"从車丞聲之"鞏"字讀若"抍",而"抍"即"撜",則撜、抍、拯並音近相通。帛書"牀"字各本作"壯","牀"與"壯"同在陽部,故"牀"可假爲"壯"。撜、抍、拯疑均爲乘、騰之假借字。《周禮·牧人》:"春祭馬祖,執駒。"注:"玄謂執猶拘也。春通淫之時,駒弱,血氣未定,爲其乘匹傷之。"《禮記·月令·季春》:"是月也,乃合累牛騰馬,遊牝于牧。"注:"累、騰皆乘匹之名。"是乘、騰均交配之意。撜馬牀吉者,謂交配所生之馬甚壯,爲吉兆也。

明夷夷于南守

唐石經、宋本、阮本作"明夷于南狩",《説文》"狩"字下引同,均少一"夷"字,當以帛書爲是。《釋文》云:"狩,本又作守。""守"與"狩"古字通。案:《左傳·成公十六年》:"其卦遇復,曰：南國蹙，射其元王中厥目。”“其卦遇復”，當作“其卦遇明夷之復”，明夷之復即明夷之九三。“明夷夷于南守，得其大首”，與“南國蹙，射其元王中厥目”文異而義實相近。

明夷夷于左腹

各本作“入于左腹”。卷後佚書亦作“入于左腹”。

于出門廷

各本作“于出門庭”。

不明，海

各本作“不明，晦”。案：“海”與“晦”通。《史記·張儀傳》“利盡西海”，《正義》：“海之言晦也。”帛書乙本《老子·道經》“沕呵其若海”，今本作“淡兮其若海”，《釋文》云：“嚴遵作‘忽兮若晦’。”是“海”與“晦”通，“海”可假作“晦”。卷後佚書亦作“不明，晦”。

復

各本均作“復”，卷後佚書作“覆”。

堋來无咎

唐石經、宋本、阮本作“朋來无咎”。《釋文》云：“朋，京作‘崩’。”（《漢書·五行志中之上》引“京”亦作“崩”）案：堋、崩、朋並通。《史記·齊世家》：“桓公既得管仲與鮑叔、隰朋。”《集解》：“徐廣曰：或作‘崩’也。”是朋與崩通。《説文》堋字下引《虞書》曰“堋淫于家”，今本《書·益稷》作“朋”，是“堋”與“朋”通。

无提悔

“提”字，唐石經、敦煌唐寫本（伯一五三〇）、宋本均作“祗”，阮本作“祇”。《釋文》云：“工肅作‘禔’。九家本作‘敊’。”王引之《經義述聞》謂“祗”、“禔”均假爲“多”。案：“提”亦可假爲“多”，朱駿聲《説文通訓定聲》謂《西都賦》“提封五萬”之“提封”即“多凡”之轉語，則“提”亦“多”之假借字。阮本作“祇”，則係誤字。

編復

唐石經、宋本、阮本作“頻復”。《釋文》云：“頻，本又作‘顰’，顰眉也。鄭作‘顰’。馬云：‘憂頻也。’”《古易音訓》引晁説之云：“鄭作‘卑’。案：卑，古文‘頻’字，今文作‘顰’。”編爲幫母，頻、顰、顰均爲並母字，又同在真部，音近相通。“卑”爲幫母，亦可以雙聲與“編”字通假。

有兹省

唐石經、宋本、阮本作"有災眚"。《釋文》云："灾，本又作'災'。鄭作'烖'。"案：灾、災、烖爲一字。"兹"假爲"災"。"省"即"眚"。

至十年弗克正

各本作"至于十年不克征"。

登

"登"即"升"。古"登"與"升"音義俱通，見同人"登其高（陵）"條。

利見大人

唐石經、宋本、阮本作"用見大人"。《釋文》云："本或作'利見'。"帛書正作"利見"。

勿血

各本均作"勿恤"。帛書"血"字假作"恤"。

正吉

各本均作"征吉"。

允登大吉

漢石經、唐石經、宋本、阮本均作"允升大吉"。《説文》引作"㱃升大吉"，《漢上易傳》云："施氏《易》作'㱃'。"《玉篇》云："㱃或作允。"案：㱃字，虢季子白盤及兮甲盤作"㱃"。

復乃利用禴

漢石經作"孚乃利淪"。唐石經、阮本、宋本作"孚乃利用禴"。案：禴、淪、禴並相通，參閱既濟"不若西鄰之禴祭"條。據帛書及各本，漢石經脱一"用"字。

奪

"奪"即"兌"。帛書《繫辭》作"説"。奪、説、兌音近相通。

小利貞

各本無"小"字。

休奪吉

各本作"和兑吉"。案：帛書婦之九五"休婦"、復之六二"休復"，休字與此同，知當作"休"，各本作"和"，誤。

誧吉悔亡

漢石經作"孚兑吉悔亡"。唐石經、宋本、阮本作"孚兑吉悔亡"。帛書之"誧"即"孚"。"誧"字之下疑脱一"奪"字。

章奪未寧

各本均作"商兑未寧"。案："商"與"章"古字通。《吕氏春秋·勿躬》"臣不若弦章"，《韓非子·外儲説左下》作"弦商"。《書·費誓》"我商賚爾"，疏："商，徐音章。"《漢書·律曆志上》"商之爲言章也"，均其證。

景奪

各本作"引兑"。案："景"字爲見母字，讀爲"影"則爲影母字，屬陽部。"引"爲喻母四等字，屬真部。古音不相近。古籍中未見"景"(影)與"引"通假者。疑以方音相近假借。

陽于王廷

各本作"揚于王庭"。案："陽"與"揚"通。《釋名·釋天》："陽，揚也。氣在外發揚也。""廷"與"庭"之義有別，但古多通假。

復號有厲

各本作"孚號有厲"。

不利節戎

各本作"不利即戎"。

牀于前止

唐石經、宋本、阮本作"壯于前趾"。《釋文》："趾，荀作'止'。""牀"當假爲"戕"，傷也。

牀于頯

唐石經、宋本、阮本作"壯于頄"。《釋文》云："頄，鄭作'頯'。頯，夾面也。蜀才作'仇'。"

案："頯"即"頖"（《説文》有"頯"字,無"頖"字）。"仇"爲"頯"之假借字。

君子缺缺

各本作"君子夬夬"。《雜卦》云："夬,決也。剛決柔也。"《周易集解》引荀爽曰："九三體乾……三五同功,二爻俱欲決上,故曰君子夬夬也。"是"缺缺"當訓爲"決決"。

愚雨

各本作"遇雨"。

如濡

各本作"若濡"。

有温

各本作"有愠"。案：《周易集解》引荀爽曰："雖爲陰所濡,能愠不説,得无咎也。"王弼注云："遇雨若濡,有愠而終无咎也。"並如字作愠怒解,稍覺未安。帛書作"温",疑假爲"煴"。《漢書·蘇武傳》："鑿地爲坎,置煴火。"師古注："煴謂聚火無焱者也。"此言獨行遇雨,濡溼其衣,然有煴火,故終无咎也。

脤无膚

各本作"臀无膚"。案："脤"字即"屒"字。"屒"與"臀"古音同在文部,故"屒"可假爲"臀"。《考工記·㮚氏》"其臀一寸",注："故書臀作屒。"是其證。

其行郪胥

漢石經、唐石經、宋本、阮本均作"其行次且"。《釋文》云："次,本亦作'趀'。或作'跀',《説文》及鄭作'趑'。且,本亦作'趄',或作'跙'。"案："次且"亦即"萋且",《詩·有客》"有萋有且",傳："萋且,敬慎貌。""萋且"即"郪胥"。次、萋、郪均爲清母字,且爲精母字,胥爲心母字。次且、趀趄、趑趄、跀跙、萋且、郪胥均爲同一雙聲連語之不同寫法。

莧㷉缺缺

唐石經、宋本、阮本作"莧陸夬夬"。《釋文》云："莧,一本作'莞'。陸,如字。馬、鄭云：'莧陸,商陸也。'宋衷云：'莧,莧菜也;陸,商陸也。'虞云：'莧,蕢也;陸,商也。'蜀才作'睦',睦,親也,通也。"《周易集解》引虞翻曰："莧,説也,莧讀'夫子莧爾而笑'之'莧';睦,和睦也。"《古易音訓》引晁説之云："虞云：'莧,説也。'虞、蜀作'睦',和也。"《路史·疏仡紀》注引孟喜云："莧陸,獸名。決有兑,兑爲羊也。"案:如孟喜、虞翻之説,則當作"莧",不當作"莧"。但帛書作莧,不作莧。爇字从勒从火,字書所無,疑从勒得聲,與陸同爲來母字,假作陸。是"莧爇"即"莧陸"。

卒

卒,通行本作"萃",下有"亨"字。《釋文》云:"亨,王肅本同。馬、鄭、陸、虞等並無此字。"

王叚于廟

通行本作"王假于廟"。案:《書·吕刑》"鰥寡有辭于苗",《墨子·尚賢中》引作"有苗",是"于"與"有"通。

用大生

生,通行本作"牲"。

若其號,一屋于笑

漢石經、唐石經、通行本作"若號,一握爲笑"。《釋文》云:"鄭云:'握當讀爲夫之爲屋之屋。'""于"當訓爲"爲"。

卒若髭若

各本作"萃如嗟如"。《爾雅·釋詁》:"嗟、咨,髭也。"《釋文》云:"本或作'髭'。《字林》云:'皆古嗟字。'"《山海經·海外東經》:"髭丘,一曰嗟丘。"《廣韻》作"髭丘"。是"髭"字可假作"嗟"字。

少閹

各本作"小吝"。

卒有立

各本作"萃有位"。金文中"位"字多作"立"。《周禮·小宗伯》:"掌建國之神位。"注:"故書'位'作'立'。鄭司農云:'立讀爲位,古者立、位同字。古文《春秋》經"公即位"爲"公即立"。'"是"立"與"位"通。

无咎非復

各本作"无咎匪孚"。

桼礽涕洎

唐石經、宋本、阮本作“齎咨涕洟”。《周易集解》引荀爽、虞翻作“齎資涕洟”。晁説之謂：“咨，陸希聲作‘資’。”《文選·長笛賦》注引作“齎諮涕洟”。案：“桼”即“齎”，齎與齎均从齊得聲，故得通假。礽字疑从欠示聲，示與次同在脂部，以此假爲次字。“桼礽”即“齎咨”。洎與洟亦同爲脂部字，故“洎”得假爲“洟”。“桼礽涕洎”即“齎咨涕洟”。

欽

“欽”即“咸”。各本均作“咸”，帛書作“欽”。案：《彖》曰：“咸，感也。”帛書《繫辭》“欽而述達”，今本作“感而遂通”。又“情偽相欽而利害生”，今本作“情偽相感而利害生”。是“欽”與“感”通。“欽”與“咸”均與感通，則欽與咸通矣。欽爲溪母，咸爲匣母，感爲見母，聲母相近；又同在侵部，音近相通。李過《西溪易説》載《歸藏》有欽卦，朱彝尊《經義考》云：“欽在恆之前則咸也。”咸，帛書正作“欽”。由此知帛書之卦名與《歸藏》有關，則《歸藏》非僞書也。

欽其栂

唐石經、宋本、阮本作“咸其拇”。《釋文》云：“拇，馬、鄭、薛云：‘足大指。’子夏作‘踇’。荀作‘母’，云：‘陰位之尊。’”帛書《周易》解卦之“解其栂”，今本亦作“拇”。

欽其腥

唐石經、宋本、阮本作“咸其腓”。《釋文》云：“荀作‘肥’。”案：欽之六二作“欽其腥”，根（艮）之六二作“根其肥”，今本並作“腓”。肥、腥、腓音近義通，脛肉也。參閲“根其肥”條。

又：欽之九三仍作“欽其肥”，今本則作“咸其股”。帛書與諸本不同。

執其隨，閵

各本作“往吝”，多一“往”字。

童童往來

卷後佚書同。唐石經、宋本、阮本作“憧憧往來”。《釋文》云：“憧憧，京作‘憧’。”敦煌唐寫本《周易》殘卷(斯六一六二)作“慟慟”。案：金文“鐘”、“鍾”無別。《禮記·檀弓》“與其鄰重汪踦往”，“重”即“童”，是“重”與“童”通。故“童童”即“憧憧”，亦即“憧憧”。

傰從璽思

各本均作“朋從爾思”。“傰”與“朋”通（見損之六五“益之十傰之龜”條）。“璽”从“爾”得聲,故"璽"得假爲"爾"。

九五,欽其股

唐石經、宋本、阮本作"咸其脢"。《古易音訓》引晁説之曰:"或作'胲'、作'朧'、作'骸'。……子夏、鄭、虞、許、王皆曰'夾脊肉',獨王弼'心之上,口之下'。"案:脢、胲、朧、骸並音近義通。帛書作"股",與諸本不同。

欽其胶陝舌

唐石經、宋本、阮本作"咸其輔頰舌"。《釋文》云:"輔,虞作'酺'。頰,孟作'俠'。"按:"胶"即"輔"字,見根之六五"根其胶"條。陝、俠、頰並從夾得聲,音近義通。

辰困于株木

各本作"臀困于株木"。案:"辰"與"臀"同在文部,故得通假。疑此"辰"字爲人名,即"震用伐鬼方"之"震",各本之"震",帛書作"辰"。《釋名·釋喪制》云:"罪及餘人曰誅。誅,株也。如株木根枝葉盡落也。"《史記·平準書》:"乃徵諸犯,令相引數千人,命曰株送徒。"是"株木"蓋"誅連"之義。

入于要浴

各本作"入于幽谷"。案:《爾雅·釋地》:"燕曰幽州。"《釋文》引李巡云:"燕其氣深要,厥性剽疾,故曰幽。幽,要也。"浴從谷得聲,浴得假爲谷,帛書"谷"字常作"浴"。

三歲不犢,凶

各本作"三歲不覿",無"凶"字。犢與覿均從賣得聲,故"犢"可假爲"覿"。

絑發方來

各本均作"朱紱方來"。《儀禮·士冠禮》賈疏引作"朱韍方來"。又引鄭玄《易注》作"朱韍"(《丙子學易編》引鄭仍作"朱紱")。案:絑字,《説文·糸部》云:"絑,純赤也。《虞書》丹朱如此。"謂"丹朱"之"朱"字作"絑"。薛季宣《書古文訓》"丹朱"即作"丹絑"。《淮南子·泰族》:"以爲雖有天下,而絑弗能統也。"絑即丹絑。此字古籍中多省作"朱",帛書作"絑",蓋用本字。

帛書"發"字,今本作"紱",《儀禮》賈疏引作"韍"。此字金文"市",《説文》亦作"市"。《説文·市部》云:"市,韠也。上古衣蔽前而已,市以象之。天子朱市,諸侯赤市,大夫葱衡。從巾,象連帶之形……韍,篆文市從韋從犮。"《詩經》則作"芾",如《采芑》"朱芾斯皇"、《候人》"三百赤芾"是。帛書既濟之六二"婦亡其發",今本作"茀",子夏、干寶作"髴",荀爽作"紱",疑亦當訓爲紱。

利用芳祀

唐石經、宋本、阮本作“利用享祀”。漢石經作“利用亨祀”。“享”字帛書多書作“芳”。

正凶

各本作“征凶”。

號于疾莉

帛書《繫辭》作“〔據〕于疾利”。唐石經、宋本、阮本作“據于蒺藜。”《左傳·襄公二十五年》引作“據于蒺棃”。疾莉即疾利、蒺藜、蒺棃。“號”爲“據”字之誤。

貳椽

帛書困之九五“貳椽”，唐石經、宋本、阮本作“劓刖”。《釋文》云：“劓刖，荀、王肅本‘劓刖’作‘臲卼’，云：‘不安貌。’鄭云：‘劓刖當爲倪仉。’京作‘劓劊’。”案：《説文》：“劊，斷也。”帛書困之尚(上)六“于貳掾”，漢石經作“劓劊”，唐石經、宋本、阮本作“臲卼”，《釋文》云：“臲，《説文》作劓，薛同。卼，《説文》作‘𣓕’。薛又作‘杌’。”《説文·出部》引作“槷𣓕”。案：劓刖、臲卼、倪仉、劓劊、槷卼、槷𣓕、槷杌並同，以音近相假借也。帛書之“貳椽”、“貳掾”與以上諸詞音不相近。疑“貳”爲“刵”之假借字(貳與刵古同爲泥母字)，椽、掾爲“劓”之假借字(椽、掾與劓古同在元部)。《廣雅·釋詁一》：“刵、劓、刖、劓，斷也。”刵爲割耳之刑，劓爲割鼻之刑，刖爲斷脚之刑。劓亦肉刑，《禮記·文王世子》：“其罪則纖劓。”鄭注：“纖，刺也。劓，割也。宮、割、臏、墨、劓、刖，皆以刀鋸割刺人體也。”刵劓與劓刖均爲肉刑，義自相近，故“劓刖”二字帛書作“貳椽”、“貳掾”(刵劓)。至于臲卼、槷𣓕、槷卼諸字則因與劓刖音近，爲劓刖之假借字，而諸字或訓爲“危”，或訓爲“不安”，皆自肉刑之義引申而來。

利用芳祀

唐石經、宋本、阮本作“利用祭祀”，《釋文》云：“祭祀，本亦作享祀。”

困于褐纍

漢石經、唐石經、宋本、阮本均作“葛藟”。《釋文》：“本又作虆。”帛書作“褐纍”，褐與葛，纍與藟、虆並音近相通。《正義》云：“葛藟，引蔓纏繞之草。”是亦“困于株木”之意。

曰悔夷有悔，貞吉

各本均作“曰動悔有悔，征吉”。帛書本與各本不同。案：此處之“曰悔夷有悔”，亦猶餘

(豫)之六三之"杅(盰)餘(豫),悔遲有悔"也。"夷"與"遲"古字通,《詩·四牲》"周道倭遲",《釋文》及《文選》嵇康《琴賦》注引韓詩作"倭夷",《文選》顏延之《秋胡詩》注引作"威夷",《漢書·地理志》引作"郁夷"。又《漢書·成帝紀》"日以陵夷",師古注:"又曰陵遲。"均"夷"與"遲"相通之證。

王引之《經義述聞》謂"有"字當讀爲"又"字。

革卦

帛書卦名殘缺,據爻辭"黄牛之勒",疑卦名作"勒"。

共用黄牛之勒

"共"字中間兩豎畫殘缺,據帛書掾(遯)之六二"共之用黄牛之勒",補爲"共"字。各本均作"鞏用黄牛之革"。"共"與"鞏"音同,"勒"與"革"同在之部,均可通假。《釋文》云:"鞏,固也。馬同。"王弼注亦釋鞏爲固。案:今本遯之六二"執之用黄牛之革",帛書作"共之用黄牛之勒"。此處之"共之用黄牛之勒",今本作"共之用黄牛之革"。"共"有"執"義,則"鞏"爲"共"之假借字,宜訓"執",不當訓爲"固"。

隋

"隋"即"隨",各本均作"隨"。案:"隋"與"隨"古字通。《莊子·讓王》:"湯將伐桀,因卞隨而謀。"隨,《荀子·成相》作"隋"。

官或諭

唐石經、宋本、阮本作"官有渝"。《釋文》云:"官,蜀才作'館'。""或諭",各本均作"有渝",餘(豫)之尚(上)六"冥餘(豫)成或諭",各本亦作"有渝"。"或"與"有"、"諭"與"渝"並通。

有復在道,已明何咎

各本作"有孚在道,以明何咎"。

尚九

案:"尚(上)九"爲"尚六"之誤。

枸係之

各本作"拘係之","枸"假作"拘"。

乃從雟之

各本作“乃從維之”。“雟”即“巂”字，假作“繻”，《説文》謂“繻讀若維”，故“雟”得假爲“維”。參閱習贛(坎)之“有復雟心”條。

泰過

“泰過”即“大過”。帛書《繫辭》及各本均作“大過”。

棟轟，利有攸往

各本均作“棟橈”，惟阮本作“棟撓”，《補校》云：“案九三爻辭以下經文正義亦並作‘橈’，則此特寫者誤耳。”《戰國策·魏策一》“棟橈而不避者”，注：“橈，折也。”“棟轟”即“棟隆”(九四之“棟轟”，今本作“棟隆”)。帛書本與各本大異。疑以帛書作“棟轟”爲是，蓋下文言“利有攸往，亨”，則不當作“棟橈”也。

楛楊生黃

唐石經、宋本、阮本作“枯楊生稊”。敦煌唐寫本《周易》殘卷(伯二五三〇)作“生梯”。《釋文》云：“枯，如字。鄭玄：‘姑，謂無姑山榆。’稊，楊之秀也。鄭作‘荑’，荑，木更生，音夷，謂山榆之實。”《後漢書·方術·徐登傳》注引作“枯楊生荑”。《文選·風賦》“被荑楊”，李善注：“稊與荑同。”案：《爾雅·釋木》：“無姑其實夷。”知“荑”字亦作“夷”。《廣雅·釋木》：“山榆，母估也。”《周禮·壺涿氏》：“則以牡橭午貫象齒而沈之。”杜子春云：“橭讀枯，枯榆木名。”知“楛”字亦作“枯”、作“橭”。

九四，棟轟吉

各本均作“棟隆吉”。

楛楊生華

各本作“枯楊生華”。《古易音訓》云：“華，晁氏曰‘鄭作荑’。”

過涉滅釘

各本作“過涉滅頂”。“釘”與“頂”同从“丁”得聲，故“釘”得假作“頂”。

羅

“羅”即“離”。各本均作“離”。案：“羅”與“離”通。《方言》七：“羅謂之離，離謂之羅。”是其證。

禮昔然

各本作"履錯然"。案："昔"字可假爲"錯"。《考工記·弓人》"老牛之角紾而昔",注:"鄭司農云:'昔讀爲交錯之錯,謂牛角捎理錯也。'玄謂昔讀爲履錯然之錯。"則"禮昔然"自可讀爲"履錯然"。

日稷之羅

唐石經作"日昃之離"。宋本、阮本作"日昃之離"。《説文·日部》引作"日𣅱之離"。《釋文》云:"昃,王嗣宗本作'仄'。"案:𣅱、昃、昃,並爲一字,仄爲假借字。稷亦與𣅱、昃、昃音近通假。《穀梁經·定公十五年》"日下稷",《集解》云:"稷,昃也。"《左氏》、《公羊》均作"日下昃"。

不鼓垆而歌

唐石經、宋本、阮本均作"不鼓缶而歌"。《釋文》云:"鼓,鄭作'擊'。"案:"鼓"乃誤字。《説文·攴部》云:"鼓,擊鼓也。从攴壴,壴亦聲。讀若屬。"帛書作"鼓垆",義爲擊垆。今所見各本皆誤作"鼓",帛書不誤,所以可貴。

即大經之嵯,凶

唐石經、宋本、阮本作"則大耋之嗟,凶"。《釋文》云:"耋,京作'經',蜀才作'咥'。嗟,荀作'差'。古文及鄭無'凶'字。"案:馬云"七十曰耋",王肅云"八十曰耋",王弼亦云"至於耋老,有嗟凶矣",並訓耋爲老,疑非是。帛書作"經",京房亦作"經",當以"經"爲本字。《説文·糸部》:"経,喪首戴也。"《儀禮·喪服》:"喪服,斬衰裳,苴経。"注:"麻在首在要皆曰経。経之言實也,明孝子有忠實之心,故爲制此服焉。"大経應指此。耋、咥當爲経之假借字。

出如來如

唐石經、宋本、阮本作"突如其來如"。《説文·云部》云:"云,不順忽出也。《易》曰:突如其來如……或作㐬云,从倒古文'子',即《易》'突'字。"《周禮·秋官·掌戮》疏引鄭玄《易注》作"㐬如",《古易音訓》引晁氏曰:"京、鄭皆作㐬。"案:"出"當假爲"堀",《説文·土部》:"堀,突也。"出、堀、突、云、㐬並物部字,可以通假。

匒如死如棄如

首一字僅存左部糸字偏旁,疑是"紛"字。唐石經作"焚如死如弃如",宋本、阮本作"棄如"。

□跊若

"跊"字上一字殘損。唐石經、宋本、阮本作"戚嗟若"。《釋文》云:"子夏《傳》作'嘁'。"

王出正

各本作"王用出征"。

獲不戠

各本作"獲匪其醜"。"戠"或即"醜"之異體字。

无交离

各本作"无交害"。案:損卦之"离之用","离"字釋爲"鞋","鞋"即"轄"。"离之用"之"离"字假爲"曷",此處假作"害"。

根則无咎

各本作"艱則无咎"。帛書"根"字常假作"艱",泰蓄(大畜)九三之"利根貞"即"利艱貞"。

泰車以載

唐石經、宋本、阮本作"大車以載"。《釋文》"蜀才作輿",《古易音訓》引晁氏曰:"子夏《傳》作'輿'。"案:"車"與"輿"音近義通。古多通用。

公用芳于天子

唐石經、宋本、阮本作"公用亨于天子。"《釋文》云:"亨,許庚反,下同。衆家並香兩反。京云:'獻也。'干云:'享,宴也。'姚云:'享,祀也。'"案:《左傳·僖公二十五年》:"筮之遇大有之睽,曰:吉,遇公用享于天子之卦。"古"亨"、"享"爲一字,"芳"則爲假借字。

闋復交如委如,終吉

卷後佚書作"絞如委如"。各本作"厥孚交如威如,吉",無"終"字。"闋"與"厥"通,《論語》之"闋黨童子",《漢書·古今人表》作"厥黨童子",故"闋"得假作"厥"。"委"亦與"威"通,《詩·四牡》"周道倭夷",《文選·秋胡詩·注》引韓詩作"威夷",故"委"與"威"通。

自天右之

各本作"自天祐之"。

溍

溍即晉。漢石經、唐石經、宋本、阮本均作“晉”。《説文・日部》：“晉，進也。日出萬物進。從日從臸。《易》曰：‘明出地上晉。’”《釋文》云：“晉，孟作‘齊’。”案：“晉”爲“晉”之古寫，金文“晉”字均作“晉”。帛書作“溍”，蓋以“溍”假作“晉”。孟作“齊”，齊爲從母字，溍、晉爲精母字，聲母相近；齊爲脂部字，溍、晉爲真部字，脂真對轉，韻母亦相近。故“齊”得假作“晉”。《禮記・樂記》“地氣上齊”，注：“齊讀爲躋，躋，升也。”“齊”可訓爲“升”，義亦與“晉”字相近。

康侯用錫馬蕃庶

各本均作“用錫馬蕃庶”。帛書作“賜”，“賜”即“鬄”，假作“錫”、“賜”。顧頡剛謂康侯即康叔，武王之弟，初封於康，徙封於衛。

晝日三綏

各本作“晝日三接”。《釋文》云：“接，如字。鄭音捷，勝也。”帛書《周易》卷後佚書中，“晝日三綏”之“綏”作“接”字解，與鄭説異。王弼注及《周易集解》引侯果注，“接”亦如字解。

溍如浚如

各本作“晉如摧如”，浚爲心母，摧爲清母；浚屬文部，摧屬微部，文微對轉，故浚與摧音近相通。《正義》引何氏云：“摧，退也。”則“浚”字應假作“逡”，《爾雅・釋言》：“逡，退也。”

悔亡，復浴，无咎

各本作“罔孚，裕，无咎”。帛書之“浴”應假爲“裕”。各本脱“悔”字，又誤“亡”爲“罔”字。

炙鼠

唐石經、宋本、阮本作“鼫鼠”。《釋文》云：“鼫，音石。子夏《傳》作‘碩鼠’。碩鼠，五技鼠也。《本草》：‘螻蛄，一名鼫鼠。’”案：《廣雅・釋蟲》：“炙鼠，螻蛄也。”《廣韻》：“螻，螻蛄，一名仙姑，一名石鼠。”又：“鼫，鼫鼠，螻蛄。”是炙鼠、鼫鼠、碩鼠、石鼠並爲螻蛄。炙、鼫、碩、石古音同在鐸部，可以通假。五技鼠雖亦名爲鼫鼠，但此處所指，係螻蛄，似非五技鼠。

矢得勿血

唐石經、宋本、阮本作“失得勿恤”。《釋文》云：“失得，如字。馬、鄭、虞、王肅本作矢。馬、王云：‘離爲矢。’虞云：‘矢，古誓字。’”《周易集解》引荀爽亦作“矢”。帛書作“矢”（此“矢”字與未濟之尚九“有復失是”之“失”字迥異），知作“矢”是，“失”字涉形近而誤。

唯用伐邑

各本作"維用伐邑"。

旅,少亨

各本作"旅,小亨"。

此〔其〕所取火

各本作"斯其所取災"。案:"火"與"災"義近。《左傳·宣公十六年》:"夏,成周宣榭火。人火之也。凡火,人火曰火,天火曰災。"《穀梁傳·昭公九年》:"夏四月,陳火。國曰災,邑曰火。"《公羊傳·襄公九年》:"春,宋火。曷爲或言災,或言火? 大者曰災,小者曰火。"三傳之説解不同,但均以火與災對舉,其義實相近,是以帛書作"火",各本作"災"。頗疑帛書之"火"字與上文"旅瑣瑣"之"瑣"字叶韻。火字古音在微部,如《詩·七月》叶火、衣,又叶火、葦;《大田》叶穉、火。東漢時火字即轉入歌部,如《白虎通·五行》云:"火之爲言化也,陽氣用事,萬物變化也。"《釋名·釋天》云:"火,化也,消化萬物也。"帛書《周易》時代甚早,火字讀作歌部字,或當時方音如此。帛書《稱》以毀、果叶韻,與此同例。

旅既次

各本作"旅即次"。既字古音在微部,即在質部,質爲脂部入聲,脂、微音近,故"既"字通作"即"。

壞其茨

各本作"懷其資"。壞與懷音形並相近,茨與資音近。然"壞其茨"亦可通。

得童剥貞

各本作"得童僕貞"。剥屬幫母,僕屬並母,聲母相近,又同在覺部,故"剥"得假作"僕"。

〔得〕其滑斧

卷後佚書作"滑斧"。唐石經、宋本、阮本作"得其資斧。"《釋文》云:"資斧,如字。子夏《傳》及衆家並作'齊斧'。張軌云:'齊斧蓋黃鉞斧也。'張晏云:'整齊也。'應劭云:'齊,利也'。虞喜《志林》云:'齊當作齋,齋戒入廟而受斧。'"帛書作"滑","滑"應假作"戩"。《説文·戈部》"戩"字下引《詩》"實始戩商",今本《詩·閟宫》作"實始翦商",是"戩"與"翦"通,《傳》:"翦,齊也。"是"戩"亦可訓"齊"。滑、戩、滑、資、齊並以雙聲相通假。古籍中多作"齊斧",如《漢書·叙傳》"終用齊斧",

《蔡邕集·太尉橋公碑》"爰將度遼,亦由齊斧",《文選·檄吳將校部曲》"要領不足以膏齊斧",均作"齊斧"。

冬以舉命

各本作"終以譽命"。王弼注:"終以譽而見命也。"

烏棼其巢

各本作"鳥焚其巢"。案:"棼"與"焚"古字通,《左傳·文公十一年》"獲僑如之弟焚如",《史記·魯世家》作"棼如",是"棼"與"焚"通。疑棼與焚並假爲僨,僨,覆也。

旅人先笑後號桃

各本作"旅人先笑後號咷"。《漢書·外戚·許皇后傳》引作"旅人先咲後號咷","咲"即"笑"字。帛書"號桃"之"桃",當假爲"咷"。

亡牛于易,兌

各本作"喪牛于易,凶"。

乖

乖即睽。帛書《繫辭》作"誳"。各本均作"睽"。案:《序卦》云:"睽者乖也。"《左傳·僖公十五年》"歸妹之睽",疏:"兌爲澤,離爲火,火動而上,澤動而下,乖離之象,故名此卦爲睽。睽,乖也。"睽、乖、誳並音近相通。

亡馬勿遂自復

各本作"喪馬勿逐自復"。帛書"逐"字常書作"遂"。

見亞人

各本作"見惡人"。帛書"亞"字假爲"惡"。聞一多謂惡人爲形殘貌醜之人。

九二无咎

此句衍。

愚主于巷

各本作"遇主于巷"。帛書"愚"字假作"遇"。

見車恖，其牛讈

唐石經、宋本、阮本作"見輿曳，其牛掣"。《釋文》云："掣，昌逝反。鄭作'挈'，云：'牛角皆踊曰挈。'徐市制反。《説文》作'觢'，之世反，云：'角一俯一仰。'子夏作'挈'，《傳》云：'一角仰也。'荀作'觭'。劉本從《説文》，解依鄭。"帛書與諸本均不同。"見車恖"之"恖"疑即"協"，假作"擖"。《公羊傳·莊公元年》："擖幹而殺之。"注："折聲也。"《廣雅·釋詁一》："擖，折也。"故"見車恖"者，見車折也。"其牛讈"之"讈"字當假爲"抴"，《荀子·非相》："故君子之度己則以繩，接人則用抴。"注："抴，牽引也。"故"其牛讈"者，其牛抴也。

今本"見輿曳，其牛掣，其人天且劓"，以曳、掣、劓韻（均月部字，挈、觢、契亦月部字）。帛書第三句殘缺。"見車恖(協)"之"恖(協)"字在葉部，"其牛讈(抴)"之"讈(抴)"字在月部，葉部與月部本不叶韻，但井之九三"井亙(渫)不食"，亙(渫)字通行本作"渫"，亙(渫)爲月部字，渫爲葉部字，二字既可通假，則恖(協)與讈(抴)亦可叶韻矣。蓋二字主要元音相同，以此叶韻。

乖苽

各本作"睽孤"。"苽"即"菰"字，故得假作"孤"。

愚元夫

各本作"遇元夫"。"元"疑假作"髠"，"髠"即"髡"字。《楚辭·涉江》"接輿髡首"，王注："髡，剔也。"《急就篇》："鬼薪、白粲、鉗、釱、髡。"顔注："鬏髮曰髡。""遇元夫"蓋即遇剃髮之刑人。

登宗筮膚

各本作"厥宗噬膚"。

見豨負塗

各本作"見豕負塗"。案："豨"與"豕"古字通。參閲狗(姤)之初六"羸豨復適屬"條。

先張之枑，後説之壺

唐石經、宋本、阮本作"先張之弧，後説之弧"。《釋文》："後説之弧，本亦作'壺'，京、馬、鄭、王肅、翟子玄作'壺'。"案："先張之枑"之"枑"字當爲"弧"之假借字。

非寇，闎厚

各本作"匪寇，婚媾"。"闎"字字書所無，當從門得聲，"門"與"婚"同在文部，故"闎"得假作“婚”。“厚”與“媾”同在侯部,“厚”亦得假爲“媾”。

往愚雨即吉

各本作“往遇雨則吉”。“即”與“則”均爲精母字,蓋以雙聲通假。

未濟

各本同。“濟”,帛書《繫辭》作“賷”,卷後佚書作“濟”。

小狐乞涉濡其尾

各本作“小狐汔濟濡其尾”。《史記·春申君傳》引《易》作“狐涉水,濡其尾”。卷後佚書作“狐涉川,幾濟,濡其尾”。案:帛書“乞”假爲“汔”,《釋文》:“汔,《説文》云:‘水涸也。’鄭云:‘幾也。’”

拽其綸,貞

各本作“曳其輪,貞吉”。帛書脱“吉”字。案:“拽”即“曳”,“綸”與“輪”通,《釋名·釋車》:“輪,綸也。言彌綸也,周帀之言也。”《文選·西征賦》“徒觀其鼓世廻輪”,李善注:“輪或爲綸。”是“綸”可假作“輪”。

未濟,正凶

各本作“未濟,征凶”。

三年有商于大國

各本作“三年有賞于大國”。金文中“賞賜”之“賞”或書作“商”,故“有商于大國”即“有賞于大國”。

貞吉,悔亡

各本作“貞吉无悔”。案:當以帛書作“貞吉,悔亡”爲是,蓋“貞吉,悔亡”與下文“君子之光”韻。

噬嗑

各本作“噬嗑”。此處卦名殘缺,據下文爻辭,知今本之“噬”,帛書作“筮”。帛書《繫辭》作“筮蓋”,又作“筮闔”。

句〔校滅〕止

帛書本"句"字與"止"字之間殘缺,據阮本補。帛書《繫辭》作"構校滅止",又作"屢校"。漢石經作"屢校威止"。唐石經、宋本、阮本作"屢校滅趾"。《周易集解》引虞翻云:"屢,貫;趾,足也。"又引干寶:"趾,足也。屢校,貫械也。"《周易集解·繫辭》引侯果云:"校者,以木夾足止行也。"句、構、屢與屨同爲侯部字,音近相通。

筮膚滅鼻

各本作"噬膚滅鼻"。"筮"假作"噬"。

筮乾瓙

唐石經、宋本、阮本作"噬乾胏"。《説文·肉部》云:"㑷,食所遺也……《易》曰:噬乾㑷。揚雄説胏从弗。"《釋文》云:"胏,子夏作'脯'。荀、董同。"《初學記》卷二十六、《太平御覽》卷八百六十二引王肅云:"骨在乾肉,脯之象。"是王肅亦作"脯"。案:《廣雅·釋器》:"胏,脯也。"則胏與脯義同。

帛書作"筮乾瓙","瓙"爲字書所無,从玉从豊,當假爲"體"。《儀禮·士虞禮》"有乾肉",注:"乾肉,牲體之脯也。"《周禮·內饔》"辨體名肉物",注:"體名,脊、脅、肩、臂,臑之屬。"疏:"案《少牢》:解羊豕,前體肩、臂、臑,後體髀、胳,又有正脊、脡脊、橫脊,又有短脅、正脅、代脅。是其體十一體云。"由此可知體爲牲畜身體各部分名稱,如脊、脅、肩、臂等是。"乾體"即此各部分經加工而成之乾肉,其義與胏、脯亦相近。

根貞吉

各本作"利艱貞吉"。帛書無"利"字。"根"假爲"艱"。

六五、筮乾肉,愚毒,貞厲,无咎

各本作"噬乾肉,得黃金,貞厲,无咎"。

荷校滅(耳)

唐石經、宋本、阮本作"何校滅耳"。帛書《繫辭》亦作"何校"。《釋文》云:"何,本亦作荷。"案:此處之"校"即"枷"。

鼎填止

各本作"鼎顛趾"。填與顛同从真得聲,故"填"可假作"顛"。

利(出)不

各本作"利出否"。

我救有疾

各本作"我仇有疾"。案:"救"字帛書中多用作"救"字,此處假爲"仇"字。《太玄·內》:"謹于娶救,先貞後寧。"范注:"救,匹也。"此"救"字則爲"仇"字。

不我能節

各本作"不我能即"。

鼎耳勒

各本作"鼎耳革"。

鼎黃

帛書"鼎黃"以下殘缺。各本作"鼎耳黃"。

筭

筭即巽。漢石經及通行本皆作"巽"。《說文·丌部》云:"㢲,巽(巽)也……此《易》卦爲長女、爲風者。"是"巽"字古或作"㢲"。案:《說文·竹部》:"筭,長六寸,計歷數者。"又:"算,數也。從竹從具,讀若筭。"算既讀若筭,古籍中"筭"字或書作"算"。如《大戴禮記·投壺》之"執八算"、"釋一算"、"二算爲純"、"一算爲奇"、"有勝則習射以其算告"、"算長尺二寸"等均爲"筭"字而書作"算",是"筭"與"算"通。而"算"可作"選",《詩·柏舟》"不可選也",《文選·朱穆絕交論》引作"不可算也";《論語》"何足算也",《漢書·車千秋傳贊》作"何足選也";《一切經音義》引《三蒼》:"算,選也。""算"又可作"撰",《周禮·大司馬》"羣吏撰車徒",鄭注:"撰讀曰算,算車徒,謂數擇之也。""算"既可作"選"、"撰",自可通作"巽","筭"可書作"算",則"筭"亦與"選"、"撰"、"巽"通矣。蓋筭與巽同爲心母字,又同屬元部,音近相通。

進內

各本均作"進退"。內與退古同屬微部,故"內"得假爲"退"。《說卦》云"巽爲進退",是"退"爲本字,"內"爲借字。

用使巫忿若

各本作“用史巫紛若”。忿與紛同從分得聲,故得通假。“使”與“史”古爲一字。

編筭閣

漢石經作“顛巽吝”。唐石經、宋本、阮本作“頻巽吝”。編、顛、頻同爲真部字,故得通假。

亡其滑斧

唐石經、宋本、阮本作“喪其資斧”。《漢書·王莽傳下》作“喪其齊斧”,《叙傳下》師古注引同。滑與資、齊通。參閱旅之“〔得〕其滑斧”條。

正凶

各本作“貞凶”。

少蓺

少蓺即小畜。帛書《繫辭》作“小蓄”。《釋文》云:“小畜,本又作‘蓄’。同敕六反。積也,聚也。卦内皆同。鄭許六反,養也。”

自我西茭

各本作“自我西郊”。帛書少(小)過六五之“自我西茭”同。

堅復吉

各本作“牽復吉”。帛書作“堅”,“堅”當假作“掔”,掔即牽。《史記·楚世家》:“鄭襄公肉袒掔羊。”掔羊即牽羊。

車説緮

唐石經、宋本、阮本作“輿説輻”。《釋文》云:“輻,本亦作‘輹’。”帛書“緮”即“輹”。案:作“輻”非。參閱泰蓄(大畜)九二之“車説緮”條。

有復,血,去,湯(出)

各本作“有孚,血,去,惕出”。案:帛書渙之尚(上)九“渙其血,去,湯出”,各本作“渙其血,去,逖出”。由此知帛書之“湯”,與各本之“惕”、“逖”爲一字。“湯”與“惕”應爲“逷”之假借字,“逷”即“逖”。

有復戀如

　　漢石經作"(有)孚孿如"。唐石經、宋本、阮本作"有孚攣如"。《釋文》云："攣,子夏《傳》作'戀'。"

既雨既處,尚得載女,貞厲

　　各本作"既雨既處,尚德載,婦貞厲"。《古易音訓》引晁氏曰："德,虞作'得'。"案:象曰:"既雨既處,德積載也。"故各本均從"載"字絕句,以"婦"字屬下讀,非是。帛書以處、女叶韻,明"女"字當屬上讀。

君子正兇

　　各本作"君子征凶"。

盥而不尊

　　漢石經、唐石經、宋本、阮本均作"盥而不薦"。《釋文》:"薦,王又作'麖',同牋練反。王肅本作'而觀薦'。"案:尊卑之"尊",帛書書作"奠"(如通行本《繫辭》之"天尊地卑",帛書作"天奠地庳");祭奠之"奠",帛書或亦書作"尊",此"尊"字當即祭奠之"奠"字。薦與奠音義俱近,古常通假。《禮記·郊特牲》:"故既奠然後炳蕭合羶薌。"注:"奠謂薦孰時也,奠或爲薦。"《周禮·牛人》"喪事共其奠牛",注:"喪所薦饋曰奠。"故"盥而不尊(奠)",即"盥而不薦"。《周易集解》引馬融曰:"盥者,進爵灌地以降神也。此是祭祀盛時,及神降薦牲,其禮簡略,不足觀也。"王弼注云:"宗廟之可觀者,莫盛乎盥也。至薦簡略,不足復觀,故觀盥而不薦也。"

有復觀若

　　各本均作"有孚顒若"。帛書作"觀",疑假作"眷"。觀與尊(奠)韻。各本作"顒",與"薦"字不叶韻,疑"顒"字誤。

覝觀

　　唐石經、宋本、阮本均作"闚"。《釋文》云:"闚,本亦作'窺'。"案:覝從圭得聲,與闚、窺同爲見母,又同屬支部,故得通假。

鳿漸于淵

　　"鳿"字,漢石經亦作"鳿"。漢石經此句殘缺,唐石經、宋本、阮本作"鴻漸于干"。

小子瘔有言

各本作“小子厲有言”。案：古“厲”與“瘔”通。《淮南子·精神》：“冉伯牛爲厲。”《論衡·刺孟》：“伯牛爲瘔。”《莊子·逍遥游》：“使物不疵癘。”李注：“厲也。”

鳿漸于坂

漢石經作“鳿漸于般”。唐石經、宋本、阮本作“鴻漸于磐”。《史記·武帝紀》、《封禪書》、《漢書·郊祀志》載漢武帝詔，作“鴻漸于般”。《古易音訓》：“説之案：般，古文。”帛書作“坂”，“坂”即“阪”。《説文·阜部》：“阪，坡者曰阪；一曰澤障也；一曰山脅也。”帛書之“坂”字當作“澤障”解。《詩·澤陂》“彼澤之陂”，傳：“陂，澤障也。”《書·禹貢》“九澤既陂”，僞孔傳云：“九州之澤已陂障無決溢矣。”是澤障即堤。“鳿漸于坂”，言鳿（鴻）進于堤。

酒食衍衍

漢石經作“飲食衍衍”。唐石經、宋本、阮本作“飲食衎衎”。案：“衍”與“衎”音近相通。《春秋穀梁經·襄公二十六年》“衛侯衎復歸于衛”，《釋文》：“衎本作衍。”是“衍”與“衎”通。《詩·伐木》“釃酒有衍”，傳：“衍，美貌。”

〔婦〕繩不〔育〕

各本作“婦孕不育”。參閱“婦三歲不繩”注。

利所寇

各本作“利禦寇”。參閱蒙之上九“利所寇”條。

鳿漸于木,或直其寇,毄,无咎

各本作“或得其桷”，又脱“毄”字。案：直，值也，當也。《史記·匈奴傳》：“諸左方王、將，居東方，直上谷。”《索隱》引姚氏云：“古例以直爲值，值者，當也。”《漢書·刑法志》：“魏之武卒，不可以直秦之鋭士。”注：“直亦當也。”故“或直其寇”，即“或值其寇”，“或當其寇”。寇字在侯部，木字在屋部，屋部爲侯部入聲，故木、寇叶韻。毄即擊。此言或與寇相值，擊之即無咎。由此知各本之“或得其桷”即“或直其寇”。直爲澄母字，古歸定母，得爲端母字，聲母相近；又同在職部。故直可假爲德。桷見母字，寇溪母字，聲母相近；桷在屋部，與寇字韻母亦相近。故桷可假爲寇。《周易集解》引虞翻曰：“桷，椽也。方者謂之桷。”桷如字解，失之。

婦三歲不繩

唐石經、宋本、阮本作"婦三歲不孕"。《釋文》云:"孕,荀作'乘'。"案:《管子·五行》:"腜婦不銷棄。"注:"腜,古孕字。"《太玄·沈》:"沈其腹,好媱惡粥。"注:"媱與腜、孕同。"《周禮·薙氏》:"秋繩而芟之。"注:"含實曰繩。"《禮記·月令》正義引皇疏:"繩音孕。"是"媱"、"腜"均"孕"字,"乘"、"繩"可假作"孕"。

其羽可用爲宜

各本均作"其羽可用爲儀"。案:"宜"與"儀"古字通。《詩·文王》"宜鑒于殷",《禮記·大學》引作"儀鑒于殷";《國語·楚語下》"采服之儀",《周禮·春官》注引作"采服之宜"。

中復

各本均作"中孚"。

和涉大川

各本均作"利涉大川"。"和"字應爲"利"字之誤。

杅吉,有它不寧

各本作"虞吉,有它不燕"。案:杅在喻三等,古歸匣母;虞爲疑母字,聲母相近;又同在魚部。故"杅"、"虞"可通假。《周易集解》引荀爽、虞翻,並訓燕爲安。帛書"有它不寧","寧"亦訓"安",與"燕"字義近。

〔吾與壐〕贏〔之〕

"贏"字之上下文均殘缺,卷後之佚書作"吾與壐贏之"。唐石經、宋本、阮本作"吾與爾靡之"。《釋文》云:"靡,本又作'縻'。《埤蒼》作'縻',陸作'縑',京作'劘'。"案:贏,盡也。故作"贏"亦通。

或鼓或皮

各本作"或鼓或罷"。"皮"字與"罷"字古同屬並母歌部。《釋文》云:"罷,王肅音皮。"兩字同音,故得通假。

或汲或歌

各本作"或泣或歌"。案:汲爲見母字,泣爲溪母字,又同在緝部,故"汲"得假爲"泣"。

"泣"字帛書《周易》多作"汲"。

月既望

唐石經、宋本、阮本作"月幾望"。《釋文》云："幾望，京作'近'，荀作'既'。"案：既與幾同爲見母微部字，音相近。

馬必亡

各本作"馬匹亡"。

有復論如

"論"字，漢石經漫漶，似爲"攣"字。唐石經、宋本、阮本作"有孚攣如"。案：帛書少秇(小畜)之九五作"有復戀如"。

䨥音登于天，貞凶

各本作"翰音登于天"。案："翰"字或書作"鶾"，又與"韓"字音近，此䨥字蓋从鳥从韓省。《周易集解》引侯果注："雞曰翰音。"《禮記·曲禮下》："凡祭宗廟之禮……雞曰翰音。"

渙

各本同。帛書《繫辭》作"奂"。

王假于廟

各本作"王假有廟"。"于"與"有"通，並訓爲"於"。參閱卒(萃)之"王假于廟"條。

撜馬吉，悔亡

帛書明夷之六二作"用撜馬牀吉"。唐石經、宋本、阮本作"用拯馬壯吉"，無"悔亡"二字。《釋文》云："拯，子夏作抍。"《孔彪碑》"抍馬蠲害"，亦作"抍"。《説文·手部》："抍，上舉也。《易》曰：'用抍馬壯吉。'撜，抍或从登。"故"撜"即"抍"。《漢上易傳》引虞翻作"用拯馬壯吉，悔亡"，亦有"悔亡"二字。案：撜、抍、拯疑爲乘、騰之假借字。參明夷之六二"用撜馬牀，吉"條。

渙賁其階

唐石經、宋本、阮本作"渙奔其机"。敦煌唐寫本《周易》殘卷(伯二六一九)作"渙奔其几"。案：卷後佚書引作"渙賁其階"，並釋云："階，幾也，時也。"階、幾、机、几均見母字，又同屬脂部，故"階"、"机"、"几"均得假爲"幾"。賁爲奔之假借字，《詩·鶉》"鶉之奔奔"，《禮記·表記》

引作"鶉之賁賁",是"賁"可假作"奔"。《左傳·昭公三十一年》"將奔走之",注:"猶赴趣也。"

涣其窤

各本作"涣其躬"。

□如所思

唐石經、宋本、阮本作"匪夷所思"。《釋文》云:"匪夷,荀作'匪弟'。"各本之"匪"字,帛書均作"非"。第二字右偏旁殘缺,唯餘左半之"女"旁,疑爲"姨"字。故帛書或爲"非姨所思","姨"假作"夷"。

涣其肝,大號

卷後佚書作"奂其肝"。各本作"涣汗其大號"。

涣其血,去,湯出

各本作"涣其血,去,逖出"。"湯"字當假爲"逿","逿"即"逖"字。

門有家

各本作"閑有家"。案:《廣雅·釋詁三》:"門,守也。"《白虎通·五祀》:"門以閉藏自固也。"《釋文》云:"閑,馬云:'闌也,防也。'"《説文·門部》:"閑,闌也。从門中有木。"《唐寫本説文木部箋異》云:"閑,止也。从木距門。"是門與閑義近。"有"當假作"于"。"門有家"、"閑有家"即"門于家"、"閑于家"。

无攸遂,在中貴

唐石經、宋本、阮本作"无攸遂,在中饋"。《大戴禮記·本命》注引作"无由遂,在中饋"。《漢書·谷永傳》引作"在中饋,無攸遂"。案:"貴"當假爲"饋","遂"當假作"墜"。

家人燙燙

唐石經、宋本、阮本作"家人嗃嗃"。《釋文》云:"嗃嗃,馬云'悦樂自得貌'。鄭云'苦熱之意'。荀作'確確',劉作'熇熇'。"《古易音訓》引晁氏曰:"鄭作'熇熇'。"嗃、熇、確古音並在藥部。"燙"字疑爲"爍"字之省寫,"爍"亦在藥部。諸字蓋音近相通。《周易集解》引侯果曰:"嗃嗃,嚴也。"

婦子裏裏

漢石經、唐石經、宋本、阮本均作"婦子嘻嘻"。《釋文》云:"嘻嘻,馬云'笑聲',鄭云'驕佚喜笑之意’,張作‘嬉嬉’,陸作‘喜喜’。”裏與喜、嬉、嘻並在之部,音近相通。

王叚有家,勿血。往吉

各本作“王假有家,勿恤,吉”。“血”與“恤”通。

有復委如

各本作“有孚威如”。大有之六五“闕復交如委如”,各本亦作“威如”。“委”與“威”通。

利用攸往

漢石經作“利用攸往”,與帛書同。唐石經、宋本、阮本作“利有攸往”。《周易集解》引虞翻亦作“利有攸往”。

或益之十備之龜,弗克回

各本作“或益之十朋之龜,弗克違”。參閱損之六五此條。

用工事

工,各本均作“凶”。案:《說卦》云“巽爲工”,益卦巽上震,似以作“工”爲長。

利用爲家遷國

爲,通行本作“依”。案:帛書作“家”是。

《繫辭》釋文校注

《繫辭》一

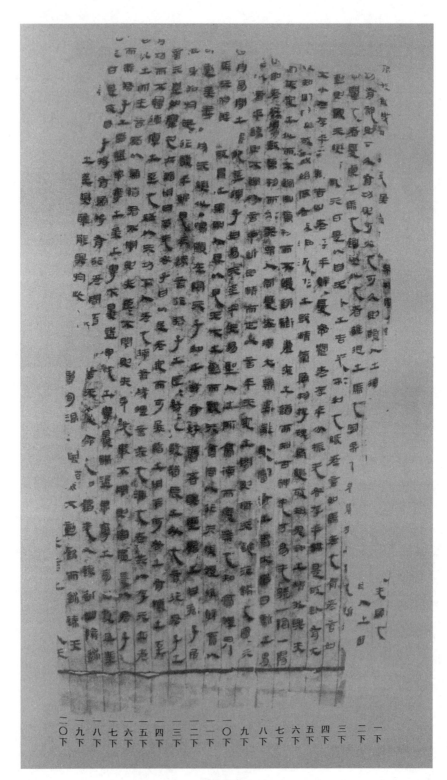

《繫辭》二

《繫辭》三

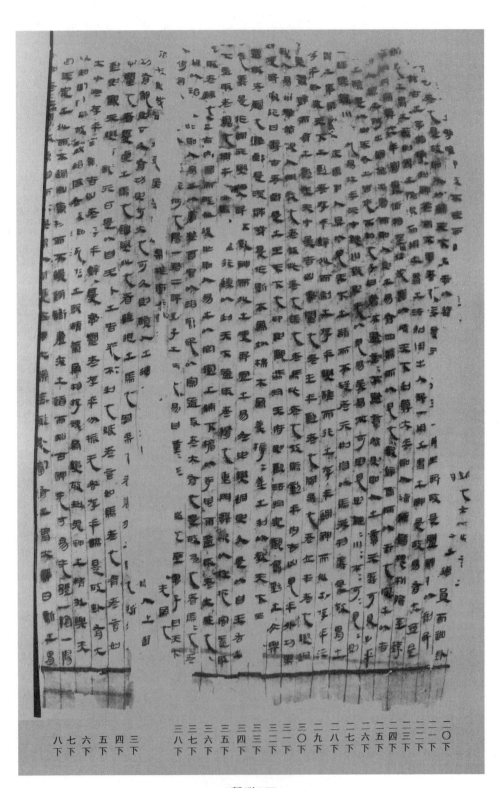

《繫辭》四

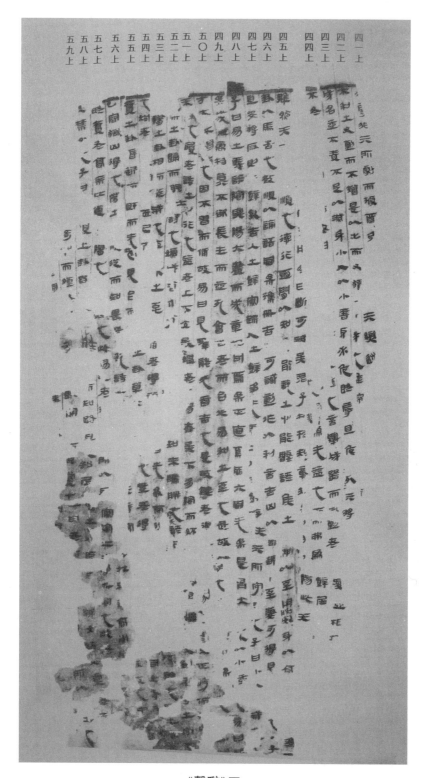

《繫辭》五

五九下 五八下 五七下 五六下 五五下 五四下 五三下 五二下 五一下 五〇下 四九下 四八下 四七下 四六下 四五下 四四下 四三下 四二下 四一下 四〇下

《繫辭》六

《繫辭》七

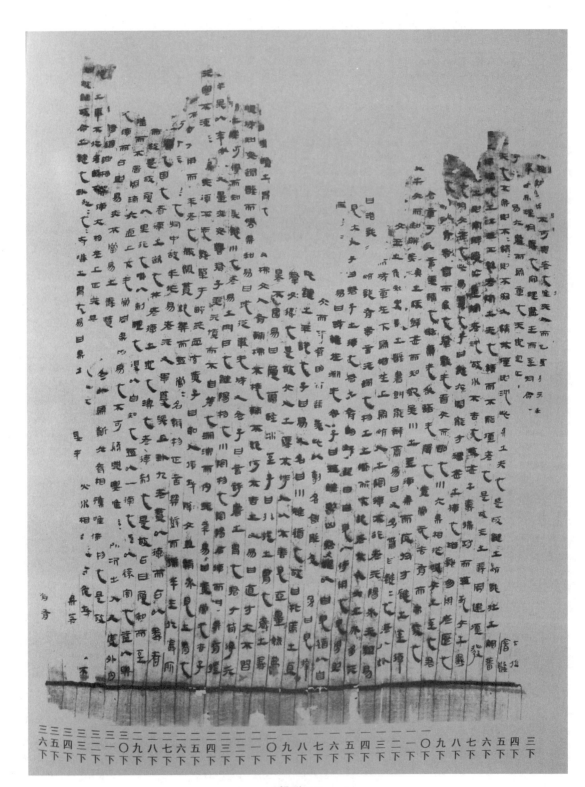

《繫辭》八

《繫辭》整理情況：

① 帛書易經繫辭有上傳和下傳，書寫時連在一起，没有分開，也没有單獨分章。與今本對比，除文中多假借字外，内容基本相同。

② 上傳有十二章，但第九章的文字不全，與今本對照，九章與十章的順序已顛倒。

③ 下傳今本有十二章，今帛書只見一至五章（未整理完，下文尚在查對）。

④ 初步統計，約二千七百五十八字。

《繫辭》一上、下

天奠（尊）地庳（卑）[一]，鍵（乾）川（坤）定矣[二]。庳（卑）高已（以）陳[三]，貴賤立（位）矣[四]。動（動）静有常，剛柔斷矣。方以類冣（聚）[五]，物以羣[分，吉凶生矣。在天成象]，（一上）

在地成刑（形）[六]，[變]化見矣。[是故剛]柔相摩，八卦[相盪，鼓之]雷電，□之風[雨，日月運行，一寒一暑]，（一下）

一无爲也。鍵（乾）道成男，川（坤）道成女；鍵（乾）知大始，川（坤）作成物。鍵（乾）以易[七]，川（坤）以間（簡）能[八]；易則傷（易）知[九]，間（簡）則易從；傷（易）知則有親，傷（易）從則有（二上）

功；有親則可久，有功則可大也[一〇]；可久則賢人之德，[可大則賢人之業；間易間而]天下之（二下）

理得[一一]，天下之理得，而成立（位）乎其中[一二]。耶（聖）人詆卦觀馬（象）[一三]，毄（繫）辭焉而明吉凶[一四]，剛柔相遂（推）而生變化[一五]。是故吉凶也者，得失之馬（象）也[十六]；（三上）

悔閵（吝）也者[一七]，憂虞之馬（象）也；通變化也者[一八]，進退之馬（象）也；剛柔也者[一九]，晝夜之馬（象）也。[六爻之]（三下）

動，三亟（極）之道也[二〇]。是故君子之所居而安者，易之□也[二一]；所樂而妧（玩），教

(爻)之始(辭)也[二二]。君子居則觀其馬(象)而妏(玩)其辭[二三]，　　　　　　　　(四上)
勸(動)則觀其變而訛(玩)其占[二四]，是以自天右(祐)之，吉无不利也[二五]。緣(彖)者，
言如(乎)馬(象)者也[二六]。肴(爻)者，言如(乎)　　　　　　　　　　　　　　(四下)

變者也[二七]。吉凶也者[二八]，言其失得也。悔閵(吝)也者，言如(乎)小疵也[二九]。無咎
也者，言補過也[三〇]。是故列貴賤[者]存乎立(位)，極　　　　　　　　　　(五上)
大小者存乎卦[三一]，辨吉凶者存乎辭，憂悔閵(吝)者存乎分[三二]，振无咎存乎謀
(悔)[三三]，是故卦有大　　　　　　　　　　　　　　　　　　　　　　　(五下)

小[三四]，辭有險易。辭者[三五]，各指其所之也。易與天地順[三六]，故能彊(彌)論(綸)天
下之道[三七]，卬(仰)以觀於天文[三八]，顠(俯)以觀於地理[三九]，是　　　　　(六上)
故知幽明之故，觀始反冬(終)[四〇]，故知死生之説。精氣爲物，斿(遊)魂爲變[四一]，故
知鬼神之精(情)壯(狀)[四二]，與天　　　　　　　　　　　　　　　　　(六下)

[地]相枝故不回(違)[四三]。知周乎萬物，道齊乎天下，故不過[四四]。方(旁)行不
遺[四五]，樂天知命，故不憂。安地厚乎仁，故能既[四六]。犯(範)　　　　　(七上)
回(圍)天地之化而不過[四七]，曲〔成〕萬物而不遺[四八]，達諸晝夜之道而知[四九]。古(故)
神无方[五〇]，易无體(體)，一陰一陽　　　　　　　　　　　　　　　　(七下)

之胃(謂)道。係(繼)之者善也[五一]，成之者生(性)也[五二]。仁者見之胃(謂)之仁，知
者見之胃(謂)〔之〕知[五三]，百生(姓)日用而弗知也[五四]，故君子之道　　　(八上)
鮮[五五]。耴(聖)者仁壯者勇[五六]，鼓萬物而不與衆人同憂[五七]，盛德大業至矣幾
(哉)[五八]。富有之胃(謂)大業，日新之胃(謂)　　　　　　　　　　　　(八下)

誠德[五九]，生之胃(謂)馬(象)[六〇]，成馬(象)之胃(謂)鍵(乾)，教(效)法之胃(謂)川
(坤)[六一]，極數知來之胃(謂)占，逈(通)變之胃(謂)事[六二]，陰陽之胃(謂)神[六三]。夫
易廣矣，大　　　　　　　　　　　　　　　　　　　　　　　　　　(九上)
矣，以言乎遠則不過[六四]，以言乎近則精而正[六五]，以言乎天地之間則備[六六]。夫鍵
(乾)其静也圈[六七]，其　　　　　　　　　　　　　　　　　　　　　(九下)

動也㮰[六八]，是以大生焉。夫川(坤)其静也斂[六九]，其動也辟(闢)[七〇]，是以廣生焉。

廣大肥(配)天地[七一]，變迴(通)肥(配)四[時][七二]，陰[陽]之合肥　　　（一〇上）
(配)日月[七三]，易間(簡)之善肥(配)至德[七四]。子曰：易其至乎[七五]！夫易，耶(聖)人
之所？橐(崇)德而廣業也[七六]。知橐(崇)體(體)卑[七七]，　　　　　（一〇下）

橐(崇)効天，卑法地，天地設立(位)，易行乎其中[七八]。誠生□[七九]，道義之門。耶
(聖)人具以見天之業,而□疑(擬)者(諸)其刑(形)容,以　　　　　（一一上）
馬(象)其物義(宜)，[是]故胃(謂)之馬(象)[八〇]。耶(聖)人具以見天下之動[八一]，而
觀其會同(通)[八二]，以行其疾體(體)[八三]，係(繫)辭焉以　　　　（一一下）

斷其吉凶,是故胃(謂)之教(爻)[八四]。言天下之至業而不可亞(惡)也[八五],言天下之
至業而不亂[八六]。知之而句(後)言,義之而　　　　　　　　　　（一二上）
句(後)動矣[八七]，義以成其變化[八八]。鳴鶴在陰,其子和之,我有好爵,吾與璽(爾)羸
之[八九]。[子]曰[九〇]：君子居　　　　　　　　　　　　　　　（一二下）

其室,言善則千里之外癒(應)之,倪(況)乎其近者乎[九一]？出言而不善,則千里之外回
(違)之,倪(況)乎其近者乎[九二]？言出　　　　　　　　　　　（一三上）
乎身,加於民[九三],行發乎近[九四],見乎遠。言行,君子之區(樞)幾(機)[九五],區(樞)幾
(機)之發,營(榮)辰(辱)之斗(主)也[九六]。言行,君子之　　　　　（一三下）

所以動天地也[九七]。
　　同人,先號逃(咷)而後哭〔笑〕[九八]。子曰：君子之道,或出或居[九九],或謀(默)或
語[一〇〇]。二人同心,其利斷金。同人〔心〕之　　　　　　　　　（一四上）
言,其臭如蘭[一〇一]。初六,籍用白茅,无咎。子曰：苟足者(諸)地而可矣[一〇二],籍之
用茅,何咎之有？慎之至　　　　　　　　　　　　　　　　（一四下）

也。夫〇茅之爲述也溥[一〇三],用也而可重也[一〇四]。慎此述(術)也[以往][一〇五],其毋所失
之[一〇六]。勞溓(謙),君子有冬(終)吉[一〇七]。子曰：勞而不代〔伐〕[一〇八],　（一五上）
有功而不德,厚之至也。語以其功,下人者也。德言成(盛),體(體)言共(恭)也[一〇九]。
溓(謙)也者,至(致)共(恭)以存其立(位)者　　　　　　　　　　（一五下）

也[一一〇]。抗(亢)龍有悔[一一一],子曰：貴而无立(位)[一一二],高[而无民],賢人在其下□

立(位)而无輔[一一三],是以動而有悔也。不出户牖,无咎[一一四]。子　　　　　（一六上）
曰:亂之所生也[一一五],言語以爲階[一一六]。君不閉則失臣,臣不閉則失身[一一七],幾身不
閉則害盈(成)[一一八],是以君子　　　　　　　　　　　　　　（一六下）

慎閉而弗[出也][一一九],子曰:爲易者[知盜]乎[一二〇]?易曰:負[且乘,致寇]之[一二一],
事也者,小人之事也[一二二];乘者[一二三],君子之器也。小人　　　　　（一七上）
而乘君子之器,盜思奪之矣。上曼(慢)下暴,盜思伐之[一二四],曼(慢)暴謀(誨)盜思奪
之[一二五]。易曰:負且乘,　　　　　　　　　　　　　　（一七下）

致寇至。盜之橇(招)也[一二六]。[易有聖人之道四]焉[一二七],以言[者尚其辭][一二八],以
動者上其變,以[製器者尚其象,以卜筮者]　　　　　　　　　（一八上）
上其占[一二九],是故君子將有爲將有行者[一三〇],問焉[而以]言[一三一],其受命也如
錯[一三二],无又(有)遠近幽險[一三三],述　　　　　　　　　（一八下）

(遂)知來勿(物)[一三四],非天之至精,其誰能[與於此][一三五]?參五以變,[錯綜其數,
通其變,遂成天地之文;極其數,遂定天下之　　　　　　　　　（一九上）
象。非天下]之至變[一三六],誰能與於此[一三七]?[易]无思也,无爲也,[寂然]不
動[一三八],欽(感)而述達天　　　　　　　　　　　　　　（一九下）

下之故[一三九]。非天下之至神,誰[能與於]此[一四〇]?夫易,耴(聖)人[之所以極深而]
□幾也[一四一]。唯深,故達天下之□[一四二],唯幾,[故　　　　　（二〇上）
能成天]下之務[一四三]。唯神,故不疾而數[一四四],[不行而]至。[子曰:易有]耴(聖)人
之道[四焉者],□□□此言之[胃]也[一四五]。天　　　　　　　（二〇下）

一、地二,天三、地四,天五、地六,天七、地八,天九、地十。[子曰:夫易],可(何)爲者
也[一四六]?夫易,古物定命,樂天下之道,如此　　　　　　　　（二一上）
而已者也[一四七]。是故耴(聖)人以達天下之志[一四八],以達[天下之業,以斷天下之
疑][一四九]。[是故蓍]之德員(圓)而神[一五〇],卦　　　　　　　（二一下）

之德方以知,六肴(爻)之義易以工[一五一],耴(聖)人以此佚心[一五二],內臧(藏)於
閉[一五三],[吉凶]能民同額(願)[一五四],神以知來,知以將往[一五五],其誰能爲（二二上）

此茲[一五六]。古之蔥(聰)明傻(睿)知神武而不恙(殺)者也夫[一五七]，是其[明]於天口察
於民故[一五八]，是闔[興]神物[一五九]，以前民　　　　　　　　　　　　（二二下）

民用[一六○]。耵(聖)人以此齋戒[一六一]，以神明其德夫。是故闔(闔)戶冐〈冑(謂)〉之川
(坤)[一六二]，辟(闢)門冐(謂)之鍵(乾)[一六三]，一闔一辟(闢)冐(謂)之變[一六四]，往來不
窮冐(謂)之　　　　　　　　　　　　　　　　　　　　　　　　　（二三上）
迵(通)[一六五]，見之冐(謂)之馬(象)[一六六]，刑(形)冐(謂)之器[一六七]，製而用之冐(謂)
之法[一六八]，利用出入，民一用之[一六九]，冐(謂)之神。是故易有大(太)恆(極)[一七○]，是
　　　　　　　　　　　　　　　　　　　　　　　　　　　　　　（二三下）

生兩檥(儀)[一七一]，兩檥(儀)生四馬(象)，四馬(象)生八卦，八卦生吉凶，吉凶生六〔大〕
業[一七二]。是故法馬(象)莫大乎天地，變迵(通)莫大乎四時[一七三]，垂馬(象)箸明[一七四]，莫大
　　　　　　　　　　　　　　　　　　　　　　　　　　　　　　（二四上）
乎日月，榮莫大乎富貴[一七五]，備物至(致)用，位(立)成器以爲天下利[一七六]，莫大乎耵
(聖)人，深備錯根[一七七]，枸(鉤)險至(致)遠[一七八]，　　　　　　　（二四下）

定天下吉凶[一七九]，定天下之勿(亹)勿(亹)者[一八○]，莫善乎菁龜[一八一]。是故天生神物，
耵(聖)人則之，天[地]變化，耵(聖)人效之[一八二]，天垂馬(象)，見吉凶，而　（二五上）
耵(聖)人馬(象)之[一八三]，河出圖，雒出書，而耵(聖)人則之[一八四]。易有四馬(象)，所
以見也[一八五]，穀(繫)辭焉，所以告也[一八六]，定之以吉　　　　　　（二五下）

凶，所以斷也。易曰：自天右(祐)之[一八七]，吉无不利。右(祐)之者助之也[一八八]。天
之所助者順也，人之所助者信也。膿(履)信思乎順[一八九]，　　　　　（二六上）
[又以]上賢[一九○]，是以白天右(祐)之[一九一]，吉尤不利也。子曰：書不盡言，言不盡
意。然則耵(聖)人之意，其義可見已乎[一九二]？　　　　　　　　　　（二六下）

子曰：耵(聖)人之位(立)馬(象)以盡意[一九三]，設卦以盡請(情)僞[一九四]，穀(繫)辭焉
以盡其[言][一九五]，變而迵(通)之[一九六]以盡利，鼓之舞之以[盡]神[一九七]，鍵(乾)川
(坤)其[易]　　　　　　　　　　　　　　　　　　　　　　　　　（二七上）
之經與[一九八]？鍵(乾)川(坤)[成]列，易位乎其中[一九九]，鍵(乾)川(坤)毀則无以見易
矣[二○○]。易不可明見，則鍵(乾)川(坤)不可見，鍵(乾)川(坤)不可見，則　（二七下）

鍵（乾）川（坤）或幾乎息矣[二〇一]。是故刑（形）而上者胃（謂）之道，刑（形）而下者胃（謂）之器[二〇二]，爲（化）而施之胃（謂）之變[二〇三]，誰（推）而［行之胃（謂）之迵（通）][二〇四]，□［而］□諸天下之民　　　　　　　　　　（二八上）
胃（謂）之事業[二〇五]。是［故］夫馬（象），耴（聖）人具以見天下之請（情），而不疑（擬）者（諸）其刑（形）容，以馬（象）其物義（宜）[二〇六]，是故胃（謂）之　　　　（二八下）

馬（象）。耴（聖）人有以見天下之動，而觀其會同[二〇七]，以行其疾體（禮）[二〇八]，毄（繫）辭焉以斷其吉凶[二〇九]，是故胃（謂）之教（爻）[二一〇]。極天下之請（情）　（二九上）
［者］存乎卦[二一一]，鼓天下之動者存乎辭，化而制之存乎變[二一二]，誰（推）而行之存乎迵（通）[二一三]，神而化之存乎其　　　　　　　（二九下）

人[二一四]，謀而成[二一五]，不言而信存乎德行。

《繫辭》二上、下

八卦成列[二一六]，馬（象）在其中矣。因而動之，教（爻）在其中矣[二一七]。剛柔相誰（推）[二一八]，變在其中　　　　　　　　　　　　（三〇上）
矣。毄（繫）辭而齊之，動在其中矣[二一九]。吉凶悔閵（吝）也者，生乎動者也[二二〇]。岡（剛）柔也者[二二一]，立本者也。變迵（通）　　　　　（三〇下）

也者，聚者也[二二二]。吉凶者，上（貞）朕（騰）者也[二二三]。天地之道，上（貞）觀者［也][二二四]，日月之行，上（貞）明者［也][二二五]，天下之動，上（貞）觀天者也[二二六]。夫鍵（乾），蒿（確）然　　　　　　　　　　　　　（三一上）
視人易[二二七]，川（坤）魋（隤）然視人間（簡）[二二八]。教（爻）也者，效此者也[二二九]。馬（象）也者，馬（象）此者也[二三〇]。效（爻）馬（象）動乎内[二三一]，吉凶見乎外，功業　　　　　　　　　　　　　　　（三一下）

見乎變，耴（聖）人之請（情）見乎辭[二三二]。天地之大思曰生[二三三]，耴（聖）人之大費曰立立（位）[二三四]，何以守立（位）曰人[二三五]，何以聚人曰材（財）[二三六]。理材（財）正　　　　　　　　　　　　　　　　（三二上）
辭，愛民安行曰義[二三七]。古者戲是（氏）之王天下也[二三八]，印（仰）則觀馬（象）於

天[二三九],府(俯)則觀法於地[二四○],觀鳥獸之文與　　　　　　　　（三二下）

地之義(宜)[二四一],近取諸身,遠取者(諸)物[二四二],於是始作八卦,以達神明之德[二四三],以類萬物之請(情)[二四四],作結繩而爲[罔]古(罟)[二四五],以田以漁[二四六],
　　　　　　　　（三三上）

蓋取者羅也[二四七]。□戲是(氏)没[二四八],神戎(農)是(氏)作[二四九],斲木爲枨,楺(揉)木爲耒橷,橷耒之利,以教天下,蓋[取]　　　　　　　　（三三下）

者(諸)益也[二五○]。日中爲挨(市)[二五一],至(致)天下之民[二五二],聚天下之貨,交易而退,各得其所欲[二五三],蓋取者(諸)筮(噬)蓋(嗑)也[二五四]。神戎(農)是(氏)没[二五五],黄[帝]
　　　　　　　　（三四上）

堯舜是(氏)作[二五六],迴(通)其變[二五七],使民不亂[二五八],神而化之,使民宜之。易冬(終)則變,迴(通)則久[二五九],是以自天右(祐)之,　　　　　　　　（三四下）

吉无不利也[二六○]。黄帝堯舜陲(垂)衣常(裳)而天下治[二六一],蓋取者鍵(乾)川(坤)也[二六二]。扜(刳)木爲周(舟)[二六三],剡木而爲楫[二六四],[以]齍(濟)不達,至(致)遠,以利
　　　　　　　　（三五上）

天下[二六五],蓋取者(諸)夬(渙)也[二六六]。備(服)牛乘馬[二六七],[引]重行遠[二六八]。以利天下,蓋取者(諸)隋(隨)也[二六九]。重門擊柝(柝)[二七○],以挨(待)旅客[二七一],蓋取
　　　　　　　　（三五下）

余(豫)也[二七二]。斷木爲杵,掇(掘)地爲臼[二七三],杵之利,萬民以次[二七四],蓋取諸少(小)過也[二七五]。弦木爲柧(弧),棪(剡)木爲矢[二七六],柧(弧)矢之利,以威天
　　　　　　　　（三六上）

[下,蓋]取者(諸)誺(睽)也[二七七]。上古穴居而野處,後世耴(聖)人易之以宮室,上練(棟)下楣[二七八],以寺(待)風雨[二七九],蓋取者(諸)大莊(狀)也[二八○]。　　（三六下）

古之葬者,厚裹之以薪[二八一],葬諸中野[二八二],不封不樹,葬期无數。後世耴(聖)人,易之以棺葦(槨)[二八三],蓋取者(諸)大過也[二八四]。　　　　　　　　（三七上）
[上古結]繩以治[二八五],[後]世耴(聖)人[二八六],易之以書契,百官以治,萬民以察,蓋取者(諸)大有也[二八七]。是故易也者馬(象),馬(象)也者,　　　　（三七下）

馬(象)也[二八八]，緣(彖)也者，制也[二八九]。看(爻)也者[二九〇]，效天下之動者也。是[故]吉凶生而悔吝箸也[二九一]。陽卦多陰，陰卦多[陽，其故何也？陽 （三八上）卦]奇，陰[卦耦也。其德行]何也[二九二]？陽一君二民，君子之道也[二九三]。易曰：童(憧)童(憧)往來，倗(朋)從璽(爾)思[二九四]。子曰：天下 （三八下）

《繫辭》三上、下

這一章的內容是：第一段包括今本《繫辭》下第三章的“精義入神，以致用；利用安自以崇德”數句。還包括第四章的第一、二、三、四節。第七節以“君不見幾而作”起，在此以前的“子曰”至“先見者也”幾句爲帛書所無。第七章僅有“辨是與非”至“將可知矣”四句。今本第九章與帛書有出入。第二段爲今本《繫辭》所無。(約880字)

[同歸而殊塗[二九五]，一致而]百[慮]，天下何思[何慮。日往則月來，月往則日來，日月相推而明生焉，　　　　　　　　　　　　　　　　　（三九上）寒往則暑來，暑往則寒來，寒暑相]誰(推)而歲[成焉。往者屈也，來]者□[也。屈信相感而利生焉，　　　　　　　　　　　　　　　　　（三九下）

尺蠖之屈，以求信也。龍蛇之蟄]以存身也。精義入神，以至(致)用[二九六]；利用安身，以禀[德也。過此以往，來知或知　　　　　　　　　　　（四〇上）也。窮神知化，德之盛也。易曰：困于石，據][二九七]入于其宮，于疾(蒺)利(藜)[二九八]，入于其宮，不見其妻，凶。子曰：非其[所困而困焉][二九九]，名 （四〇下）

必辱；非其所勮(據)而據焉[三〇〇]，身必危。既辱且危，□死其將至[三〇一]，妻可得見[邪][三〇二]？易曰：公用射隼于高墉之上獲之，　　　　（四一上）无不利。子曰：雛者，禽也[三〇三]，弓矢者器也，射之者人也。君子臧(藏)器於身，侍者而童(動)[三〇四]，何　　　　　　　　　　　　　（四一下）

不利之又(有)？勮(動)而不齨，是以出而又(有)蒦(獲)也[三〇五]。言舉成器而勮(動)者也[三〇六]。子曰：小人[不耻不仁，不畏不義，不見利不勸[三〇七]，　　（四二上）不]畏不諑(懲)[三〇八]，小諑(懲)而大戒[三〇九]，小人之福也[三一〇]。易曰：構(屨)校滅止

(趾)[三一],无咎也者[三二],此之胃(謂)也。善不責(積)不足以　　　　(四二下)

成名,亞(惡)不責不足以減身[三三],小人以小善爲无益也,而弗爲也[三四],以小亞
(惡)[爲无傷,而弗去也。故惡積而不可　　　　(四三上)
□]也[三五],罪大而不可解也[三六]。易曰:何(荷)校滅耳凶。君子見幾而作,不位
〔俟〕冬(終)日[三七]。易曰:介于石,　　　　(四三下)

不冬(終)[三八][日,介于石焉,寧]用冬(終)日?斷可識矣。君子知勿(微)知章
(彰)[三九],知柔知剛,[萬夫之望,若夫雜物撰德辯]　　　　(四四上)
是與非[三〇],則下中教(爻)不備,初大要存亡吉凶,則將可知矣[三一]。鍵(乾),德行
恒易以知險;夫川(坤)　　　　(四四下)

魋然,天下之至順也,德行恒間以知[阻][三二]。能説之心[三三],能數諸侯之
[慮[三四],定天下之吉凶,成天下之亹亹,是故]　　　　(四五上)
□□□□□□變化具爲[三五],[吉]事又(有)羊(祥)[三六],馬(象)事知器,□事知
來[三七]。天地設象,耵(聖)人成能[三八],人謀鬼謀,百姓與能。八　　　　(四五下)

卦以馬(象)告也[三九],教順以論語[三〇],剛柔雜處[三一],吉[凶]可識[三二],勸(動)作
以利言[三三],吉凶以情遷[三四]。[是故]愛亞(惡)相攻[而吉凶生][三五],
　　　　(四六上)
遠近相取[而悔閵生][三六],情僞相欽(感)而利害生[三七]。凡易之請(情)[三八],近而
不相得則凶。或害之,則悔　　　　(四六下)

且咠(吝)[三九],將反則[其]辭亂[二〇],古人之辭寡,趩(躁)人之辭多[三四一],无善之人
六辭斿(游)[三四二],失其所守六辭屈[三四三]。　　　　(四七上)

　　子曰:易之義,誶陰與陽[三四四],六畫而成章。九句焉柔[三四五],正直焉剛[三四六]。六
剛无柔,是胃(謂)大陽。此天[之義也][三四七]。□□□　　　　(四八上)
□□□□□□方,六柔无剛,此地之義也[三四八]。天地相率[三四九],氣味相取[三五〇],陰陽
流刑[三五一],剛　　　　(四八下)

柔成□,萬物莫不欲長生而亞(惡)死,會品者而台作[三五二]。易,和之至也,是故鍵(乾)
□□□□□□□   (四九上)
□□□□義沾下就,地之道也。用六贛(坎)也[三五三],用九盈也[三五四]。盈而剛,故易
曰: 直   (四九下)

方大,不習□也[三五五],因不習而備,故易曰:見羣龍无首吉也[三五六]。是故鍵(乾)者,
得之□□□□□□正誘而□□□   (五〇上)
□□□畏也,容(訟)者,得之疑也[三五七],師者,得之栽(仇)也,比者,得[之□]也,小蓄
(畜)[三五八]者,[得]之   (五〇下)

未也,履者,□之□行也,益者,上下交矣,婦(否)[三五九]者□易姦矣,下多陰而紆□□□
□□□者,得之守也   (五一上)
□瞿也,兼之卦□□而周所以入卿也。无孟(妄)之卦,有罪而死,無功而賞,所以番故
                                                            (五一下)

□。余(豫)[三六〇]之卦,歸而强士□也,嬬(需)[三六一]□□□□□□□知未騰朕也,容失
諸□□□能誨也,□□之□   (五二上)
□□□而□□□遠也,大有之卦,孫位也,大牀(壯)[三六二]小朣(動)而大從[三六三]□□□
也,大蓄(畜)宂而誨   (五二下)

[也][三六四],隋之卦,相而能戒也[三六五],□□□之至□□□□□□□□先争而後□□□
□□□同女□□□□   (五三上)
□□□□□是故□以□□說[三六六],和說而知畏,謹者得之代阱也。家人者,得處也。
井者,得之微   (五三下)

也。均(姤)[三六七]者□□□□□□□□□□□□容者得□□□□也,登[三六八]者,得之□
□□□□□□也中□□□   (五四上)
□□過過涉所□□從於不豐。均(姤)之卦足而知余,林(臨)[三六九]之卦自誰不无瞿
(懼),觀之卦盈而能乎?   (五四下)

齎(濟)[三七〇]之卦善近而□□□□□見台而□之卦草□□□□其□□□九□義高尚□

□□□□　　　　　　　　　　　　　　　　　　（五五上）

所以教謀也橝□乎□□□□□□□□□□□□□□□□□□□□□□□□□□□□□□□□

□□忠身失量。故曰：慎而侍也，筮聞[三七一]綑紀，恒言不　　　　（五五下）

已，容獄凶得也，勞之□順从而知畏□□誘也□□□□□□得之陰也，脁者□□□□

　　　　　　　　　　　　　　　　　　　　　　　　　　　　（五六上）

□□□□□□□□□□□□□□□□□□□□□□□□□□行也損以□大眿（狀）以□□

也，歸妹以正女也　　　　　　　　　　　　　　　　　（五六下）

既齎（濟）[三七二]者高余比貧□□隋也□□□也此易□者□□□□□□□辯女請毋虞□

者□□　　　　　　　　　　　　　　　　　　　　（五七上）

□□□□□□□□□□□□□□□□□□□□□□□□□□□□□□□□□□□□□□□

禁□也子曰□□□□□□□□□□□□□【編者按：以下殘缺，不知所缺若干行、若

干字。】　　　　　　　　　　　　　　　　　　　（五九）

《繫辭》四上、下

　　這一章的最前一部分，似與《繫辭》下相接，但爲今本《繫辭》所無。其次的一部分是今本《説卦》的最前一部分，從"昔者聖人之作易也"起，至"是故易達數也"止，約一百六十字。

　　在此以後，只有三處與今本《繫辭》相同或者相近。一處是"子曰：易之用也，殷之无道，用之盛德也"，只有四句。第二處，從"其辯名也"起，至"冬（終）而无咎"止，約三百三十五字。第三處在最後一段，相同的有"二與四同功"、"三與五同功"、"三多凶、五多功"三句。

　　其他部分，與今本《繫辭》或《説卦》都不同，這一部分約有一千六百字。

　　　□□不事工侯□□之胃（謂）也□□□□足以難□□□□□□□□□□□□□□□□

□□　　　　　　　　　　　　　　　　　　　（一上）

□□□□□□□用布可學者也唯其人而已矣□□□□　　　（一下）

□□□□□則從説傷□□□曰何校則凶，屢（履）校則吉[三七三]，此之胃（謂）也。子曰：五

行者，□□□□□　　　　　　　　　　　　　　（二上）

□□□[昔者聖人之作易也，幽]贊於神明而生占也[三七四]，參天兩地而義數也[三七五]，觀

變於陰陽而立卦也[三七六],發揮於[剛]柔而[生肴(爻)也, （三上）
和順於道]德而理於義也,窮理盡生(性)而至於命也[三七七],[昔者聖人之作易也,將以
順生(姓)]命[之]理也[三七八],是故位 （三下）

天之道曰陰與陽,位地之道曰柔與剛,位人之道曰仁與義[三七九],兼三財(才)[而]兩
之[三八〇],六畫而成卦,分陰分陽, （四上）
[迭用柔]剛[三八一],故易六畫而爲章也[三八二]。天地定立(位),[山澤通氣],火水相射,
雷風相榑,八卦相麿(錯)[三八三], （四下）

數往者順,知來者逆,故易達數也[三八四]。子曰:萬物之義,不剛則不能僮(動)[三八五],
不僮(動)則無功,恒僮(動)而弗中則上□[三八六], （五上）
[此剛]之失也[三八七]。不柔則不静,不静而不安,久静不僮(動)則沈,此柔之失也。是
故鍵(乾)之炕(亢)龍[三八八],壯之觸蕃[三八九], （五下）

句(姤)之離角[三九〇],鼎之折足[三九一],鄷(豐)之虚盈[三九二],五繇[三九三]者,剛之失也,僮(動)
而不能静者也。川(坤)之牝馬[三九四],小蓄(畜)之密雲[三九五]、句(姤)之□ （六上）
□[三九六]、漸之繩(孕)婦[三九七]、肫(屯)之泣血[三九八],五繇者,陰之失也,静而不能僮
(動)者也。是故天之義,剛建(健)僮(動)發 （六下）

而不息,其吉保功也。無柔栽(仇)之不死必亡。僮(動)陽者亡[三九九],故火不吉也。地
之義柔弱,沈静不僮(動),其吉 （七上）
[保安也[四〇〇]。無]剛文之,則窮賤遺亡。重陰者沈,故水不吉也。故武之義保功而恒
死,文之義 （七下）

保安而恒窮,是故柔而不刓[四〇一],然后文而能朕(勝)也;剛而不折,然而后武而能安
也。易曰:直方大不 （八上）
[習],□□□之屯於文武也,此易贊也。子曰:鍵(乾)六剛能方,湯武之德也。"潛龍
勿用"者,匿也。 （八下）

"見龍在田"也者,德也[四〇二]。"君子冬(終)日鍵(乾)鍵(乾)",用也。"夕沂(惕)若厲,
无咎",息也。"或繉(躍)在淵",隱[也。僮(動)]能静也。"罪(飛)龍 （九上）

[在天]”，□□□□也。“炕(亢)龍有悔”，高而爭也。“羣龍无首”，文而耴(聖)也。川
(坤)六柔相從順，文之至也。“君　　　　　　　　　　　　　　　　　（九下）

子先迷後得主”，學人之胃(謂)也。“東北喪崩(朋)，西南得崩(朋)”，求賢也。“履霜
堅冰至”，豫□□□也。“直方大，　　　　　　　　　　　　　　　　（一〇上）
不[習]”，[无不利]。“[含章]可貞”，言美請(情)也。“聑(括)囊无咎”，語无聲也。
“黃常(裳)元吉”，有而弗發也。　　　　　　　　　　　　　　　　　（一〇下）

“龍單(戰)于野”，文而能達也。“或從王事，无成有冬(終)”，學而能發也。易曰“何
校”[四〇三]，剛而折也。“鳴嗛(謙)”也者，柔而　　　　　　　　　　　（一一上）
□□□□□[四〇四]“黃牛”[四〇五]，文而知勝矣。涣之緣(彖)辭[四〇六]，武而知安矣。川
(坤)之至德，柔而反於方。鍵(乾)之至德，　　　　　　　　　　　　（一一下）

剛而能讓。此鍵(乾)川(坤)之品説也。子曰：易之用也，殷之无道，周之盛德
也[四〇七]？恐以□□，敬以承事，知以辟(避)患，　　　　　　　　　　（一二上）
□□□□□□□□文王之危，知史□之數書，孰能辯焉？易曰又名焉曰鍵(乾)。鍵
(乾)也者，八卦　　　　　　　　　　　　　　　　　　　　　　　　（一二下）

之長也。九也者，六肴(爻)之大也。爲九之狀，浮首承下，蛇身僂曲，其爲龍類也
夫[四〇八]？龍下居而上達者，　　　　　　　　　　　　　　　　　　　（一三上）
□□□□□□□□□□六畫而成章。在下爲槢[四〇九]，在上爲炕(亢)。人之陰德不
行者，其陽必失類。易　　　　　　　　　　　　　　　　　　　　　（一三下）

曰“潛龍勿用”，其義潛清，勿使之謂也。子曰：廢則不可入於謀，勝則不可與戎。忌者
不可與親，繳者　　　　　　　　　　　　　　　　　　　　　　　　（一四上）
□□□□□□□。[易]曰“潛龍[勿用]”，“炕(亢)龍有悔”，言其過也。物之上擲而下
絶者[四一〇]，不久大立(位)，必多其　　　　　　　　　　　　　　　　（一四下）

咎。易曰“炕(亢)龍有悔”，大人之義，不實於心，則不見於德；不單於口[四一一]，則不澤
於面。能威能澤，胃(謂)之龍。易　　　　　　　　　　　　　　　　（一五上）
[曰“見龍在田，利]見大人”，子曰：君子之德也。君子齊明好道[四一二]，日自見以侍

(待)用也。見肋(用)則   (一五下)

僮(動),不見用則静。易曰:"君子冬(終)日鍵(乾)鍵(乾),夕沂(惕)若厲,无咎。"·
子曰:知息也,何咎之有? 人不淵不鑺(躍),則不見   (一六上)
□□□□□□□反□□□□□。易曰:"或鑺(躍)在淵,无咎。"·子曰:恒鑺(躍)則
凶,君子鑺(躍)以自見,道以自   (一六下)

成。君子窮不忘達,安不忘亡,静居而成章,首福又皇[四一三]。易曰:"罪(飛)龍在天,利
見大人。"子曰:天之助□   (一七上)
□□□□□□□□□□□□□□文而□,齊明而達矣。此以剌名,孰能及□? 易曰"見羣
                                            (一七下)

龍无首",子曰:讓善之胃(謂)也。君子羣居,莫敢首善而治,何諓其和也? 龍不侍
(待)光而動,无階而登,   (一八上)
□□□□□□□□□□□,此鍵(乾)之羊(詳)説也。子曰:易又名曰川(坤),雌道
也。故曰"牝馬之貞"。   (一八下)

童獸也,川(坤)之類也。是故良馬之類,廣前而寰(圜)後[四一四],遂臧,尚受而順,下安
而静,外又美刑(形),則中又   (一九上)
□□□□□乎界以来,羣文德也。是故文人之義,不侍(待)人以不善,見亞(惡)墨然弗
                                            (一九下)

反[四一五],是胃(謂)以前戒後,武夫冒慮,文人緣序。易曰"先迷後得主",學人胃(謂)
也,何无主之又(有)? 天氣作   (二〇上)
□□□□其寒不涷,其暑不曷[四一六]。易曰"履霜堅冰至",子曰:孫(遜)從之胃(謂)
也。歲之義,   (二〇下)

始於東北,成於西南,君子見始弗逆,順而保敎[四一七]。易曰:"東北喪崩(朋),西北得崩
(朋),吉。"子曰:非吉石也,其   (二一上)
□□□與賢之胃(謂)也。武人又(有)柿,文人有輔柿不橈[四一八],輔不絶。何不吉之又
(有)? 易曰:"直方大不習,   (二一下)

吉。”子曰：主文武也。雖强學，是弗能及之矣。易曰：“含章可貞，吉。”言美請(情)之
胃(謂)也。文人僮(動)小事時説大　　　　　　　　　　　　　　　　　　(二二上)
順成，知毋過數而務柔和。易曰：“或從事[四一九]，无成又(有)冬(終)。”子曰：言詩書之
胃(謂)也。君子笱(苟)得其　　　　　　　　　　　　　　　　　　　　　(二二下)

冬(終)，可必可盡也。君子言於无罪之外，不言於又(有)罪之内，是胃(謂)重福。易
曰：“利[永]貞。”此川(坤)之羊(詳)説也。子[曰]：　　　　　　　　　　　(二三上)
易之要，可得而知矣。鍵(乾)川(坤)也者，易之門户也。鍵(乾)，陽物也；川(坤)，陰
物也。陰陽合德，而剛柔有膿(體)，　　　　　　　　　　　　　　　　　(二三下)

以膿(體)天地之化[四二〇]，又口能斂之，无舌罪，言不當其時，則閉慎而觀。易曰：“聐
(括)囊，无咎。”子曰：不言之胃(謂)也。□　　　　　　　　　　　　　(二四上)
□何咎之又(有)，墨(默)夾毋譽，君子美其慎而不自箸也，淵深而内其華。易曰：“黄
常(裳)，元吉。”子　　　　　　　　　　　　　　　　　　　　　　　　(二四下)

曰：尉文而不發之胃(謂)也[四二一]。文人内其光，外其龍[四二二]，不以其白陽人之
黑[四二三]，故其文兹章。易曰：□□既没又爵，□　　　　　　　　　　(二五上)
其寒不涷，其□居其德不忘。“龍單(戰)于野，其血玄黄。”子曰：耵(聖)人信哉，隱文
且静，必見之胃(謂)也。　　　　　　　　　　　　　　　　　　　　　(二五下)

龍才變而不能去其文，則文其信于而達，神明之德也[四二四]。其辯名也，雜而不戉(越)
於指。易□□□亡之僮(動)與？易　　　　　　　　　　　　　　　　　(二六上)
□□□不□不用而□來者也。微顯贊絶，巽而恒當，當名辯物正言，巽辭而備，本生仁
義，所　　　　　　　　　　　　　　　　　　　　　　　　　　　　　(二六下)

以義剛柔之制也。其稱名也少，其取類也多，其指間(簡)，其辭文，其言曲而中，其事
隱而單，因貳人行，明　　　　　　　　　　　　　　　　　　　　　　(二七上)
得失之報。[易之]興也於中故(古)乎[四二五]！作易者，其又(有)患憂與？上卦九者，
贊以德而占以義者　　　　　　　　　　　　　　　　　　　　　　　　(二七下)

也。履也者,德之至也;嗛也者,德之枋也;復也者,德之本也;恒也者,德之固也;損也
者,德之脩也;益[也   (二八上)
者,德之]譽也;困也者,德之欲也;井者,德之地也;渙也者,德制也;是故占曰:履和
而至;   (二八下)

嗛(謙),奠(尊)而光;復少而辨於物;恒久而弗厭;損先難而後易;益長裕而興;宋〔困〕
窮而達;井居其所而遷;   (二九上)
[渙],□而救。是故履以果行也;嗛(謙)。以制禮也;復以自知也;恒以一德也;損以
遠害也;益以與   (二九下)

禮也;困以辟咎也;井以辯義也;渙以行權也。子曰:渙而不救則比矣[四二六]。易之爲
書也難前[四二七],爲道就與   (三〇上)
□□,[變]僮(動)而不居,周流六虛,上下无常,岡(剛)柔相易也,不可爲典要,唯變所
次,出入又度,外内   (三〇下)

内皆瞿(懼)。又知患故,无又(有)師保,而親若父母。□衛(率)其辭,揆度其方,无又
(有)典尚(常),后(苟)非其人,則道不虛行,   (三一上)
无德而占,則易亦不當。易之義贊[始要]冬(終)以爲質,六肴(爻)相襍,唯侍(待)物
也,是故[其初]   (三一下)

難知,而上易知也,本難知也,而末易知也。□則初如疑之,敬以成之,冬(終)而无咎。
□□□□□□   (三二上)
□脩道鄉物,巽德大明[四二八],在上正其是□□也□不□□□□水火相□□占危哉□
□不   (三二下)

當疑德,占之,則易可知矣。子曰:知者觀其緣(彖)辭,而説過半矣[四二九]。易曰:二與
四同[功][四三〇][而異位,其善不同。   (三三上)
多譽四多瞿,近也。易曰:柔之爲道不利遠者,其要无咎。□□□□□柔若□□□□
(三三下)

□□從之,從之者,嗛(謙)之胃(謂)也。易曰:柔者□□□□□□□□□□□□□□□

□[易]曰：三與五同功，□□□過□□□□三多凶，五多功，貴賤之等也，其柔危其剛
勝耶□□□□□□□　　　　　　　　　　　　　　　　　　（三四上）
□□□□□【編者按：以下殘缺。】　　　　　　　　　　　　　（三四下）

□□□肴有□□□□　　　　　　　　　　　　　　　　　　　　（三六下）

校注

[一] 天奠地庫　通行本作“天尊地卑”。《釋文》：“本又作埤。”案：帛書“尊”字多書作“算”。
《詩·正月》“謂天蓋卑”，《釋文》：“本作庫。”《廣雅·釋言》：“卑，庫也。”是“庫”與
“卑”通。

[二] 鍵川定矣　各本均作“乾坤定矣”。

[三] 庫高已陳　通行本作“卑高以陳”。“已”與“以”古字通。

[四] 貴賤立矣　通行本作“貴賤位矣”。“位”字，金文中多書作“立”。

[五] 方以類冣　“冣”，通行本作“聚”。“冣”與“聚”音近義通。

[六] [在]地成刑　“刑”通行本作“形”。“形”，帛書多書作“刑”。

[七] 鍵以易　通行本作“乾以易知”。此處無“知”字。

[八] 川以間能　通行本作“坤以簡能”。“簡”字帛書多作“間”。

[九] 易則傷知　通行本作“易則易知”。下文“傷知則有親，傷從則有功”，兩“傷”字通行本
均作“易”。

[一〇] 有功則可大也　通行本無“也”字。下文“[可大則聖人之業]也”，通行本亦無“也”字。

[一一] 間易間而天下之理得　上一“間”字衍。通行本“得”字下有“矣”字。

[一二] 而成立乎其中　通行本作“而成位乎其中矣”。

[一三] 耴人祇卦觀馬　“祇”與“眂”通。《說文》謂“眂”爲“視”字之古文，故“祇”即“視”字。
今本作“設卦觀象”，“設”、“祇”、“眂”同屬脂部，可以通假。象字，帛書均書爲“馬”字。
“祇卦觀象”，通行本作“設卦觀象”。“祇”在脂部，設在質部，質部爲脂部入聲，故“祇”
得假爲“設”。

[一四] 毄辭焉而明吉凶　“毄”，通行本作“繫”。《周禮·校人》“三阜爲毄”，《司門》“祭祀之
牛牲繫焉”，《釋文》均作“毄”。《漢書·景帝紀》：“郡國或磽陿，無所農桑毄畜。”注：
“毄，古繫字。”

[一五] 剛柔相遂而生變化　“遂”，通行本作“推”。“遂”與“推”同爲微部字，故“遂”得假爲
“推”。《荀子·禮論》：“三年之喪，二十五月而畢，若駟之過隙，然而遂之，則是無窮
也。”“遂”字亦當假爲“推”。

[一六] 是故吉凶也者,得失之馬也　通行本無"也"字,"得失"通行本作"失得"。

[一七] 悔閵也者　通行本作"悔吝者"。帛書"閵"字,通行本均作"吝"。

[一八] 通變化也者　通行本作"變化者",無"通"字,此"通"字疑衍。

[一九] 剛柔也者　通行本無"也"字。

[二○] 三亟之道也　"亟",通行本作"極"。

[二一] 易之□也　"之"下一字殘缺。通行本作"序"。《釋文》:"陸云:序,象也。京云:次也。虞本作象。"《古易音訓》引晁説之云:"舊讀序,作原,或作'序'者非,説之案:作'象'乃與下義合。"此處之殘字不似"序"字,亦不似"象"字。

[二二] 所樂而妧,教之始也　通行本作"所樂而玩者,爻之辭也"。《釋文》云:"所樂,虞本作'所變'。"《周易集解》亦作"所變"。據帛書仍以作"樂"爲是。《釋文》云:"玩,研玩也……鄭作翫。"妧、玩、翫古字通。教與爻,始與辭,並音近相通。下文亦作"妧其辭",則此"始"字當讀爲辭。

[二三] 君子居則觀其馬而妧其辭　通行本此句上有"是故"二字。"妧其辭",通行本作"玩其辭"。

[二四] 勳則觀其變而訧其占　通行本作"動則觀其變而玩其占"。訧與玩通。

[二五] 是以自天右之,吉无不利也　"右"通行本作"祐"。"也"字,通行本無。

[二六] 緣者,言如馬者也　通行本作"象者,言乎象者也"。

[二七] 肴者,言如變者也　通行本作"爻者,言乎變者也"。"爻"字古多書作"肴",漢石經《説卦傳》:"剛柔而生肴。"《隸釋·孔彪碑》:"易建八卦,撥肴繫辭。"均作"肴"。

[二八] 吉凶也者　通行本無"也"字。

[二九] 悔閵也者,言如小疵也　通行本作"悔吝者言乎其小疵也"。

[三○] 無咎也者,言補過也　通行本作"无咎者,善補過也"。案:前五句均作"言",不應此處作"善",當以帛書作"言"爲是。

[三一] 極大小者存乎卦　通行本作"齊小大者存乎卦"。韓注:"齊,猶言辨也。"帛書作"極",《楚辭·離騷》:"相觀民之計極。"注:"極,窮也。"《管子·弟子職》:"所受是極。"注:"極,謂盡其本原。"

[三二] 憂悔閵者存乎分　通行本作"憂悔吝者存乎介"。韓注:"介,纖介也。王弼曰:'憂悔吝之時,其介不可慢也。'"案:"分"與"介"形近易訛,當以帛書作"分"爲是。《荀子·非十二子》"見端不如見本分",注:"分,上下貴賤之分。"此言憂虞悔閵存乎本分,不當妄求。

[三三] 振无咎存乎謀　通行本作"震无咎者存乎悔"。韓注:"震,動也。故動而无咎,存乎悔過也。"《釋文》云:"馬云:'震,驚也。'鄭云:'懼也。'王肅、韓云:'動也。'周云:'救也。'""振"與"震"通,"謀"與"悔"通。

［三四］卦有大小　通行本作"小大"。

［三五］辭者　通行本作"辭也者"。

［三六］易與天地順　通行本作"易與天地準"。《釋文》云："京云:'準,等也。'鄭云:'中也,平也。'"《周易集解》:"虞翻曰:'準,同也。'""順"與"準"音近,然帛書作"順",自亦可通。

［三七］故能彌論天下之道　通行本作"故能彌綸天地之道"。《周易集解》、《釋文》、《古易音訓》並作"天下之道"。"彌",帛書多作"彊","論"與"綸"通。

［三八］卬以觀於天文　"卬"通行本作"仰"。

［三九］頫以觀於地理　通行本作"俯以察於地理"。疑"頫"假爲"俛"。

［四〇］觀始反冬　通行本作"原始反終"。

［四一］斿魂爲變　通行本作"遊魂爲變"。

［四二］故知鬼神之精壯　通行本作"故知鬼神之情狀"。

［四三］與天［地］相枝故不回　通行本作"與天地相似故不違"。《莊子·齊物論》"師曠之枝策也",注:"成云:枝,拄也……枝策者,拄其策而不擊。""與天地相枝",謂與天地相枝撑。"回"與"違"通,《大雅·大明》"厥德不回",傳:"回,違也。"《書·堯典》"静言庸違",《左傳·文公十八年》作"靖譖庸回",是其證。

［四四］知周乎萬物,道齊乎天下,故不過　通行本作"知周乎萬物而道濟天下,故不過"。

［四五］方行不遺　通行本作"旁行而不流"。《周易集解》引侯果云:"應變旁行,周被萬物而不流淫也。""方行"即"旁行",不遺,謂不遺棄。帛書固亦可通。

［四六］安地厚乎仁,故能既　通行本作"安地敦乎仁,故能愛"。《老子》"敦兮其若朴",注:"敦,質厚也。"是厚與敦義同。《説文·心部》:"恣,惠也。愍,古文。"此即"愛"字。愍爲愛之古文,省寫則作"既",是此處之"既"即"愛"字也。

［四七］犯回天地之化而不過　"犯回",通行本作"範圍"。《釋文》云:"馬、王肅、張作'犯違'。""回"與"圍"通,《史記·楚世家》"康王寵弟公子圍",集解引徐廣:"史記多作'回'。"故"犯回"即"範圍"。《釋文》:"張云:'犯違,猶裁成也。'"《周易集解》引九家易曰:"範者,法也;圍者,周也。"

［四八］曲萬物而不遺　"曲"下脱一"成"字,通行本作"曲成萬物而不遺"。

［四九］達諸晝夜之道而知　通行本作"通乎晝夜之道而知"。

［五〇］古神无方　通行本作"故神无方"。

［五一］係之者善也　通行本作"繼之者善也"。"係"與"繼"通。《爾雅·釋詁》:"係,繼也。"

［五二］成之者生也　"生",通行本作"性"。《吕氏春秋·知分》"立官者以全生也",注:"生,性也。"

［五三］知者見之胃（謂）知　"胃"字下脱一"之"字。

［五四］百生日用而弗知也　通行本作"百姓日用而不知"。金文中"百姓"亦多書作"百生",

如兮甲盤“者厌百生”,即“諸侯百姓”。

[五五] 故君子之道鮮　通行本作“故君子之道鮮矣”。

[五六] 即(聖)者仁壯者勇　此句經塗抹,字跡不清,“仁”字右下角書一小“壯”字,“壯”字左側有一小“者”字。通行本作“顯諸仁,藏諸用”。

[五七] 鼓萬物而不與衆人同憂　通行本作“鼓萬物而不與聖人同憂”。

[五八] 盛德大業至矣幾　通行本作“盛德大業至矣哉”。“幾”當爲“兹”字之誤。“哉”字帛書或作“兹”。

[五九] 日新之胃(謂)誠德　通行本作“日新之謂盛德”。“誠”與“盛”均从成得聲,“誠”可假作“盛”。

[六〇] 生之胃(謂)象　通行本作“生生之謂易”。

[六一] 教法之胃(謂)川　通行本作“效法之謂坤”。《釋文》作“爻”,云:“馬、韓如字,蜀才作‘效’。”《周易集解》云:“爻猶效也。”案:爻、教、效並音近相通。《吕氏春秋·誣徒》:“教人則不精。”注:“教,效也。”《廣雅·釋詁三》:“爻、教,效也。”

[六二] 迵變之胃(謂)事　通行本作“通變之謂事”。《太玄·達》“迵迵不屈”,注:“迵,通也。”

[六三] 陰陽之胃(謂)神　通行本作“陰陽不測之謂神”。帛書似脱“不測”二字。

[六四] 以言乎遠則不過　“過”,通行本作“禦”。韓注:“禦,止也。”帛書作“過”,此“過”字即《左傳·昭公元年》:“過則爲甾”之“過”,即過度。

[六五] 以言乎近則精而正　通行本作“以言乎邇則静而正”。帛書作“精”,《吕氏春秋·博志》“用志如此其精也”,注:“精,微密也。”通行本作“静”,静與精音近,疑静假作精。

[六六] 以言乎天地之間則備　通行本“備”下有“矣”字。

[六七] 夫鍵其静也圈　通行本作“夫乾其静也專”。韓注:“專,專一也。”案:此説非是。《釋文》云:“專,陸作‘摶’。”《楚辭·橘頌》:“圓果摶兮。”注:“摶,圓也。楚人名圓爲摶。”專亦有圜義,《周禮·大司徒》“其民專而長”,注:“專,圜也。”專與摶均訓爲圓,而圓與圈音義俱近。是專、摶不當訓爲專一。《説卦傳》云:“乾爲天爲圜。”正是此義。

[六八] 其動也榣　通行本作“其動也直”。“榣”假作“摇”,《廣雅·釋詁一》:“摇,疾也。”《楚辭·九章》:“願摇起而横奔兮。”摇字亦當訓疾。

[六九] 夫川(坤)其静也斂　通行本作“夫坤其静也翕”。《漢書·王莽傳中》“易繫坤動,動静辟脅”,作“脅”。“斂”與“翕”、“脅”義同,《荀子·議兵》“伐翕伐張”,注:“翕,斂也。”《王莽傳》注:“脅,收斂也。”

[七〇] 其動也辟　通行本作“其動也闢”。“辟”即“闢”。《漢書·王莽傳中》亦作“辟”。

[七一] 廣大肥天地　通行本作“廣大配天地”。“肥”與“配”音近相通。

[七二] 變迵肥四[時]　“四”字下殘缺,通行本作“變通配四時”,據以補入。

[七三] 陰[陽]之合肥日月　“陽”字殘缺,通行本作“陰陽之義配日月”,據以補入。

[七四] 易間之善肥至德　通行本作"易簡之善配至德"。

[七五] 易其至乎　通行本作"易其至矣乎"。

[七六] 夫易,聖人之所稟德而廣業也　通行本作"夫易,聖人所以崇德而廣業也"。"崇",帛書多作"稟"。

[七七] 知稟體卑　"體"即"體"。通行本作"知崇禮卑"。《釋文》:"禮,蜀才作'體'。"《詩·谷風》"無以下體",《詩考》引《韓詩外傳》作"禮"(今本卷九作"體",乃後人所改)。是體、禮古字通。

[七八] 天地設立,易行乎其中　通行本作"天地設位而易行乎其中"。

[七九] 誠生□　"生"下一字殘缺,通行本作"誠性存存"。

[八〇] 耵(聖)人具以見天之業,而□疑(擬)者(諸)其刑(形)容,以馬其物義(宜),[是]故胃(謂)之馬　據下文"[是故]夫象,耵(聖)人具以見天下之請(情),而不疑者其刑(形)容,以象其物義(宜),是故胃(謂)之象",知"天"字下脫"下"字,"疑"字上殘缺之字爲"不"字。案: 此與通行本大異。通行本作"聖人有以見天下之賾,而擬諸其形容,以象其物宜,是故謂之象"。無"不"字。"天下之業"之"業"字,"天下之情"之"情"字,"天下之賾"之"賾"字,義並通。《釋文》:"賾,京作'嘖',云:'情也。'"

[八一] 耵(聖)人具以見天下之動,"具",通行本作"有"。

[八二] 而觀其會同　通行本作"而觀其會通"。

[八三] 以行其挨體　通行本作"以行其典禮"。《釋文》云:"京作'等禮'。""體"與"禮"通(見注七七)。"挨"字在帛書《繫辭》中凡四見,一見於"日中爲挨",假作"市";一見於"以挨旅客",假作"待"。下文亦有"以行其挨禮"。此"挨"字當假作"等",蓋"等"、"市"、"待"、"挨"均之部字也。《國語·晉語》"從其等禮",注:"從尊卑之等,謂之禮。"《大戴禮記·立言》:"聖人等之以禮。""等禮"即此義。通行本作"典禮",蓋"等"、"典"以雙聲通假。

[八四] 是故胃(謂)之教　通行本作"是故謂之爻"。

[八五] 言天下之至業而不可亞也　通行本作"言天下之至賾而不可惡也"。《釋文》云:"荀作'亞',亞,次也。"孔疏:"不可鄙賤輕惡也。"

[八六] 言天下之至業而不亂　通行本作"言天下之至動而不可亂也"。《釋文》云:"衆家本並然。鄭本作'至賾',云'賾當爲動'。九家亦作'册'。"

[八七] 知之而句(後)言,義之而句(後)動矣　通行本作"擬之而後言,議之而後動"。《釋文》云:"陸、姚、桓玄、荀柔之作'儀之'。"

[八八] 義以成其變化　通行本作"擬議以成其變化"。

[八九] 鳴顏(鶴)在陰,其子和之,我有好爵,吾與璽(爾)贏之　通行本作"鳴鶴在陰,其子和之,我有好爵,吾與爾靡之"。

[九〇] 曰　通行本作"子曰"。

[九一] 言善則千里之外癒(應)之,倪(況)乎亓(其)近者乎　通行本作"出其言善,則千里之外應之,況其邇者乎?"

[九二] 出言而不善,則千里之外回之,倪乎其近者乎　通行本作"居其室,出其言不善,則千里之外違之,況其邇者乎?"

[九三] 加於民　通行本作"加乎民"。

[九四] 行發乎近　通行本作"行發乎邇"。

[九五] 言行,君子之區(樞)幾(機)　區幾,通行本作"樞機"。

[九六] 區(樞)幾(機)之發,營辰之斗也　通行本作"樞機之發,榮辱之主也"。《春秋繁露·立元神》:"發言動作,萬物之樞機。樞機之發,榮辱之端也。"《説苑·談叢》:"夫言行者,君子之樞機,樞機之發,榮辱之本也。"與此義近。"營辰之斗"即"榮辱之主"。"營"與"榮"通,《易·象傳上》"不可營以禄",虞注:"營,或作榮。"《素問·湯液醪醴論》:"今精壞神去,榮衛不可復收。""榮衛"即"營衛"。此"營"與"榮"通之證。辱字從辰從寸,此"辰"字應爲"辱"字,誤脱去下部之寸字。金文中"辰"字或從又(伯中父簋),則辰、辱二字形近,亦可能以此致誤。"斗"與"主"通,《周易》"日中見斗",《釋文》引孟喜作"主",是其證。

[九七] 言行,君子之所以動天地也　通行本此句下有"可不慎乎"一句,帛書無。

[九八] 同人,先號逃(咷)而後哭　同人九五爻辭。"哭"應爲"笑"字之誤。

[九九] 或出或居　通行本作"或出或處"。"居"與"處"義近。

[一〇〇] 或謀或語　通行本作"或默或語"。《釋文》云:"字或作嘿。""謀"與"默"音近相通。

[一〇一] 同人之言,其臭如蘭　"人"字應爲"心"字之誤。通行本作"心"。

[一〇二] 苟足者(諸)地而可矣　"苟"字上部殘缺,可能作"苟",亦可能作"句"。通行本作"苟錯諸地而可矣"。"足"疑假爲"奏",《書·益稷》"暨奏庶鮮食",傳:"奏,謂進於民。"《説文·本部》:"奏,奉進也。"此言且奉進於地斯可矣。奏爲精母侯部字,足爲精母屋部字,音近相通。

[一〇三] 夫〇茅之爲述也溥　茅上一字似圈去。通行本作"夫茅之爲物溥"。"述"當爲"物"字,涉下文"慎此述也"之"述"字而誤。

[一〇四] 用也而可重也　通行本作"而用可重也"。

[一〇五] 慎此述也以往　通行本作"慎斯術也以往"。"述"與"術"通。

[一〇六] 其毋所失之　通行本作"其無所失矣"。

[一〇七] 勞溓,君子有冬,吉　溓,帛書《周易》作"嗛"。通行本作"勞謙,君子有終,吉"。

[一〇八] 勞而不代　"代"爲"伐"字之誤。通行本作"勞而不伐"。

[一〇九] 德言成,體言共也　通行本作"德言盛,禮言恭"。"成"與"盛"通,《左傳·宣公二

年》"盛服將朝",《釋文》:"盛,本作成。"《史記·封禪書》"成山斗入海",《漢書·郊祀志》作"盛山半入海"。是"成"與"盛"通。"共"與"恭"通,《詩·韓奕》"虔共爾位",箋:"古之恭字或作共。"

[一一○] 溓也者,至共以存其立者也　通行本作"謙也者,致恭以存其位者也"。

[一一一] 抗龍有悔　抗,帛書《周易》亦作"抗",通行本作"亢"。

[一一二] 貴而无立　通行本作"貴而无位"。下有四字殘缺,通行本作"高而无民"。

[一一三] 賢人在其下□立而无輔　"下"下一字殘缺。通行本作"賢人在下位而无輔"。

[一一四] 不出户牖,无咎　通行本作"不出户庭,无咎"。

[一一五] 亂之所生也　通行本無"也"字。

[一一六] 言語以爲階　通行本作"則言語以爲階"。

[一一七] 君不閉則失臣,臣不閉則失身　通行本作"君不密則失臣,臣不密則失身"。《周易集解》引虞注:"坤爲臣爲閉,故稱密。"《素問·舉痛論》"寒則腠理閉",注:"閉,謂密閉。"《禮記·樂記》"陰而不密",注:"密之言閉也。""閉"與"密"音義俱近。

[一一八] 幾事不閉則害盈　通行本作"幾事不密則害成"。"盈"與"成"音近,"盈"得假爲"成"。

[一一九] 是以君子慎閉而弗出也　通行本作"是以君子慎密而不出也"。

[一二○] 爲易者　自"者"字以下至"乎"字殘缺。通行本作"作易者其知盜乎",據以補入"知盜乎"三字。《釋文》作"爲易",《周易集解》引虞翻亦作"爲易",皆與帛書同。

[一二一] 易曰負　"負"字下殘缺,通行本作"負且乘,致寇之",據以補入。

[一二二] 事也者,小人之事也　通行本作"負也者",知首一"事"字當爲"負"字,涉下文"小人之事也"之"事"字而誤。

[一二三] 乘者　通行本作"乘也者"。

[一二四] 上曼下暴,盜思伐之　通行本作"上慢下暴,盜思伐之矣"。

[一二五] 曼暴謀盜思奪之　此句有脫誤。通行本作"慢藏誨盜,冶容誨淫"。《釋文》云:"冶容,鄭、陸、虞、姚、王肅作'野'。"《後漢書·崔駰傳》"睹嫚藏而乘釁兮",注:"易曰:嫚藏誨盜。"是崔駰所見本亦作"嫚藏"。帛書蓋涉上文"盜思奪之"而誤。"謀"與"誨"同爲之部字,音近相通。

[一二六] 盜之橈也　通行本作"盜之招也"。"橈"與"招"音近,蓋以此假作"招"。此下通行本尚有一章,即"大衍之數五十"章(亦即通行本之第八章),帛書無此章。

[一二七] 易有即(聖)　通行本此句之上尚有"子曰:知變化之道者,其知神之所爲乎",帛書無此句。此三字下文殘缺,通行本作"易有聖人之道四焉",據以補入。

[一二八] 以言　"以言"之下殘缺,通行本作"以言者尚其辭",據以補入。

[一二九] 以動者上其變　通行本作"以動者尚其變"。此句以下至"上其(占)"殘缺,通行本

作“以製器者尚其象，以卜筮者尚其占”，據以補入。

[一三〇]　是故君子將有爲、將有行者　通行本作“是以君子將有爲也、將有行也”。

[一三一]　問焉　此二字下殘缺二字，通行本作“問焉而以言”，據以補入。

[一三二]　其受命也如錯　通行本作“其受命也如響”。《三國志·魏文帝紀》裴注引《壬戌册詔》，亦作“其受命如響”。帛書作“錯”，疑本作“響”，涉下文“錯綜其數”之“錯”字而誤。

[一三三]　无又遠近幽險　通行本作“无有遠近幽深”。案：《離騷》“路幽昧以險隘”，《荀子·解蔽》“上幽而下險”，《淮南子·主術》“雖幽野險塗，則无由惑矣”，均以幽險對文，故帛書作“險”亦通。

[一三四]　述知來勿　通行本作“遂知來物”。“述”與“遂”通，《釋文·詩·定之方中》引《鄭志》：“述讀爲‘遂事不諫’之‘遂’。”

[一三五]　非天之至精，其誰能[與於此]　“天”字下脱“下”字，“能”字下殘缺三字，通行本作“非天下之至精，其孰能與於此”，據以補入。“精”，帛書與通行本同，注《易》各家亦無異文，惟《三國志·魏文帝紀》裴注引《壬戌詔書》作“非天下之至賾”。

[一三六]　參五以變　通行本作“參伍以變”。《漢書·律曆志上》引作“參五以變”，《周易集解》引虞本亦同。帛書此句以下殘缺，僅存“六(其)變，述”三字，通行本作“錯綜其數，通其變，遂成天下之文，極其數，遂定天下之象，非天下”，此下與帛書“之至變”相接。據以補入。“述”假爲“遂”。

[一三七]　誰能與於此　通行本作“其孰能與於此”。帛書此下殘缺，通行本作“易无思也”，據以補入。

[一三八]　[寂然]不動　據通行本補。“然”字右上角有“一日”字，未詳。

[一三九]　欽而述達天下之故　通行本作“感而遂通天下之故”。帛書“欽”字多假作“咸”或“感”，如“請僞相欽而利害生”，通行本作“情僞相感而利害生”，亦是假“欽”爲“感”。“述”與“遂”通，説已見前。“達”與“通”義同。

[一四〇]　誰[能與於]此　通行本作“其孰能與於此”，據以補入。

[一四一]　夫易耵(聖)人[之所以極深而]□幾也　通行本作“聖人之所以極深而研幾也”。《釋文》云：“研，蜀才作‘擘’。”帛書殘缺之字從𠂆，與“研”、“擘”均不似。

[一四二]　唯深，故達天下之□　通行本作“唯深也，故能通天下之志”。帛書殘缺之字從言，與志字不類。

[一四三]　唯幾，[故能成天]下之務　通行本作“唯幾也，故能成天下之務”。

[一四四]　唯神，故不疾而數　通行本作“唯神也故不疾而速”。《禮記·祭義》：“其行也趨趨以數。”注：“數之言速也。”帛書此下至“耵(聖)人之道”之間殘缺，通行本作“不行而至，子曰：易有”，據以補入。

[一四五] 耶(聖)人之道　此下至“也”字殘缺,通行本作“易有聖人之道四焉者,此之謂也”。據以補入。

[一四六] [子曰夫易]可爲者也　帛書上四字殘缺,“何”字偏旁“亻”殘缺,據通行本補。

[一四七] 夫易,古物定命,樂天下之道,如此而已者也　通行本作“夫易,開物成務,冒天下之道,如斯而已者也”。《釋文》:“開,王肅作‘闓’。”案:《廣雅·釋詁一》:“古,始也。”《後漢書·馮衍傳》:“開歲發春兮,百卉含英。”注:“開、發,皆始也。”是“古”與“開”義同。

[一四八] 是故耶(聖)人以達天下之志　通行本“達”作“通”。

[一四九] 以達　以下殘缺,通行本作“以定天下之業,以斷天下之疑”,據以補入。

[一五〇] [是故蓍]之德員而神　前三字殘缺,據通行本補。“員”,通行本作“圓”。《釋文》云:“圓,本又作‘員’,音同。”《儀禮·少牢饋食禮》“右兼執鐏以擊筮”,注引《易》作“圜而神”。“員”、“圓”、“圜”古通,《説文·口部》:“圓,圜全也,讀若員。”《考工記·輪人》“取諸圜也”,鄭司農注:“故書圜或作員。”均其證。

[一五一] 六肴之義易以工　通行本作“六爻之義易以貢”。《釋文》:“貢,京、陸、虞作‘工’,荀作‘功’。”案:“工”、“功”、“貢”並通。《周禮·肆師》“凡師不功”,注:“故書功爲工,鄭司農工讀爲功,古者工與功同字。”《周禮·大宰》“五曰賦貢以馭其用”,注:“貢,功也。”

[一五二] 耶(聖)人以此佚心　通行本作“聖人以此洗心”。《釋文》云:“洗心,京、荀、虞、董、張、蜀才作‘先’。”唐石經亦作“洗”。韓注:“洗濯萬物之心。”案:韓康伯強爲之説,不可從。據帛書知“先”、“洗”均爲“佚”字之誤。蓋“佚”或書作“失”,“失”與“先”形近,遂訛作“先”字耳。《廣雅·釋詁一》:“佚,樂也。”“佚心”,謂佚樂其心。

[一五三] 内臧於閉　通行本作“退藏於密”。案:通行本之“退”字,帛書或作“内”,《周易》巽(帛書作“筭”)之初六“進退利武人之貞”,帛書亦作“進内”。蓋“内”與“退”均微部字,以音近相通。

[一五四] [吉凶]能民同顔　“顔”爲“願”之異體字。通行本作“吉凶與民同患”。疑“能”假作“以”(“能”與“以”同爲之部字),以,與也。

[一五五] 知以將往　通行本作“知以藏往”。“將”與“藏”同從爿得聲,“將”蓋假爲“藏”。

[一五六] 其誰能爲此兹　通行本作“其孰能與此哉”。“兹”假作“哉”。

[一五七] 古之蔥明僊知神武而不恙者也夫　通行本作“古之聰明叡知神武而不殺者夫”。蔥假爲聰,僊假爲叡。《釋文》:“殺,馬、鄭、王肅、干,所戒反。師同。徐,所例反。陸、韓,如字。”馬、鄭等讀爲所戒反則義爲衰。帛書作“恙”,“恙”假爲傷,傷害也,不恙,不能傷害。

[一五八] 是其[明]於天□察於民故　通行本作“是以明於天之道而察於民之故”,然帛書

　　　　　　"天"字下只殘缺一字。

[一五九] 是闔神物　"闔"蓋"興"之誤字,通行本作"是興神物"。蓋涉下文"闔户"之"闔"字
　　　　　　而誤。

[一六〇] 以前民民用　衍一"民"字。

[一六一] 耴人以此齋戒　通行本作"聖人以此齊戒"。

[一六二] 是故闔户胃之川　"胃"爲"胃"字之誤。通行本作"是故闔户謂之坤"。

[一六三] 辟門胃(謂)之鍵　通行本作"闢户謂之乾"。

[一六四] 一闔一辟胃(謂)之變　通行本作"一闔一闢謂之變"。

[一六五] 往來不窮胃(謂)之迵　通行本作"往來不窮謂之通"。

[一六六] 見之胃(謂)之象　通行本作"見乃謂之象"。

[一六七] 刑胃(謂)之器　通行本作"形乃謂之器"。

[一六八] 製而用之胃(謂)之法　通行本作"制而用之謂之法"。

[一六九] 民一用之　通行本作"民咸用之"。《左傳·昭公十年》"而壹用之",注:"同也。"

[一七〇] 是故易有大恒　"恒"應爲"極"字之誤。通行本作"易有太極"。

[一七一] 是生兩樣　"樣",通行本作"儀"。《説文·木部》:"樣,栩也。"

[一七二] 八卦生吉凶,吉凶生六業　通行本作"八卦定吉凶,吉凶生大業"。"六"爲"大"字
　　　　　　之誤。

[一七三] 變迵莫大乎四時　"迵",通行本作"通"。

[一七四] 垂馬著明　通行本作"縣象著明"。"垂"與"縣"義近。

[一七五] 榮莫大乎富貴　通行本作"崇高莫大乎富貴"。

[一七六] 備物至用,位成器以爲天下利　通行本作"備物致用,立成器以爲天下利"。至與
　　　　　　致,立與位,並通。

[一七七] 深備錯根　通行本作"探賾索隱"。《大戴禮記·小辨》:"事戒不虞曰知備。"

[一七八] 构險至遠　通行本作"鉤深致遠"。

[一七九] 定天下吉凶　通行本作"以定天下之吉凶"。

[一八〇] 定天下之勿勿者　通行本作"成天下之亹亹者"。案:《詩·文王》"亹亹文王",傳:
　　　　　　"亹亹,勉也。"《崧高》"亹亹申伯",傳:"亹亹然勉於德不倦之臣有申伯。""勿勿"亦
　　　　　　勉也。《禮記·禮器》:"勿勿乎其欲饗之也。"注:"猶勉勉也。"《大戴禮記·曾子立
　　　　　　事》"君子終身守此勿勿也",注:"猶勉勉也。"蓋"勿"與"亹"並明母字,"勿"在物部,
　　　　　　"亹"在微部,物部爲微部入聲,故"勿勿"與"亹亹"音義俱近。

[一八一] 莫善乎蓍龜　唐石經、通行本作"莫大乎蓍龜"。《釋文》作"善",云:"本亦作'莫
　　　　　　大'。"《周易集解》亦作"善"。《公羊傳·定公八年》何休注、《漢書·藝文志》、《白虎
　　　　　　通·蓍龜》、《家語·禮運》、《儀禮·士冠禮》疏、《後漢書·方術傳》注、《文選·廣絶

交論》注、《羣書治要》卷一、《北堂書鈔》藝文部一、《白帖》三十一均引作"善"。

[一八二] 天變化,耵(聖)人效之　通行本作"天地變化",帛書脫"地"字。

[一八三] 天垂象,見吉凶,而耵(聖)人象之　通行本無"而"字。

[一八四] 河出圖,雒出書,而耵(聖)人則之　通行本作"河出圖,洛出書,聖人則之"。《釋文》:"王肅作'雒'。"案:作"雒"是,"洛"乃後起字。

[一八五] 易有四馬,所以見也　通行本作"所以示也"。"見"與"示"義近。

[一八六] 毄辭焉,所以告也　"毄",通行本作"繫"。

[一八七] 自天右之　"右",通行本作"祐"。

[一八八] 右之者,助之也　通行本作"祐者助也"。此句上又有"子曰"二字。

[一八九] 膿信思乎順　通行本作"履信思乎順"。"膿"即"體",與"履"音近義通。《詩·氓》"體無咎言",《釋文》:"體,韓詩作'履'。"《禮記·坊記》亦作"履無咎言"。是相通之證。

[一九〇] [又以]上賢　通行本作"又以尚賢也"。

[一九一] 是以自天右之　"右",通行本作"祐"。

[一九二] 然則耵(聖)人之意,其義可見己乎　通行本作"其不可見乎"。

[一九三] 耵(聖)人之位馬以盡意　通行本作"聖人立象以盡意"。

[一九四] 設卦以盡請偽　"請",通行本作"情"。古"請"與"情"通。《荀子·成相》"聽之經,明其請",注:"請,當爲情。"《列子·説符》:"楊朱曰:發于此而應于彼者爲請。"《釋文》引徐廣曰:"古情字或假借作請。"

[一九五] 毄辭焉以盡其　通行本作"繫辭焉以盡其言",帛書脫"言"字。

[一九六] 變而迵之　通行本作"變而通之"。

[一九七] 鼓之舞之以[盡]神　通行本作"鼓之舞之以盡神"。據以補"盡"字。

[一九八] 鍵川其[易]之經與　通行本作"乾坤其易之緼邪"。

[一九九] 鍵川[成]列易位乎其中　通行本作"乾坤成列而易立乎其中矣"。

[二〇〇] 鍵川毀則无以見易矣　通行本無"矣"字。

[二〇一] 易不可明見則鍵川不可見,鍵川不可見則鍵川或幾乎息矣　通行本作"易不可見則乾坤或幾乎息矣"。

[二〇二] 是故刑而上者胃(謂)之道,刑而下者胃(謂)之器　"刑",通行本作"形"。

[二〇三] 爲而施之胃(謂)之變　下文作"化而制之"。通行本作"化而裁之謂之變"。案:"爲"與"化"音近相通。《史記·五帝本紀》"便程南僞",集解引孔安國曰:"僞,化也。"今本《書·堯典》作"平秩南僞"。"爲"、"化"、"僞"古同在歌部,得相通假。"施"爲歌部字,"制"爲祭部字,二者主要元音相同;"施"爲照母三等,"制"爲禪母三等,聲母亦相近。"施"、"制"蓋以此通假。《説文·刀部》:"制,裁也。"是"施"、

“制”、“裁”義同。故“爲而施之”即“化而制之”,亦即“化而裁之”。由此而言,《大戴禮記·曾子天圓》“陽施而陰化也”,《文選·閑居賦》“陰謝陽施”,施字並當訓制、訓裁。原注釋爲賦、爲布,非是。

[二〇四] 誰而行之胃(謂)之迥　通行本作“推而行之謂之通”。帛書此句自“而”字以下漏抄,補抄於此頁之旁。“誰”假爲“推”,《釋名·釋言語》:“誰,推也,有推擇言不能一也。”

[二〇五] □而□諸天下之民胃(謂)之事業　此句“而”字接上句之“誰”字,首一字脱去。“而”下一字殘。通行本作“舉而錯之天下之民謂之事業”。

[二〇六] [是故]夫馬,即(聖)人具以見天下之請(情)而不疑者其刑(形)容,以馬其物義　通行本作“是故夫象,聖人有以見天下之賾,而擬諸其形容,象其物宜”。帛書亦多一“不”字。

[二〇七] 而觀其會同　通行本作“而觀其會通”。

[二〇八] 以行其挨醴　通行本作“以行其典禮”(參閲[八三])。

[二〇九] 毄辭焉以斷其吉凶　“毄”,通行本作“繋”。

[二一〇] 是故胃(謂)之教　通行本作“是故謂之爻”。

[二一一] 極天下之請[者]存乎卦　通行本作“極天下之賾者存乎卦”。

[二一二] 化而制之存乎變　通行本作“化而裁之存乎變”。帛書前作“爲而施之”,此作“化而制之”。

[二一三] 誰而行之存乎迥　通行本作“推而行之存乎通”。

[二一四] 神而化之存乎其人　通行本作“神而明之存乎其人”。

[二一五] 謀而成　通行本作“默而成之”。“謀”借爲“默”,帛書脱“之”字。

[二一六] 八卦成列　通行本自此以下爲《繋辭下》,帛書不分上下。

[二一七] 因而動之,教在其中矣　通行本作“因而重之,爻在其中矣”。帛書“教”字當假作“爻”。

[二一八] 剛柔相誰　通行本作“剛柔相推”。

[二一九] 毄辭而齊之,動在其中矣　通行本作“繋辭焉而命之,動在其中矣”。《釋文》:“命,孟作‘明’。”帛書作“齊”,《詩·楚茨》“既齊既稷”,《釋文》:“齊,整齊也。”

[二二〇] 吉凶悔閵也者,生乎動者也　通行本作“吉凶悔吝者,生乎動者也”。

[二二一] 岡(剛)柔也者　通行本作“剛柔者”。

[二二二] 變迥也者,聚者也　通行本作“變通者,趣時者也”。案:上文言“變迥(通)肥(配)四時”,故此言“變迥(通)也者,趣時者也”。帛書脱“時”字,“聚”與“趣”同从“取”得聲,“聚”當假爲“趣”。

[二二三] 吉凶者,上朕者也　通行本作“吉凶者,貞勝者也”。“勝”,帛書多作“朕”。

[二二四] 天地之道,上觀者　通行本作"天地之道,貞觀者也"。

[二二五] 日月之行,上明者　通行本作"日月之道,貞明者也"。

[二二六] 天下之動,上觀天者也　通行本作"天下之動,貞夫一者也"。

[二二七] 夫鍵嵩然視人易　通行本作"夫乾確然示人易矣"。《説文・宀部》:"寉,高至也……易曰:'夫乾寉然。'"是許氏所見《繫辭》作"寉"。《集韻》引《説文》又作"塙"。案:此言天之高,故許書引《繫辭》以明"寉"字之義。"嵩"、"寉"、"確"、"塙"並音近相通,皆訓高。

[二二八] 川魋然視人間　通行本作"夫坤隤然示人簡矣"。《釋文》云:"隤,孟作'退',陸、董、姚作'妥'。"案:《廣雅・釋詁一》:"隤,下也。""魋"、"隤"、"退"並微部字。"妥"有兩讀,一在歌部,一在微部,《儀禮・士相見禮》"妥而後傳言",注:"古文妥爲綏。"《漢書・武五子傳》"北州以妥",孟康曰:"古綏字。"是妥即綏,綏固微部字也。《禮記・檀弓》"退然如不勝衣",注:"退或爲妥。"退亦微部字也。此"妥"字有微部一讀之證。是"妥"、"魋"、"退"、"隤"音近相通,皆訓下。

[二二九] 教也者,效此者也　通行本作"爻也者,效此者也"。

[二三〇] 象也者,象此者也　通行本作"象也者,像此者也"。阮校云:"像此者也,……石經初刻作'象',後加人旁。"是唐石經初刻與帛書同。

[二三一] 效象動乎内　通行本作"爻象動乎内"。

[二三二] 耶(聖)人之請見乎辭　"請",通行本作"情"。

[二三三] 天地之大思曰生　通行本作"天地之大德曰生"。案:《書・堯典》"欽明文思安安",疏引馬注:"道德純備謂之思。"《周書・謐法》"道德純一曰思。"

[二三四] 耶(聖)人之大費曰立立　通行本作"聖人之大寶曰位"。《釋文》云:"寶,孟作'保'。""費"爲並母,"寶"爲幫母,音亦相近,或"費"爲"寶"之假借字。"立立"疑讀作"立位"或"莅位"。《禮記・緇衣》"口費而煩",注:"費,猶惠也。"

[二三五] 何以守立曰人　通行本作"何以守位曰仁"。《釋文》云:"人,王肅、卞伯玉、桓玄明、僧紹作'仁'。"《漢書・食貨志》、《禮記・禮運・注》引作"仁"。《文選・東京賦》云:"守位以人,不恃險害。"李善本作"仁",注云:"綜作'人'。"薛綜注云:"人謂衆庶也。隘,險也。言要須擢任賢臣,不以要害爲牢固。"

[二三六] 何以聚人曰材　"材",通行本作"財"。"材"與"財"通。

[二三七] 理材正辭,愛民安行曰義　通行本作"理財正辭,禁民爲非曰義"。

[二三八] 古者戲是之王天下也　通行本作"古者包犧氏之王天下也"。據下文"□戲是没",知"戲"上脱一字。

[二三九] 印則觀馬於天　"印"當爲"卬"字之誤。通行本作"仰則觀象於天"。

[二四〇] 府則觀法於地　"府",通行本作"俯"。

[二四一] 觀鳥獸之文與地之義　"義",通行本作"宜"。

[二四二] 遠取者物　通行本作"遠取諸物"。

[二四三] 以達神明之德　"達",通行本作"通"。

[二四四] 以類萬物之請　"請",通行本作"情"。

[二四五] 作結繩而爲古　"古"爲"罟"之假借字。通行本作"作結繩而爲罔罟"。《釋文》云:
　　　　　　"爲罟,馬、姚云:'猶网也。'黃本作'爲网罟'。云取獸曰网,取魚曰罟。"《周易集解》
　　　　　　亦作"爲罟",慧琳《一切經音義》卷六十六"网"字注引《説文》:"庖羲所結繩,以田以
　　　　　　漁也。"

[二四六] 以田以漁　通行本作"以佃以漁"。《釋文》云:"以佃,本亦作'田'。以漁,本亦作
　　　　　　'魚'。馬云:'取獸曰田,取魚曰漁。'"《周易集解》引虞注作"以田以魚",《漢書·律
　　　　　　曆志》亦作"以田漁"。《公羊傳·桓公四年》注引作"以田以魚"。

[二四七] 蓋取者羅也　通行本作"蓋取諸離"。案:離卦,帛書作"羅"。

[二四八] □戲是没　通行本作"包犧氏没"。《釋文》云:"包,本又作'庖',鄭云:'取也。'孟京
　　　　　　作'伏'。犧,字又作'羲'。鄭云:'鳥獸全具曰犧。'孟京作'戲',云:'伏,服也;戲,
　　　　　　化也。'"《周易集解》作"庖犧"。案:"包戲"之"包"字,除作"庖"外,亦作"炮"(《漢
　　　　　　書·律曆志》引《易》),作"伏"(《荀子·成相》、《莊子·大宗師》、《田子方》、《胠
　　　　　　篋》),作"處"(《管子·輕重戊》、《漢書·司馬遷傳》),作"宓"(《史記·趙世家》、《漢
　　　　　　書·藝文志》、"樊敏碑")。帛書之字,右旁从聿,左旁从户从戈,似是"肇"字,但與
　　　　　　以上諸字均不類。

[二四九] 神戎是作　通行本作"神農氏作"。銀雀山漢墓竹簡《孫臏兵法·見威王》"神戎戰
　　　　　　斧遂"亦作"神戎"。"戎"與"農"音近相通,《詩·何彼襛矣》傳:"襛,猶戎戎也。"是
　　　　　　其證。

[二五〇] 斲木爲杸,楺木爲耒橝,橝耒之利,以教天下,蓋[取]者(諸)益也　通行本作"斲木
　　　　　　爲耜,楺木爲耒,耒耜之利,以教天下,蓋取諸益"。"杸"即"耜"。"楺",《漢書·食
　　　　　　貨志》引《易》作"煣"。《玉篇·木部》引《易》作"楺",與帛書同。"橝"即"耨"。

[二五一] 日中爲挨　通行本作"日中爲市"(參閲注[八三])。

[二五二] 至天下之民　通行本作"致天下之民"。

[二五三] 各得其所欲　通行本作"各得其所"。

[二五四] 蓋取者筮蓋也　通行本作"蓋取諸噬嗑"。案:下文又作"筮闡"。帛書《周易》噬作
　　　　　　"筮",嗑字殘缺不存。

[二五五] 神戎是没　通行本作"神農氏没"。

[二五六] 黃帝堯舜是作　通行本作"黃帝堯舜氏作"。

[二五七] 迵其變　通行本作"通其變"。

[二五八] 使民不亂　通行本作"使民不倦"。

[二五九] 易冬則變,迴則久　通行本作"易窮則變,變則通,通則久"。《釋文》云:"一本作'易窮則變,通則久'。"

[二六〇] 是以自天右之,吉无不利也　通行本作"是以自天祐之,吉无不利"。

[二六一] 陲衣常而天下治　通行本作"垂衣裳而天下治"。

[二六二] 蓋取者鍵川也　通行本作"蓋取諸乾坤"。

[二六三] 扜木爲周　通行本作"刳木爲舟"。《釋文》作"挎",云:"挎,本又作刳。""扜"、"挎"、"刳"並音近相通。

[二六四] 剡木而爲楫　通行本作"剡木爲楫"。《釋文》云:"掞,本亦作'剡'。楫,本又作'檝'。"

[二六五] 齎不達,至遠,以利天下　通行本作"舟楫之利,以濟不通,致遠,以利天下"。《釋文》云:"致遠以利天下,一本無此句。""齎"通"濟"。

[二六六] 蓋取者夬也　通行本作"蓋取諸渙"。"夬"字,帛書《周易》亦作"渙"。

[二六七] 備牛乘馬　通行本作"服牛乘馬"。《説文·牛部》引《易》作"犕牛乘馬"。案:"備"、"犕"、"服"古字通,《國策·趙策二》"今騎射之服",《史記·趙世家》作"今騎射之備"。《漢書·王莽傳上》"所征殄滅,盡備厥辜",即"盡服厥辜"。是"備"與"服"通。《左傳·僖公二十四年》"王使伯服、游孫伯如鄭",《史記·鄭世家》作"伯犕",是"犕"與"服"通。

[二六八] [引]重行遠　通行本作"引重致遠"。

[二六九] 蓋取者隋也　通行本作"蓋取諸隨也"。

[二七〇] 重門擊枳　通行本作"重門擊柝"。《説文·木部》:"櫠,夜行所擊者。……易曰:重門擊櫠。"又"柝,判也……易曰:重門擊柝。""枳"以音近假作"柝"。

[二七一] 以挨旅客　通行本作"以待暴客"。"挨"在此假作"待"。《釋文》云:"暴,鄭作'虣'。"案:虣即暴。《周禮·司虣》如此作。

[二七二] 蓋取余也　通行本作"蓋取諸豫"。案:通行本作"豫",帛書《周易》作"餘"。

[二七三] 掇地爲臼　通行本作"掘地爲臼"。《一切經音義》十引作"穿地爲臼"。《史記·張耳傳》:"刺掇,身無可擊者。"索隱:"案掇亦刺也。"掇與穿義近。

[二七四] 萬民以次　通行本作"萬民以濟"。案:從次之字多與從齊之字通,《詩·楚茨》,《禮記·玉藻》注作"楚薺";《詩·牆有茨》,《説文·艸部》作"牆有薺"。《荀子·哀公》"資苴衰苴杖者不聽樂",注:"資與齊同。"《禮記·祭統》"以共齊盛",注:"齊或爲粢。"從次之字既與從齊之字通,是"次"可假爲"濟"。

[二七五] 蓋取諸少過也　通行本作"蓋取諸小過"。

[二七六] 弦木爲柧,棪木爲矢　通行本作"弦木爲弧,剡木爲矢"。"弧"字帛書多寫作"柧"。

“柍”當假作“刻”。

[二七七] 蓋取者諈也　通行本作“蓋取諸睽”。帛書《周易》作“乖”。

[二七八] 上練下楣　通行本作“上棟下宇”。“練”字當爲“棟”之異體字。《説文·宀部》引
《易》亦作“上棟下宇”。案：“楣”與“宇”義同，《説文·宀部》：“宇，屋邊也。”《一切經
音義》七引《説文》作“屋邊檐也”。《詩·七月》“八月在宇”，《釋文》：“屋四垂曰宇。”
又《説文·木部》：“楣，秦名屋櫋聯也。齊謂之檐，楚謂之梠。”是“楣”與“宇”義同。

[二七九] 以寺風雨　通行本作“以待風雨”。“寺”假作“待”。

[二八〇] 蓋取者大莊也　通行本作“蓋取諸大壯也”。帛書《周易》作“泰壯”。

[二八一] 古之葬者，厚裏之以薪　通行本作“古之葬者，厚衣之以薪”。案：帛書之“裏”假爲
“埋”，亦即“薶”。《説文·艸部》：“薶，瘞也。”《廣雅·釋詁四》：“薶，藏也。”《周禮·
族師》：“以相葬埋。”《釋名·釋喪制》：“葬不如禮曰埋，埋，痗也。”字亦作“貍”，《周
禮·大宗伯》“以貍沈祭山林川澤”，貍沈即埋沈。“裏”、“貍”、“埋”、“薶”並從里得
聲，可以通假。

[二八二] 葬諸中野　通行本作“葬之中野”。《漢書·劉向傳》引作“臧之中野”，《後漢書·趙
咨傳》引作“藏之中野”。《説文·茻部》：“葬，臧也。”《禮記·檀弓》：“葬也者，藏
也。”蓋“葬”、“臧”、“藏”音近義通。

[二八三] 易之以棺椁　“椁”即郭，假爲“椁”。《説文·木部》：“椁，葬有木富也。”此字《説文》
誤作富，富實庸字(《説文》墉字之古文亦作富)。

[二八四] 蓋取者大過也　通行本作“蓋取諸大過”。案：帛書《周易》作“泰過”。

[二八五] [上古結]繩以治　通行本作“上古結繩而治”。

[二八六] [後]世耴人　通行本作“後世聖人”。

[二八七] 百官以治，萬民以察，蓋取者大有也　通行本作“百官以治，萬民以察，蓋取諸夬”。
《説文·叙》作“百工以乂，萬品以察，蓋取諸夬”。案：帛書作“大有”與各本作“夬”
者大異，似以帛書爲是。蓋大有乾下離上，據《説卦》，乾爲金，離於木爲科上槁，是
契刻竹木之象，此所謂“易之以書契也”；大有之彖曰：“大有，柔得尊位大中，而上下
應之，曰大有。”此所謂“百官以治，萬民以察”也。《周易集解》引虞翻“兑爲契”之説
以釋“蓋取諸夬”，而虞翻傳孟氏易，是“取諸夬”之説或始於孟氏。

[二八八] 是故易也者馬，馬也者，馬也　通行本作“是故易者象也，象也者像也”。《釋文》云：
“衆本並云：‘像，擬也。’孟、京、虞、董、姚還作‘象’。”

[二八九] 緣也者，制也　通行本作“彖也者，材也”。韓注：“材，才德也。”《周易集解》引虞注
謂天、地、人三才。據帛書則虞、韓之説並非。帛書言“緣也者，制也”，則通行本之
“彖也者，材也”之“材”字當訓作裁，蓋“制”與“裁”義近。前文之“化而制之”，通行
本亦作“化而裁之”。

[二九〇] 看也者　通行本作"效也者"。

[二九一] 是[故]吉凶生而悔叟箸也　通行本作"是故吉凶生而悔吝著也"。

[二九二] 陰卦多[陽,其故何也? 陽卦]奇,陰[卦耦也。其德行]何也　帛書殘缺,據通行本補。

[二九三] 陽一君二民,君子之道也　通行本此下有"陰二君而一民,小人之道也"兩句,帛書無。案:《後漢書·仲長統傳》引作"陽一君二臣,君子之道也;陰二君一臣,小人之道也"。與通行本同。知帛書脫去此二句。

[二九四] 易曰: 童童往來,偹從壐思　通行本作"憧憧往來,朋從爾思"。此咸卦(帛書《周易》作欽)九四爻辭。

[二九五] 同歸而殊塗　自此以下至"龍蛇之蟄"一段,除"百"、"天下何思"、"誰(推)而歲"、"者訑"等字外,均殘缺,據通行本補。

[二九六] 以至用　通行本作"以致用也"。

[二九七] 利用安身,以稟　"利用"二字漏寫,補寫于"用"字下。自此以下至《繫辭下》第三章之"困于石據"全部殘缺,據通行本補。

[二九八] [據]于疾利　通行本作"據于蒺蔾"。《周易》困之六三爻辭。

[二九九] 子曰: 非其　通行本無"其"字。此下殘缺"所困而困焉"五字,據通行本補。

[三〇〇] 非其所勮而據焉　通行本作"非所據而據焉"。

[三〇一] 既辱且危,□死其將至　"死"字上一字殘缺。通行本作"既辱且危,死期將至"。《釋文》云:"死其,其亦作期。"《左傳·襄公二十五年》注亦引作"既辱且危,死其將至"。(阮校本《左傳正義》據浦鏜改"其"爲"期")

[三〇二] 妻可得見[邪]　自此以下至"子曰"殘缺,據通行本補。

[三〇三] 雛者禽也　"雛"字右偏旁殘缺,帛書或作"雛",據以補。"雛"即"隼"。通行本作"隼者禽也"。

[三〇四] 君子臧器於身,侍者而童　通行本作"君子藏器於身,待時而動"。"侍"假作"待"。《儀禮·士昏禮》"媵侍于戶外",注:"侍,今文作待。""者"應爲"時"字之誤。"童"假作"動"。

[三〇五] 動而不䌈,是以出而又獲也　通行本作"動而不括,是以出而有獲"。"括"字,《周易集解》引虞注:"括,作也。"韓注:"括,結也。君子待時而動,則無結閡之患也。"帛書作"動而不䌈",䌈疑假爲憎,《廣雅·釋詁三》:"憎,難也。"故"動而不䌈"即動而不難。"獲"即"獲"。

[三〇六] 言舉成器而動者也　通行本作"語成器而動者也"。帛書多一"舉"字,《國語·周語》"唯能釐舉嘉義",注:"舉,用也。"

[三〇七] 子曰小人　自此以下至"不見利不勸,不"殘缺,據通行本補。

［三〇八］［不］畏不誃　通行本作“不威不懲”。案：“畏”與“威”通，《書·皋陶謨》：“天明畏自我民明威”，《釋文》云：“畏，馬作威。”誃以音近假作“懲”。

［三〇九］小誃而大戒　通行本作“小懲而大誡”。

［三一〇］小人之福也　通行本作“此小人之福也”。

［三一一］易曰：構校減止　通行本作“屨校減趾”。帛書《周易》作“句校減止”。“構”、“句”、“屨”並侯部字，音近相通。

［三一二］无咎也者　通行本作“无咎”，無“也者”二字。

［三一三］善不責不足以成名，亞不責不足以減身　通行本作“善不積不足以成名，惡不積不足以減身”。“責”假爲“積”。

［三一四］小人以小善爲无益也，而弗爲也　通行本作“小人以小善爲无益而弗爲也”。

［三一五］以小亞　自至以下至“不可□也”殘缺，據通行本補，惟“也”字上一字不似“揜”字。

［三一六］罪大而不可解也　通行本無“也”字。

［三一七］君子見幾而作，不位冬日　通行本作“君子見幾而作，不俟終日”。“位”應爲“俟”字之誤。

［三一八］不冬　自此以下，殘缺數字，據通行本補。

［三一九］君子知勿知章　通行本作“君子知微知彰”。“物”當假爲“忽”、“緫”，“忽”、“緫”言絲之微也。《史記·太史公自序》“間不容翲忽”，正義：“忽，一蠶口出絲也。”《漢書·律曆志上》“無有忽微”，注：“忽微，若有若無，細於髮者也。”《漢書·叙傳下》“造計秒忽”，注引劉德：“忽，蜘蛛網細者也。”是“物”、“忽”與“微”義近。再就古音言之，“物”、“微”並明母字，“物”在物部，“微”在微部，物部爲微部入聲，是音亦相近。二字音義俱近，故得通假。

［三二〇］知柔知剛　自此至“是與非”中間殘缺。“知柔知剛”之下，通行本爲“萬夫之望”，據以補入。又“是與非”一節，通行本在第七章中，其上文爲“若夫雜物撰德辯”七字，亦據以補入。

［三二一］則下中教不備，初大要存亡吉凶，則將可知矣　通行本作“則非其中爻不備，噫亦要存亡吉凶，則居可知矣”。帛書疑有脱誤。

［三二二］鍵，德行恒易以知險；夫川雖然，天下之至順也，德行恒間以知阻　通行本作“夫乾天下之至健也，德行恒易以知險；夫坤天下之至順也，德行恒間以知阻”。帛書當有脱文。

［三二三］能説之心　通行本作“能説諸心”。

［三二四］能數諸侯之［慮］　通行本作“能研諸侯之慮”。《古易音訓》云：“晁氏曰：王昭素云：‘侯之’二字，必是王輔嗣以後、韓康伯以前錯。溫公曰：王輔嗣《略例》曰：能研諸慮，則‘侯之’衍字也。説之案：虞翻亦作諸侯，則其謬已久矣。”帛書亦作“諸侯”，則

作“諸侯”者非誤字。孔疏：“研，精也。”帛書作“數”，“數”疑假爲“足”，“數”、“足”並屋部字，音近相通。《左傳·襄公二十五年》“言以足志，文以足言”，注：“足，成也。”故“能數諸侯之慮”即“能足諸侯之慮”，亦即“能成諸侯之慮”。帛書《周易》卷後古佚書云“文王仁，不得其志，以成其慮”，義與此同。又自此句“慮”字以下至“是故”殘缺，據通行本補。

[三二五] 變化具爲　通行本作“變化云爲”。孔疏云：“易既備含諸事，以是之故，物之或以漸變改，或頓從化易，或口之所云，或身之所爲也。”案：此説非是。蓋此言易之變化，不言人之云爲，當從帛書作“變化具爲”。《呂氏春秋·長利》：“若也利雖倍於今，不便於後，弗爲也。”注：“爲，施也。”具假爲俱，皆也。“變化具爲”言變化皆施行也。

[三二六] [吉]事又羊　通行本作“吉事有祥”。帛書“吉”字上部殘缺，據通行本補。

[三二七] 馬事知器，□事知來　通行本作“象事知器，占事知來”。帛書殘缺之字非占字，疑是“筭”字，“筭”即“筮”。

[三二八] 天地設象，印(聖)人成能　通行本作“天地設位，聖人成能”。案：此即前文所謂“天垂象，見吉凶，聖人象之”之義，故帛書作“天地設象”，較通行本爲勝。“聖人成能”，韓注云：“聖人乘天地之正，萬物各成其能。”非是。《周易集解》引崔憬云：“言易擬天地設乾坤二位，以明重卦之義，所以成聖人伏羲文王之能事者也。”釋“聖人成能”，説較長。

[三二九] 八卦以馬告也　通行本無“也”字。

[三三〇] 教順以論語　通行本作“爻象以情言”。“教”假爲“爻”，“順”或爲“象”字之誤。《呂氏春秋·行論》“以堯爲失論”，注：“論猶理。”此言爻辭象辭言其理。

[三三一] 剛柔雜處　通行本“剛柔雜居”。《詩·殷其靁》“莫敢遑處”，傳：“處，居也。”“處”、“居”音義俱近，故可通假。

[三三二] 吉[凶]可識　通行本作“而吉凶可見矣”。帛書“凶”字殘缺，據補。

[三三三] 動作以利言　通行本作“變動以利言”。

[三三四] 吉凶以請遷　通行本作“吉凶以情遷”。

[三三五] [是故]愛亞相攻[而吉凶生]　帛書殘缺，通行本作“是故愛惡相攻而吉凶生”，據以補入。

[三三六] 遠近相取[而悔閵生]　帛書殘缺，通行本作“遠近相取而悔吝生”，據以補入。

[三三七] 情僞相欽而利害生　通行本作“情僞相感而利害生”。

[三三八] 凡易之請　通行本作“凡易之情”。

[三三九] 或害之，則悔且娿　通行本“娿”作“吝”。

[三四〇] 將反則[其]辭亂　通行本作“將叛者其辭慚”。此下通行本有“中心疑者其辭枝”一句，帛書無，當係脱去。

[三四一] 趮人之辭多　趮爲躁之異體字,通行本作"躁"。

[三四二] 无善之人六(其)辭游　通行本作"誣善之人其辭游"。"无"與"誣"同爲明母魚部字,故"无"疑假爲"誣"。

[三四三] 失其所守六(其)辭屈　通行本作"失其守者其辭屈"。

[三四四] 子曰:易之義,誶陰與陽　自此以下一段,爲今本《繫辭》所無。"誶陰與陽"之"誶",當假爲"萃",《左傳·昭公五年》:"既而萃於王卒。"注:"萃,聚也。"

[三四五] 九句焉柔　"九"疑假爲"朻"。《爾雅·釋木》:"下句曰朻。"故"九句"即"朻句",亦即下句。帛書《周易》陰爻畫作"ㄐㄥ",是下句也。"焉"疑爲"爲"字,涉形近而誤。

[三四六] 正直焉剛　陽爻畫作"一",是正直也。"焉"亦疑爲"爲"字之誤。

[三四七] 六剛无柔,是胃(謂)大陽,此天[之義也]　"天"字以下殘缺,據下文"六柔无剛,此地之義也"補。六剛无柔即鍵(乾)卦,鍵(乾)爲天,故云:"此天之義也。"

[三四八] 六柔无剛,此地之義也　據上文"六柔无剛"之下,似應有"是胃(謂)大陰"一句。六柔无剛即川(坤)卦,川(坤)爲地,故云:"此地之義也。"

[三四九] 天地相率　《春秋玄命苞》:"律之言率也,所以率氣令達也。"注:"率,猶導也。"

[三五〇] 氣味相取　上文云"遠近相取而悔吝生",韓注云:"相取,猶相資也。遠近之爻,互相資取而後有悔吝也。"此處之"氣味相取"蓋亦相資取之義。

[三五一] 陰陽流刑　《淮南子·繆稱》:"金錫不銷釋則不流刑。"

[三五二] 會品者而台作　"品"疑即"三"字。"台"疑假爲"以"。

[三五三] 用六贛也　"用六"即川(坤)卦之用六。"贛"當假爲"陷"。《書·顧命》"爾無以釗冒贛于非幾",馬注:"贛,陷也。"《淮南子·繆稱》"滿如陷、實如虛",注:"陷,少。"是此處之"贛"義爲少、不足。通行本之"坎"卦,帛書《周易》作"贛",然此處之"贛"非坎卦之義。

[三五四] 用九盈也　"用九"即鍵(乾)卦之用九。

[三五五] 故易曰:直方大,不習□也　《周易》川(坤)之六二云:"直方大,不習,无不利。"案:通行本坤之象曰:"六二之動,直以方也。"文言曰:"坤至柔而動也,剛至静而德方。"又曰:"直其正也,方其義也。"《禮記·玉藻》"士前後正",鄭注:"正,直方之間語也。"是"直方"即"正","直方大"即"正大"。

[三五六] 見羣龍无首吉　鍵(乾)之用九爻辭。

[三五七] 容者,得之疑也　"容"假爲"訟",即"訟卦"。《淮南子·泰族》"訟繆胸中",注:"訟,容也。"

[三五八] 小蓄　即通行本之"小畜"。

[三五九] 婦　即通行本之"否"。

[三六〇] 无孟　即通行本之"无妄"。余　即通行本之"豫"。

[三六一] 嬬　即通行本之"需"。

[三六二] 大牀　即通行本之"大壯"。

[三六三] 小朣而大從　"朣"假爲"動"。

[三六四] 大蓄尭而誨[也]　"大蓄"即通本之"大畜"。"尭"疑假爲"允",信也。《爾雅·釋地》"濟河間曰兖州",李注:"濟河間,其氣專質,厥性信謹,故曰兖。兖,信也。""誨"疑假爲"敏"。

[三六五] 隋之卦,相而能戒也　"隋"即通行本之"隨"。《詩·生民》"有相之道",傳:"相,助也。""戒"即"誡",《越絶書·篇叙外傳記》:"譏惡爲誡。"

[三六六] 説　即通行本之"兑"。

[三六七] 均　"均",帛書《周易》作"狗",通行本作"姤"。

[三六八] 登　即通行本之"升"。

[三六九] 林　即通行本之"臨"。

[三七〇] 齎　下文有"既齎",則此當是"未濟",脱"未"字。

[三七一] 筮闔　即通行本之"噬嗑",上文作"筮蓋"。案:"闔"爲影母字,"嗑"與"蓋"爲見母匣母字,聲母相近。然"闔"與"嗑"爲葉部字,"蓋"爲祭部字,韻部有别。惟"蓋"本從"盇"得聲,疑本爲葉部字,特以主要元音相同,轉入祭部耳。

[三七二] 既齎　即通行本之"既濟"。

[三七三] 何校則凶,屨校則吉　《周易》噬嗑爻辭。帛書《周易》云:"初九,句校滅趾,无咎。"通行本作"屨校",此作"屨校"。"句"、"屨"、"屨"並侯部字,音近相通。爻辭云"无咎",故此云"屨校則吉"也。帛書《周易》云:"尚九,荷校滅耳,兇。"通行本作"何校滅耳,凶"。

[三七四] [幽]贊於神明而生占也　自此以下至"故易達數也"通行本爲《説卦》之前三節。此句通行本作"幽贊於神明而生蓍"。《釋文》云:"幽贊,本或作讚。"《隸釋·孔龢碑》"幽讚神明",《白石神君碑》"幽讚天地",字亦作"讚"。《後漢書·方術傳上》云:"占也者,先王所以定禍福,決嫌疑,幽贊於神明,遂知來物者也。"疑范蔚宗所見本亦作"幽贊於神明而生占"。

[三七五] 參天兩地而義數也　通行本作"參天兩地而倚數"。《説文·网部》引《易》及唐石經並作"參天网地"。"兩"與"网"古通用。《釋文》云:"倚,馬云:'依也。'王肅云:'立也。'虞同。蜀才作奇。通。"《周禮·媒氏》注引作"參天兩地而奇數焉"。此作"義",《説文·羊部》:"義,己之威儀也,从我羊。羛,墨翟書義从弗,魏郡有羛陽鄉,讀若錡。"是義與錡音同,故得與奇、倚通假。

[三七六] 觀變於陰陽而立卦也　通行本無"也"字。《釋文》云:"一本作觀變化。"

[三七七] 發揮於[剛]柔而[生爻也,和順於道]德而理於義也,窫(窮)理盡生而至於命[也]

帛書殘缺,據通行本補。"盡生"之"生",通行本作"性"。

[三七八] [昔者聖人之作易也,將以順生]命[之]理也　帛書殘缺,據通行本補。

[三七九] 是故位天之道曰陰與陽,位地之道曰柔與剛,位人之道曰仁與義　"是故",通行本作"是以"。三"位"字,通行本作"立"。"位"與"立"古字通,帛書此處之"位"字當假爲"立"。

[三八〇] 兼三財兩之　通行本作"兼三才而兩之"。"財"與"才"古字通,帛書"財"字當假爲"才"。

[三八一] [迭用柔]剛　帛書殘缺,據通行本補。

[三八二] 故易六畫而爲章也　通行本作"故易六位而成章"。《釋文》云:"六位而成章,本又作六畫。"《周易集解》亦作"六畫而成章"。

[三八三] 天地定立,[山澤通氣,]火水相射,雷風相榑,八卦相唐　通行本作"天地定位,山澤通氣,雷風相薄,水火不相射,八卦相錯"。帛書殘缺"山澤通氣"一句,據通行本補。案:此五句說明八卦排列之方位,帛書《周易》排列之次序即由此而來。惟"火水"二字倒置,當作"水火相射"。通行本"水火不相射",據帛書,"不"字衍。《周易集解》云:"射,厭也。水火相通,坎戊離己,月三十日一會於壬,故不相射也。"此蓋不知"不"爲衍文,不得其解,强爲之説耳。"相射"與"相榑(薄)"義近,蓋水火之位置相對,故云"相射",亦猶雷風之位置相對,故云"相榑(薄)"也。又通行本之"雷風相榑,水火相射"兩句倒置,當乙。

[三八四] 數往者順,知來者逆,故易達數也　通行本作"數往者順,知來者逆,是故易逆數也"。案:作"達"作"逆"均可通,達者,通也,明也。《素問·寶命全神論》"能達虛實之數者",注:"達,謂明達。"

[三八五] 萬物之義,不剛則不能僮　自此以下至"神明之德也",爲通行本《繫辭》所無。"僮"假爲"動"。

[三八六] 恒僮而弗中　《淮南子·原道》:"動靜不能中。"注:"中,適也。"此言常動而不得其宜。

[三八七] [此剛]之失也　帛書殘缺,據下文"此柔之失也"補"此剛"二字。

[三八八] 鍵之炕龍　帛書《周易》鍵之尚九"抗龍有悔"。通行本乾之上九作"亢龍有悔"。《廣雅·釋詁一》:"亢,極也。"《釋詁四》:"亢,高也。"《周易集解》引王肅注:"窮高曰亢,知進忘退,故悔也。"

[三八九] 壯之觸蕃　帛書《周易》泰壯之九三"小人用壯,小人用亡,貞厲,羝羊觸藩羸其角"(通行本大壯之九三作"君子用罔")。《漢上易傳》卷四引京房曰:"壯不可極,極則敗;物不可極,極則反。故曰:羝羊觸藩羸其角。"王弼注:"處健之極,以陽處陽,用其壯者。"孔疏:"九三處乾之上,是健之極也;又以陽居陽,是健而不謙也。健而

不謙,必用其壯也。……狀似羝羊觸藩也,必拘贏其角矣。"

[三九〇] 句之離角　帛書《周易》狗之尚九云:"狗其角,閫,无咎。"通行本姤之上九作"姤其角,吝,无咎"。此處"句之离角"之"句"乃卦名,即"狗"卦、"姤"卦之"狗"、"姤",蓋"句"、"狗"、"姤"同爲侯部字,得相通假也。然"狗其角"、"姤其角"之"狗"、"姤"爲動詞,與"遘"字相通,《釋文》云:"姤,薛云:古文作遘,鄭同。序卦及彖皆云'遇也'。"是"狗"、"姤"訓爲遇。帛書此處之"离"字假爲"離",亦爲動詞。《淮南子·氾論》:"離者必病。"注:"離,遭也。"《史記·屈原賈生傳》:"故憂愁幽思而作離騷,離騷者,蓋離憂也。"集解引應劭云:"離,遭也。"是"离"訓遭,遭與遇義同,故"离角"即"狗其角"、"姤其角",亦即遇其角也。此處作"句之离角"者,非謂爻辭作"离其角",特以"离"字釋"狗"、"姤"耳。《漢上易傳》引《易傳》曰:"上九高亢而剛極,人誰與之?以此求遇,將安歸咎乎?"王弼注云:"進之於極,无所復遇,遇角而已。故曰姤其角也。"

[三九一] 鼎之折足　鼎之九四爻辭。

[三九二] 鄷之虛盈　鄷即豐。豐之虛盈,豐之上六也。帛書《周易》之爻辭云:"豐其屋,剖其家,闚其户,閿其无人,三歲不遂,凶。"

[三九三] 五繇　《左傳·閔公二年》"成風聞成季之繇",注:"繇,卦兆之占辭。"

[三九四] 川之牝馬　川(坤)之卦辭云:"利牝馬之貞。"

[三九五] 小蓄之密雲　小蓄,帛書《周易》作"少蓺",通行本作"小畜"。卦辭云:"密雲不雨,自我西茭。"茭,通行本作"郊"。《漢上易傳》云:"兑,盛陰也。密雲者,兑澤之氣上行也。雨者,陽爲陰所碍,相持而不下者也。"

[三九六] 句之□□　帛書殘缺。疑是"女壯"二字。句(姤)之卦辭。

[三九七] 漸之繩婦　繩假爲孕。帛書《周易》漸之九三云:"鴻漸于陸,夫征不復,婦繩不育。"

[三九八] 肫之泣血　肫,帛書及通行本《周易》均作"屯"。屯之尚六云:"乘馬煩如,汲血連如。"通行本"煩"作"班","汲"作"泣","連"作"漣"。

[三九九] 僮陽者亡　僮假爲"重"。

[四〇〇] 其吉□□□　據下文,此處缺文應是"保安也"三字,據以補入。

[四〇一] 柔而不㓝　㓝疑假爲"靭"。《荀子·富國》:"芒靭僈楛。"注:"靭,柔也。亦怠惰之義。"故"柔而不㓝"即柔而不怠。

[四〇二] 見龍在田也者,德也　《説文·彳部》:"德,升也。"

[四〇三] 易曰何校　帛書《周易》筮嗑尚九:"荷校滅耳,兇。"通行本噬嗑之上九作"何校"。

[四〇四] 鳴嗛也者,柔而　此下帛書殘缺,據上文"柔而不㓝",疑缺文爲"不㓝"二字。帛書《周易》嗛之六二:"鳴嗛,貞吉。"尚六:"鳴嗛,利用行師征邑國。"嗛,通行本作謙。

[四〇五] 黃牛　帛書《周易》掾之六二"共之用黃牛之勒",通行本遯之六二"執之用黃牛之

革”。勒之初九“共用黄牛之勒”,通行本革之初九“鞏用黄牛之革”。

［四〇六］渙之緣辭　緣即彖。通行本渙之彖曰:“渙,亨。剛來而不窮,柔得位乎外而上同。”

［四〇七］易之用也,殷之无道,周之盛德也?　通行本《繫辭下》作“易之興也,其當殷之末世、周之盛德邪?”

［四〇八］此數句謂“九”字之形似龍。

［四〇九］在下爲橬　橬假作“潛”字。

［四一〇］物之上擳而下絶者　擳假作“即”,《方言》十二:“即,就也。”“物之上擳而下絶者”,指上文之“炕龍有悔”而言。

［四一一］不單於口　單假爲亶,《詩·昊天有成命》“單厥心”,《國語·周語》作“亶厥心”,是其證。《爾雅·釋詁》:“亶,厚也。”

［四一二］君子齊明好道　《國語·周語一》“其君齊明衷正”,注:“齊、一也。”

［四一三］首福又皇　“首”疑讀爲“受”。“又”即“有”。《詩·烈文》“繼序其皇之”,傳:“皇,美也。”

［四一四］是故良馬之類,廣前而睘後　《齊民要術·相馬經》:“臆欲廣……膺下要廣一尺以上,名曰挾尺,能久長……尻欲多肉。”

［四一五］見亞墨然弗反　亞讀爲“惡”。墨然即默然、穆然,《文選·非有先生論》:“於是吴王穆然。”注:“穆猶默,静思貌。”《詩·猗嗟》:“四矢反兮。”注:“反,復也。”此謂見過即改,未嘗復更行之。

［四一六］其暑不曷　曷假作“渴”。

［四一七］順而保穀　穀假作“穀”,善也。

［四一八］柫不橈　柫假作“弼”。橈假作“撓”。

［四一九］或從事　川(坤)之六三“或從王事,无成有終”。脱“王”字。

［四二〇］以體天地之化　此數句亦見於通行本,通行本爲:“子曰:乾坤其易之門邪?乾,陽物也;坤,陰物也。陰陽合德而剛柔有體,以體天地之撰。”

［四二一］尉文而不發之謂也　尉假作蔚,通行本革上六之象曰:“君子豹變,其文蔚也。”《漢書·叙傳下》:“蔚爲辭宗。”注:“蔚,文綵盛也。”

［四二二］外其龍　龍假作尨。通行本《説卦》“震爲龍”,鄭注:“尨取日出時色雜也。”《考工記·工人》“上公用龍”,鄭司農注:“尨謂雜色。”

［四二三］不以其白陽人之黑　陽,顯也。

［四二四］則文其信于而達神明之德也　此下一段亦見於通行本,通行本爲:“以通神明以德,其稱名也,雜而不越,於稽其類,其衰世之意邪?夫易彰往而察來,而微顯闡幽,開而當名,辨物正言,斷辭則備矣。其稱名也小,其取類也大,其旨遠,其辭文,其言曲而中,其事肆而隱,因貳以濟民行,以明失得之報。”帛書之首句似有脱誤。帛書之

"雜而不伐(越)於指",通行本作"雜而不越,於稽其類,其衰世之意邪","指"字誤爲"稽"字,又多出"其類"二字,後人遂以"於稽"二字屬下讀,雖亦可通,終不如帛書之明白曉暢。"微顯贊絶"之贊假作纘,《詩·七月》"載纘武功",傳:"纘,繼也。""巽而恒當",巽假作撰,《廣雅·釋詁四》:"撰,定也。""當名辯物正言","當名",陸疏:"各當所象之名。""辨物正言",《漢上易傳》:"辨陰陽之物,正吉凶之辭。""巽辭而備",巽亦訓爲定,謂定之以卦辭爻辭,而《易》於是乎備。此數句帛書與通行本有出入,亦以帛書本爲勝。"本生仁義,所以義剛柔之制也"一語,通行本無。此言仁義本乎易,而以剛柔之節爲法。"其取類也多",通行本作"其取類也大"。"其稱名也少",少即小,帛書少字或作小。"其指間",間,疑假作簡。"其事隱而單",單假作闡,明也。"因齌人行",齌假作濟,謂因以濟人之行。通行本作"因貳以濟民行",亦不如帛書之明白曉暢。

[四二五]　[易之]興也於中故乎　此段亦見於通行本,通行本爲:"易之興也其於中古乎！作易者其有憂患乎！是故履,德之基也;謙,德之柄也;復,德之本也;恒,德之固也;損,德之脩也;益,德之裕也;困,德之辨也;井,德之地也;巽,德之制也。履和而至;謙尊而光;復小而辨於物;恒雜而不厭;損先難而後易;益長裕而不設;困窮而通;井居其所而遷;巽稱而隱。履以和行;謙以制禮;復以自知;恒以一德;損以遠害;益以興利;困以寡怨;井以辯義;巽以行權。"帛書與通行本有出入。"[易之]興也於中故乎"中"故"即"古"字。"上卦九者,贊以德而占以義者也"及"是故占曰"二句,通行本無。"上卦九者",指履、謙等九卦而言。贊,明也。占,告也。"履也者,德之基也"至"渙也者,德[之]制也"一段,蓋即所謂"贊以德"者。自"是故占曰"以下,蓋即所謂"占以義"者。

[四二六]　子曰:渙而不救則比矣　通行本無此句。

[四二七]　易之爲書也難前　通行本此段爲:"易之爲書也不可遠,爲道也屢遷。變動而不居,周流六虛,上下无常,剛柔相易,不可爲典要,唯變所適。其出入以度,外内使知懼,又明於憂患與故,无有師保,如臨父母。初率其辭,而揆其方,既有典常,苟非其人,道不虛行。易之爲書也,原始要終,以爲質也,六爻相雜,唯其時物也。其初難知,其上易知,本末也,初辭擬之,卒成之終。"帛書與通行本有出入。帛書"唯變所次",《書·泰誓中》"王次于河朔",僞孔傳:"次,止也。"帛書"无有典尚",通行本作"既有典常"。案:上文言"上下无常,剛柔相易也,不可爲典要"。則是"无有典常",不當言"既有典常"。疑通行本亦本作"无有典常","无"字或誤書爲"旡",而"旡"與"既"音義俱近(《方言》六"台、旡,尽也"是其證),遂誤爲"既"字,當以帛書本爲是。

[四二八]　脩道鄉物,巽德大明　自此至"當疑德占之,則易可用矣",通行本無。

[四二九] 子曰：知者觀其緣辭,而説過半矣　通行本作“知者觀其彖辭,則思過半矣”。

[四三〇] 易曰：二與四同[功]　自此以下一段,通行本爲《繫辭》下第八章,帛書殘缺過甚,无從校勘。帛書各章次序,雖與通行本《繫辭》下不同,然内容大體相同,恐帛書《繫辭》亦止於此段。

卷後佚書釋文校注

《二三子問》一（左三欄）

《二三子問》二（左三欄）

三上
四上
五上
六上
七上
八上
九上
一〇上
一一上
一二上
一三上
一四上
一五上
一六上
一七上
一八上
一九上
二〇上

《二三子問》三

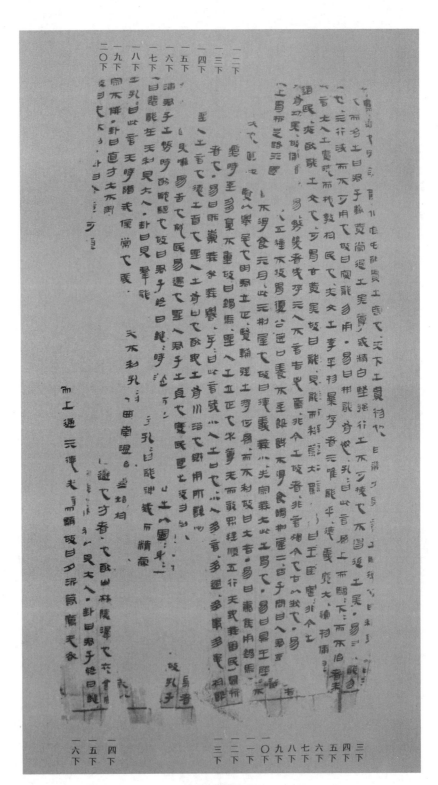

《二三子問》四

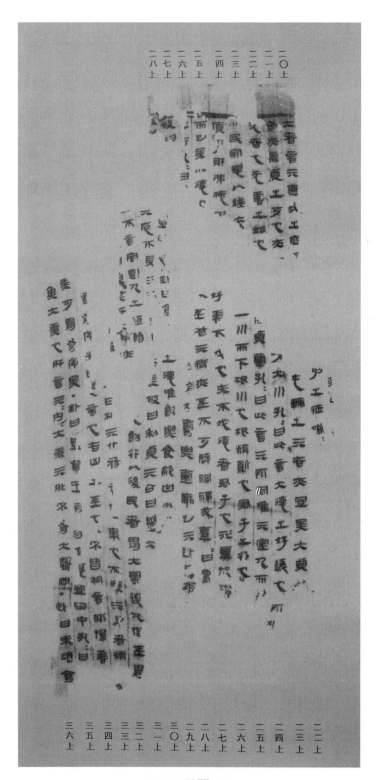

《二三子問》五

二二下
二三下
二四下
二五下
二六下
二七下
二八下
二九下
三〇下
三一下
三二下
三三下
三四下
三五下
三六下

《二三子問》六

五七上 五六上 五五上 五四上 五三上 五二上 五一上 五〇上 四九上 四八上 四七上 四六上 四五上 四四上 四三上 四二上 四一上 四〇上

六四上 六三上 六二上 六一上 六〇上 五九上 五八上

《要》一《繆和》一

三七下 三八下 三九下 四○下 四一下 四二下 四三下 四四下 四五下 四六下 四七下 四八下 四九下 五○下 五一下 五二下

《要》二

六五下　六四下　六三下　六二下　六一下　六〇下　五九下　五八下　五七下　五六下　五五下　五四下　五三下

《要》三《繆和》二

《繆和》三

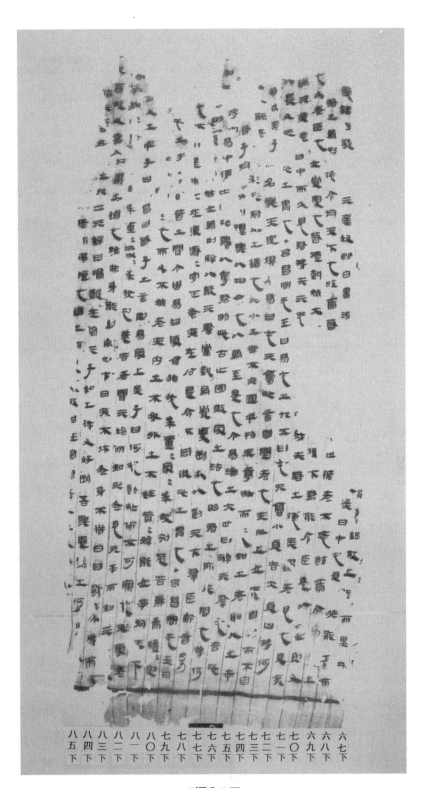

《繆和》四

《繆和》五

《繆和》六

《繆和》七《昭力》一

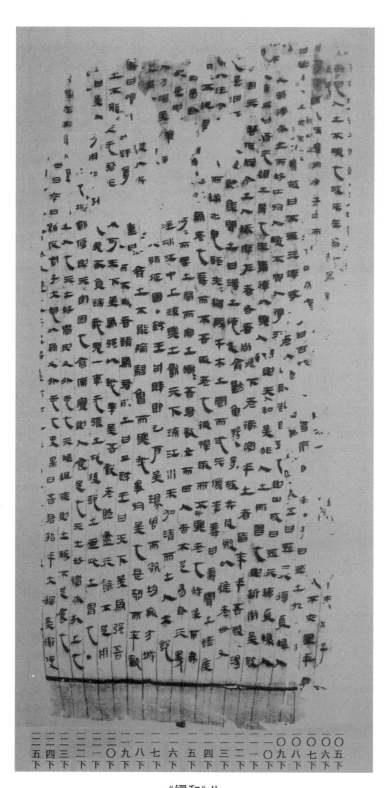

《繆和》八

《昭力》二

二五下　二六下　二七下　二八下　二九下　三〇下　三一下　三二下　三三下　三四下　三五下　三六下　三七下　三八下　三九下

《昭力》三

《二三子問》

　　二品(三)子[一]問曰：易屢稱於龍，龍之德何如？孔子曰：龍大矣。龍，刑(形)窘(遷)叚(退)[二]，賓于帝[三]。倪[四]神聖之德也。高尚齊虖(乎)　　　　　（一上）
星辰日月而不眺[五]，能陽也。下綸(淪)竆(窮)深瀟之瀟(淵)而不沫[六]，能陰也。上則風雨奉之，下綸(淪)則有天□□。□□　　　　　（一下）

乎深瀟(淵)，則魚蛟先後之，水流之物，莫不隋(隨)從。陵處則雷神養之，風雨辟(避)鄉(嚮)，鳥守(獸)弗干[七]。曰：龍大矣，　　　　　（二上）
龍既能雲變，有(又)能蛇變，有(又)能魚變，蕉(飛)鳥正虫[八]，唯所欲化，而不失本刑(形)。神能之至也。□□□□□　　　　　（二下）

□□□□□□焉，有弗能察也，知者不能察其變，辯者不能察其羔[九]，至巧不能象其文，明目弗　　　　　（三上）
能察視也。□□焉化□虫神貴之容也，天下之貴物也。曰：龍大矣，之馴德[一〇]也曰□□□□□　　　　　（三下）

易□□□爵之曰君子。戒事敬命，精白[一一]柔和，而不諱賢[一二]。爵之曰夫子。或大或小，其方一也[一三]，至周　　　　　（四上）
□也，而名之曰君子。兼黃常(裳)[一四]近之矣。尊威精白，堅強行之，不可撓也，不習[一五]近之矣。・易曰：[亢]龍勿　　　　　（四下）

用[一六]。孔子曰：龍䐗(潛)矣而不陽，時至矣而不出，可胃䐗(潛)矣。大人安失(佚)矣，而不朝諆[一七]猒(厭)在廷，亦猶龍之　　　　　（五上）
䐗(潛)也，其行滅而不可用也。故曰䐗(潛)龍勿用。・易曰：抗(亢)龍有悔[一八]。孔子曰：此言爲上而驕下，驕下而不佁[一九]者，未　　　　　（五下）

之有也。聖人之立(涖)正(政)[二〇]也,若遁(循)木,俞(愈)高俞(愈)畏下[二一]。故曰抗(亢)龍有悔。•易曰:龍戰于野,其血玄黃[二二]。孔子曰: (六上)

此言大人之廣德而柂(施)教於民也。夫文之李,采物畢存者[二三],其唯龍乎!德義廣大,鸃(法)物備具者, (六下)

[其唯]聖人乎!龍戰于野者,言大人之廣德而下綏(接)民也;其血玄黃者,見文也。聖人出鸃(法)教以 (七上)

道(導)民,亦猶龍之文也。可胃(謂)玄黃矣,故曰龍,見龍而稱莫大焉。•易曰:王臣蹇(蹇)蹇(蹇),非今之故[二四]。孔子 (七下)

曰:王臣蹇(蹇)蹇(蹇)者,言其難也。夫唯智(知)其難也,故重言之,以戒今也。君子智(知)難而備之,則不難矣;見幾而務之, (八上)

[則]有功矣。故備[難者]易,務幾者成,存其人,不言吉兇焉。非今之故者,非言獨今也,古以狀也[二五]。•易曰:鼎折 (八下)

足,復(覆)公莡(餗),其刑屋(渥)。凶[二六]。孔子曰:此言下不勝任也非六(其)任也而任之,能毋折虖(乎)?下不用,則城不守;師不戰,內亂□ (九上)

□上,胃(謂)折足;路其國[二七],[蕪六]地,五稺(種)不收,胃(謂)復(覆)公莡(餗);口養不至,飢餓不得食,謂刑屋(渥)。二品(三)子問曰:人君至於飢 (九下)

乎?孔子曰:昔者晉厲公[二八]路其國,蕪其地,出田七月不歸,民反諸雲夢,無車而獨行,□□□□□武公□□□ (一〇上)

□□□□□□□□不得食六(其)肉,此六(其)刑屋也。故曰:德義無小,失宗無大。此之胃(謂)也。•易曰:鼎玉鉉[二九],[大]吉, (一〇下)

無不利。孔子曰:鼎大矣,鼎之遷也,不自往,必人舉之。大人之貞也。鼎之舉也,不以其止(趾),以□□□□□□ (一一上)

□□□□□□□賢以舉忌[三〇]也。明君立正(政),賢輔趃之,將何爲而不利?故曰大吉。•易曰:康侯用錫馬番 (一一下)

庶,晝日三接[三一]。孔子曰:此言聖王之安世者也。聖人之正(政),牛參弗服[三二],馬

恒弗駕,不夏乘牝馬^[三三],□□□□□□□   (一二上)

□□□粟時至,芻稾不重,故曰錫馬。聖人之立正(政)也,必尊天而敬衆,理順五行,

天地無蕾(災),民□不   (一二下)

傷,甘露時雨聚降,劙風苦雨^[三四]不至,民愿相餳以壽^[三五]。故曰番庶。聖王各有品

(三)公品(三)卿,晝日三[接]□□   (一三上)

□□□□□者也。・易曰:聒(括)囊^[三六],無咎無譽。孔子曰:此言箴(緘)小人之口

也,小人多言、多過、多事、多患^[三七],   (一三下)

□□可以衍矣^[三八],而不可以言。箴(緘)之六(其)猶聒(括)囊也,莫出莫入,故曰無咎

無譽。二品(三)子問曰:獨無箴(緘)於聖□□   (一四上)

聖人之言也,德之首也。聖人之有口也,猶地之有川浴(谷)也,財用所繇(由)出也,猶

山林陵澤也,衣食庶   (一四下)

物[所]繇(由)生也。聖人壹言,萬世用之,唯恐六(其)不言也,有(又)何箴(緘)

焉?・卦曰:見龍在田,利見大人^[三九]。孔子曰:□□□   (一五上)

回卑嗛易告也,就民易遇也,聖人君子之貞也。度民宜之,故曰:利以見大人。・卦

曰:君子終日鍵(乾)鍵(乾),   (一五下)

夕沂[若]厲,无咎^[四〇]。孔子曰:此言君子務時,時至而動,□□□□□□屈力以成

功,无日中而□不止,時年至而不   (一六上)

淹,君子之務時,猶馳驅也,故曰君子終日鍵鍵。時盡而止之,以置身,置身而静,故曰

夕沂若厲,无咎。   (一六下)

□□□□□□□□□□□□□□□□言□□□[蜚龍]在天,利見大人^[四一]□君子在上,□民

被其利,賢者不蔽。故   (一七上)

曰蜚龍在天,利見大人。・卦曰:見羣龍无首吉^[四二]。孔子曰:龍神威而精,處□而上

通,其德无首,□□□□□   (一七下)

□□□□□□□□□□□□□□□□□□見羣龍无首者□□□見君子之吉也。・卦

曰:履霜堅冰至^[四三],   (一八上)

孔子曰：此言天時，譖戒葆常[四四]也。歲□□□□□西南温始寒始於□□□□□
□□□□□□□□□□□　　　　　　　　　　　　　　　　　　（一八下）

□□□□□□□□□□□□□□□□□□□□□□□守之□德與天道始，必順五行，
其孫貴而其　　　　　　　　　　　　　　　　　　　　　　　　（一九上）
宗不僃（崩）。·卦曰：直方大，不習，无不利[四五]。孔子曰：□□也，直者□避也，方者
□□□□□□□□□□□□□□　　　　　　　　　　　　　　　　（一九下）

大者言其直或之容□□□□□□□□□□□□□□□□□□□也□□无
不□□□□　　　　　　　　　　　　　　　　　　　　　　　　　（二〇上）
故曰无不利。·卦曰：含章可貞[四六]，□□□□□□□□□□□□□□□□□
□□□□□□□□□　　　　　　　　　　　　　　　　　　　　　（二〇下）

含亦羔（美），貞之可也。亦□□□□□□□□□□□□□□□□□□□
□□□□□□□□□　　　　　　　　　　　　　　　　　　　　　（二一上）
□□□從王事矣。□□□□□□□□□□□□□□□□□□□□□□
□□□□□□　　　　　　　　　　　　　　　　　　　　　　　　（二一下）

元者也，元，善之始也[四七]。□□□□□□□□色之徒嘛＝□□□□□□□□□
□□□□□□□□□□　　　　　　　　　　　　　　　　　　　　（二二上）
□□大貞凶[四八]。孔子曰：屯□□□□□□□□□□□□□□□□□□□□
□□□□□□□□□　　　　　　　　　　　　　　　　　　　　　（二二下）

小民家息以綏衣□□□□□□□□□屯輪之，六（其）吉亦宜矣。大貞凶，□□□□□
□□□□□□□□□　　　　　　　　　　　　　　　　　　　　　（二三上）
□□川流下而貨留高年毅十□□□□□□□□□□□□□□□□□□
□□□□□　　　　　　　　　　　　　　　　　　　　　　　　　（二三下）

貨，守財弗施，則□卦曰同人于野亨利涉大川[四九]。孔＝（子）曰：此言大德之好遠也，
所□其人愛□□□□□□□　　　　　　　　　　　　　　　　　　（二四上）
□□遠，和同者衆，以濟大事。故曰：于門无咎[五〇]。□□□□□□□□□□□□□

□□□□□□□□□□□ (二四下)

而已矣,小德也。□□卦曰:同人于宗,貞藺[五一]。孔子曰:此言其所同唯其室人而□□其所同唯[其室人]□□□ (二五上)

□□□□故曰貞藺。·卦曰:絞(交)如委如,吉[五二]。孔子曰:絞,白也;委,老也。老白之行□□□故曰吉。·卦曰:嗛(謙)[亨,君子有] (二五下)

終,吉[五三]。孔子曰:□□□□□□□上川(坤)而下根(艮)[五四],川(坤)也[五五]。根(艮),精質也。君子之行也,□□□□□□□□□□□ (二六上)

□□□□吉焉。吉,嗛(謙)也;凶,橋(驕)也。天亂驕而成嗛(謙),地徹驕而實嗛(謙),鬼神禍[驕而]福嗛(謙),人惡驕而好[嗛](謙)[五六],□□□ (二六下)

故曰□□□□□□□□好善不伐也,夫不伐德者,君子也。其盈□溥□□□□□□□□□□□□ (二七上)

□□□□舉而再說,其有終也,亦宜矣。·卦曰:盰予(豫)悔[五七]。孔子曰:此言鼓樂而不戒患也。夫忘亡者必亡,忘民 (二七下)

□□□□□□□□□不至者,其病亦至,不可辟禍福。□牽牛曰鳥□□□□□□□□□□□ (二八上)

□□□□□□□方行,禍福雜至。知者知之,故廄客[五八]恐懼,日慎一日,猶有詖行[五九]卒至之患。盰予而不 (二八下)

□□□□□□□[鶴鳴在陰,元子和之,我]有好爵,與璽(爾)羸已[六〇],其卦曰:茅□□□□□□□□□□□□□□□ (二九上)

□□□□□□□其子隨之,通也。昌而和之,和也。曰:和同至矣。好爵者,言者酒[六一]也。弗有一爵與衆 (二九下)

□□□□□□□□□□□□□之德,唯歙(飲)與食,絕甘分少,□□□□□□□□□□□□□□□□ (三〇上)

□□□□□□□子曰:此言聲(聖)君之下舉乎山林狀(獸)畝之中也[六二]。故曰公射取皮在穴[六三]。[·]卦曰:恒,亨,无 (三〇下)

[咎],利貞[六四]。□□□□□□□□□□長,故曰利貞。其占曰:農夫□□□□
□□□□□□□ 　　　　　　　　　　　　　　(三一上)

·卦曰:不[恒其德,或]承之憂,貞藺[六五]。孔子曰:此言小人知善而弗爲,朋進而无
止,損幾財擇矣,能 　　　　　　　　　　　　(三一下)

□□□□□□□□□□□□□□□劾行以後民者,胃(謂)大蹇(謇)[六六]。遠人
□至,胃(謂)[朋來] 　　　　　　　　　　　　(三二上)

·卦曰:公用射雒(隼)于[高墉之上],无不利[六七]。孔子曰:此言人君高志求賢,賢者
在上,則因尊用之。故曰射雒(隼)于 　　　　　(三二下)

高墉之上,无不利。·卦曰:根其北,不獲其身。行其庭,不見其人。孔子曰:根(艮)
其北[六八]者,言□事也。不獲其身者,精 　　　　(三三上)
白也,敢宮任事身□者鮮矣。其占曰:能精能白,必爲上客;能白能精,必爲□□。以
精白長衆,難得也。 　　　　　　　　　　　　(三三下)

故曰根北,不獲其身,[行]其庭,不見其人。卦曰:言有序[六九]。孔子曰:慎言也。吉
凶之至也,必皆於言語。擇善[而] 　　　　　　(三四上)
言,擇利而言。害寒〈塞〉人之美[七〇],陽(揚)人之過,可胃(謂)无德,其凶亦宜矣。君
子慮之内,發之[外,不善]不言,不 　　　　　(三四下)

[利]不言,害塞人之亞(惡),陽(揚)[人之]美。可胃(謂)有序矣。·卦曰:豐,亨,王
叚(假)[之],勿憂。宜日中[七一]。孔子曰:□ 　　(三五上)
也。勿憂,用賢弗害[七二]也。日中而盛,用賢弗害,其亨亦宜矣。黄帝四輔[七三],堯立
三卿[七四],帝□[七五]□□□□也 　　　　　　(三五下)

□□□□·卦曰:奐其肝[七六],大[號]□奐,大美也,肝言其内,其内大羔〈美〉,其外必
有大聲問。·卦曰:未濟(濟),亨, 　　　　　　(三六上)
狐涉川,幾濟(濟)濡其尾[七七],无迺〈迪〉利。孔子曰:此言始易而終難也,小人之貞也。
　　　　　　　　　　　　　　　　　　　　(三六下)

□□□□□□□□□□□□□□□□□□□□□□□□□□□□□□
□□□□□□□□□□□□□□□□□□□□□□□□□□□□□□
□□□□□□□□□□□□□□□□□□□□□□□□□□□□□□
□□□□□□□□□□□□□□□□□□□□□□□□□□□□□□
□□□□□□□□□□□□□□□□□□□□□□□□□□□□□□
□□□□□□□□□□□□□□□□□□□□□□□□□□□□□□
□□□□□□□□□□□□□□□□□□

（以上缺六行,約四百五十餘字）

□□□□□□□□□□□□□□□□□□□□□□□□□□□□□□
□□□□□□□□□□□□□□□□□□□□□□□□□□□□□□
□□□□□□□□□□□□□□□□□□□□□□□□□□□□□□
□□

《要》

□□□□□□□□□□□□□□□□□□□□□□□□□□□□□□
□□□□□□□□□□□□□□□□□□□□□□□□□□□□□□
□□□□□□□□□□□□□□□□□□□□□□□□□□□□□□
□□□□□□□□□□□□□□□□□□□□□□□□□□□□□□
□□□□□□□□□□□□□□□□□□□□□□□□□□□□□□
□□□□□□□□□□□□□反疏　　　　　　　　　（三七）

□□□□□□□□□□□□□□□□□□□□□□□□□□□□□□
□□□□□□□□□□□□□□□□□□□□□□□□□□□□□□
□□□□□□□□矣　　　　　　　　　　　　（三八）

□□□□□□□□□□□□□□□□□□□□□□□□□□□□□□
□□□□□□□□□□□□□命者也易□□□□□□□□□□□□□□□□□
　　　　　　　　　　　　　　　　　　（三九）

□□□□□□□□□□□明而甚□□□□□□□□□□□□□□□□□□□□□□□□□□□□□□
□□□□□□□□□□□□□□　　　　　　　　　　　　　　　（四〇上）

□□□□□行其義,長其慮,脩其□□□□□□□□□□□□□□□□□易矣,若夫祝巫
　　　　　　　　　　　　　　　　　　　　　　　　　　（四〇下）

卜筮亟□□□□□□□□□□□□□□□□□□□□□□□□□□□□巫之師□□□
□□　　　　　　　　　　　　　　　　　　　　　　　　（四一上）

□□□德,則不能知易,故君子奠(尊)□□□□□□□□□□□□□□□□子曰:吾好學
而免　　　　　　　　　　　　　　　　　　　　　　　（四一下）

聞要[七八],安得益吾年乎? 吾□□□□□□□□□□□□[子曰:]危者,安其立(位)
者也[七九];亡者,保[其存者也。]　　　　　　　　　（四二上）
是故君子安不忘危,存不忘亡,治不[忘亂,是以身安而國]家可保也。易曰:其亡其
亡,毄于　　　　　　　　　　　　　　　　　　　　　（四二下）

枹桑。夫子曰:德薄而位尊(尊)[八〇],[知小而謀大,力少而任重],鮮不及。易曰:鼎
折足,復公餗,其刑屋。凶。言　　　　　　　　　　　（四三上）
不勝任也。夫子曰:顏(顏)氏之子[八一],其庶幾乎見幾! 又(有)不善未嘗弗知,知之
未嘗復行之。易　　　　　　　　　　　　　　　　　　（四三下）

曰:不遠復,无菫誨(悔),元吉。天地困[八二],萬勿潤。男女購請,而萬物成。易曰:三
人行則損一人,一人行則得　　　　　　　　　　　　（四四上）
其友,言至一也。君子安六(其)身而後動,易其心而后評,定位而后求。君子脩於此
二者,　　　　　　　　　　　　　　　　　　　　　　（四四下）

故存也。危以動,則人弗與也;無立(位)而求,則人弗予也,莫之予,則傷之者必至矣。
易曰:莫益　　　　　　　　　　　　　　　　　　　　（四五上）
之,或擊之,立心勿恒,凶。此之胃(謂)也。·夫子老而好易,居則在席,行則在橐。
子贛曰:夫　　　　　　　　　　　　　　　　　　　　（四五下）

子它日教此弟子曰:德行亡者神需(靈)之趨,知謀遠者卜筮之蘩[八三]。賜以此爲然

矣。以此言取之,賜緡^[八四]□　　　　　　　　　　　　　　(四六上)

之爲也。夫子何以,老而好之乎? 夫子曰:君子言以梟方也^[八五],前羊而至者,弗羊而
巧也。　　　　　　　　　　　　　　　　　　　　　　　　　　(四六下)

察其要者不趀其應。尚書多於吴(誤),周易未失也,且又(有)古之遺言焉,予非安其
用也,予樂其辭也。□□　　　　　　　　　　　　　　　　　　(四七上)

尤於□□□□□如是則君子已重過矣。賜聞諸夫子曰:孫正而行義^[八六],則人不惑
矣。夫　　　　　　　　　　　　　　　　　　　　　　　　　　(四七下)

子今不安其用而樂其辭,則是用倚於人也,而可乎? 子曰:校弋(哉)賜^[八七]! 吾告女
(汝)易之道矣。□□□□□□□　　　　　　　　　　　　　　(四八上)

□百生(姓)□□□易也。夫易岡(剛)者使知瞿(懼),柔者使知圖,愚人爲而不忘^[八八],
慚人爲而去詐^[八九]。文　　　　　　　　　　　　　　　　　　(四八下)

王仁,不得其志,以成其慮,紂乃无道,文王作諱而辟(避)咎,然後易始興也。予樂其
知之□□豯之自□□　　　　　　　　　　　　　　　　　　　　(四九上)

予何□事紂乎? 子贛曰:夫子亦信其筮乎? 子曰:吾百占而才當,唯周梁山之占也,
亦必從其　　　　　　　　　　　　　　　　　　　　　　　　　(四九下)

多者而已矣。子曰:易我後其祝卜矣,我觀其德義耳也。幽贊而達乎數^[九〇],明數而
達乎德,又(有)仁□　　　　　　　　　　　　　　　　　　　　(五〇上)

者而義行之耳。贊而不達於數,則其爲之巫,數而不達於德,則其爲之史。史巫之
筮,鄉(嚮)　　　　　　　　　　　　　　　　　　　　　　　　(五〇下)

之而未也,□之而非也,後世之士疑丘者,或以易乎? 吾求其德而已,吾與史巫同涂
(塗)而殊歸者也。君　　　　　　　　　　　　　　　　　　　　(五一上)

子德行焉求福^[九一],故祭祀而寡也;仁義焉求吉,故卜筮而希也。祝巫卜筮六(其)後
乎! ·孔子　　　　　　　　　　　　　　　　　　　　　　　　(五一下)

豯易^[九二]至於損益一卦,未尚(嘗)不廢書而嘆(歎),戒門弟子曰:二品(三)子! 夫損
益之道,不可不審察也,吉凶之　　　　　　　　　　　　　　　(五二上)

□也。益之爲卦也，春以授夏之時也，萬勿（物）之所出也，長日之所至也，産之室也[九三]。故曰　　　　　　　　　　　　　　　　　　（五二下）

益授者。秋以授冬之時也[九四]，萬物之所老衰也，長夜之所至也，故曰産道竆焉[九五]，而産道□焉。益之　　　　　　　　　　　　　　　（五三上）

始也吉，其冬（終）也凶；損之始凶，其冬（終）也吉。損益之道，足以觀天地之變，而君者之事已[九六]。　　　　　　　　　　　　　　（五三下）

是以察於損益之變者，不可動以憂憙（喜）。故明君不時不宿，不日不月[九七]，不卜不筮，而知吉與凶。順於天　　　　　　　　　　（五四上）

地之心，此胃（謂）易道。故易又（有）天道焉，而不可以日月生（星）辰盡稱也，故爲之以陰陽。又（有）地道　　　　　　　　　　（五四下）

焉，不可以水火金土木盡稱也，故律之以柔剛。又（有）人道焉，不可以父子君臣夫婦先後[九八]盡稱也，故要　　　　　　　　　　（五五上）

之以上下[九九]。又（有）四時之變焉，不可以萬勿（物）盡稱也，故爲之以八卦。故易之爲書也，一類不足以亟　　　　　　　　　　（五五下）

之變[一〇〇]，以備其請（情）者也，故胃（謂）之易。有君道焉，五官六府[一〇一]不足盡稱之，五正[一〇二]之事不足以産之。而詩書體（禮）　　　　　　　（五六上）

樂不□百扁，難以致之。不問（聞）於古法，不可順□以辭令，不可求以志善。能者繇（由）一求之，所胃（謂）　　　　　　　　　（五六下）

得一而君畢者，此之胃（謂）也。《損》《益》之道，足以觀得失矣。　　　（五七）
《要》千六百冊八

《繆和》

繆和問於先生曰：請問易渙之九二曰：渙賁六（其）階，每（悔）亡[一〇三]。此辭吾甚疑焉，請問此之所[胃（謂）。子]曰：夫易、明君　　　　　（五八上）
之守也。吾[少]惌（隱）[一〇四]，不達，問學不上與[一〇五]，恐言而貿易夫人之道[一〇六]。

不然,吾志亦願之。繆和　　　　　　　　　　　　　　　　　　　(五八下)

曰:請毋若此。願聞其説。子曰:涣者、散也,賁階、幾也,時也。古之君子,時福至則
進取,時亡則以讓。夫　　　　　　　　　　　　　　　　　　　　(五九上)
福至而能既焉[一〇七],賁走其時唯恐失之。故當其時而弗能用也,至於其失之也,唯
(雖)欲爲人用,　　　　　　　　　　　　　　　　　　　　　　(五九下)

剴(豈)可得也才(哉)! 將何无每(悔)之又(有)? 受者昌[一〇八],賁福而弗能蔽者窬
(窮),逆福者死。故其在詩也曰:女弄不幣(敝)　　　　　　　　　(六〇上)
衣常(裳),士弄不幣(敝)輿輪[一〇九]。无千歲之國,无百歲之家,无十歲之能[一一〇]。夫
福之於人也,既焉不　　　　　　　　　　　　　　　　　　　　(六〇下)

可得而賁也。故曰:賁福又(有)央(殃)。耶(聖)人知福之難得而賁也,是以又(有)
矣。故易曰:涣賁其階,每(悔)亡。則　　　　　　　　　　　　　(六一上)
言於能賁其時,悔之亡也。·繆和問於先生曰:凡生於天下者,无愚知賢不宵(肖),
莫不　　　　　　　　　　　　　　　　　　　　　　　　　　(六一下)

願利達顯榮。今周易曰:困,亨,貞,大人吉。无咎。又(有)言不信[一一一]。敢問大人
何吉於此乎? 子曰:此耶(聖)人之　　　　　　　　　　　　　　(六二上)
所重言也,曰又(有)言不信。凡天之道,壹陰壹陽,壹短壹長,壹晦壹明。夫人道亾
之[一一二]。是故　　　　　　　　　　　　　　　　　　　　　(六二下)

□□□[一一三]王,文王絇(拘)於條(羑)里[一一四],□□也耶(聖)□□[齊桓公]辱於長
餁[一一五],戉(越)王句賤(踐)困於[會稽][一一六],晉文君[困]　　　　(六三上)
[於]驪氏[一一七]。古(故)古至今,柏(霸)王之君,未嘗憂困而能達者未之有也。夫困之
爲達也,亦猶　　　　　　　　　　　　　　　　　　　　　　(六三下)

□□□□□□□□□□□□□□□□□□□□□故易曰:困,亨,貞,大人吉。无[咎]。□
□□□□　　　　　　　　　　　　　　　　　　　　　　　(六四上)
之胃(謂)也·繆和問於先生曰:吾年歲猶少,志□□□□□□敢失忘吾者。子曰何
　　　　　　　　　　　　　　　　　　　　　　　　　　　(六四下)

□□□□□□□□□□□□□□□□□□□□□□□□□□□□□□□□□□□□

（六五上）

□□□書、春秋、詩、語蓋□紐而利害異，□□□□□□□□□□□□□□□□

（六五下）

者莫不願安□□□□是□□□□□□□□□易曰：嗛[嗛君子，用涉大川，吉。]□□□□

□□□

（六六上）

□□□□□□者□□也古□□□□□□□□□□□□□□□□□□□[一一七]□□（六六下）

以高下□故□□□禹之取天[下也]，當此卦也。禹□其四枝（肢），苦其思[慮]，至於

手足駢（胼）胝，頯（顔）色□□□

（六七上）

□□□□□□□□□□□□□□□□□□□□□□□□□□□□□□而果凡□

（六七下）

下，名號即（聖）君，亦可胃（謂）冬矣，吉孰大焉。故曰勞[嗛]，君子有冬（終）吉[一一八]。

不亦宜乎！今又（有）土之君，及至布□

（六八上）

□□□□□□其妻奴粉白黑涅□□□□□□□□□□□□□□非能省而

（六八下）

又（有）功名於天下者，殆无又（有）矣。故曰勞嗛，君[子有]冬吉。此之胃（謂）也・廖

和問先生曰：吾聞先君，其陳

（六九上）

義錯（措）法，發[號]施令於天下也，皎焉若□□□□□□世循者不惑眩焉。今易豐之

（六九下）

九四曰：豐其剖（剖），日中見斗，遇其夷主。吉。何胃（謂）也？子曰：豐者大也，剖者

小也，此言小大之不惑也。夫

（七〇上）

□君之爲爵立（位）賞慶也，若膿（體）埶（勢）然，大能奮細[一一九]，故上能使下，君能令

臣。是以動則又（有）

（七〇下）

功，静則有名。列埶（勢）[一二〇]尤筭（尊），賞禄甚厚，能弄傅[一二一]君而國不損幣（弊）

者,蓋无又(有)矣。日中見斗,夫日者,君　　　　　　　　　　(七一上)

也;斗者,臣也。日中而斗見,君將失其光矣。日中必頃(傾),幾失君之德矣。遇者,

見也。見夷　　　　　　　　　　　　　　　　　　　　　　　　(七一下)

主者,其始夢秎而亟見之者也[一二二]。其次秦翏(繆)公、荊莊、晉文、齊桓(桓)是也。故

易曰:豐其剖,日中見斗,　　　　　　　　　　　　　　　　　　(七二上)

遇其夷主。[吉]。此之胃(謂)也·呂昌問先生曰:易屯之九五曰:屯其膏,小貞吉,

大貞凶。將何　　　　　　　　　　　　　　　　　　　　　　　(七二下)

胃(謂)也? 夫易上聖之治也[一二三]。古(故)君子處尊思卑,處貴思賤,處富思貧,處樂

思勞。君子能思此四者,是　　　　　　　　　　　　　　　　　(七三上)

以長又其□□名與天地俱□,易曰:屯其膏,此言自閏(潤)者也。夫處上立(位),厚自

利而不自　　　　　　　　　　　　　　　　　　　　　　　　(七三下)

血(衁)下,小之猶可,大之必凶。且夫君國又(有)人,而厚僉(斂)致正(征)以自封

也[一二四],而不顧其人,此除也。夫能見其將　　　　　　　　(七四上)

□□□□□□未失君人之道也。其小之吉,不亦宜乎? 物未夢秎而先知之者,耵(聖)

人之志　　　　　　　　　　　　　　　　　　　　　　　　　(七四下)

也,三代所以治其國也,故易曰:屯其膏,小貞吉,大貞凶。此之胃(謂)也。·呂昌問

先生曰:[天]下之士,皆欲會　　　　　　　　　　　　　　　(七五上)

□□□君子於□□□搜(屢)與以相享(饗)也[一二五],以爲至是也。今易渙之六四曰:

渙其羣,元吉。此　　　　　　　　　　　　　　　　　　　　(七五下)

何胃(謂)也? 子曰:異才(哉)天下之士所貴! 夫渙者、散,元者、善之始也。吉者、百

福之長也。夫羣黨倗(朋)捒[一二六]享(饗)　　　　　　　　(七六上)

□焉,故又(有)嘉會,比[周]相譽,以奪君明。此古亡國敗家之法也,明君之所行罰

也。將何　　　　　　　　　　　　　　　　　　　　　　　(七六下)

元吉之又(有)矣? 呂昌曰:吾聞類大又(有)焉耳,而未能以辨也。願先生少進之,以

明少者也。子曰:明君□□　　　　　　　　　　　　　　　　(七七上)

君之治其□□□然立爲刑辟，以散其羣黨，執爲賞慶爵列，以勸天下羣臣黔首[一二七]男

（七七下）

女，夫人渴（竭）力盡知，歸心於上，莫敢倗（朋）黨，侍（事）君而生[一二八]，將何求於人矣？其曰：涣其羣，元吉。不亦宜乎？故

（七八上）

詩曰：[嘒彼]小星，參五在東。蕭蕭宵正，蚤夜在公，是命不同[一二九]。彼此之胃（謂）也。·呂昌問先生曰：

（七八下）

夫古之君子，其思慮舉錯（措）也，内得於心，外度於義，外内和同，上順天道，下中地理，中適人心，神

（七九上）

□□□□□□□筮之聞[一三〇]。今周易曰：蒙，亨，非我求童蒙，童蒙求我，初筮吉，再參三讀（瀆），讀（瀆）則

（七九下）

不吉[一三一]，利貞。以昌之和〈私〉，以爲夫設身无方，思索不察，進退无節，讀（瀆）焉則不吉矣。而能享其利者，

（八〇上）

古又（有）之乎？子曰：□□□也，而又（有）不然者，夫内之不咎，外之不逆，筦筦然[一三二]能立志於天下，

（八〇下）

若此者，成人也，成人也[一三三]者，世无一，夫剴（豈）可強及興（與）才（哉）！故言曰：古之馬及古之鹿，今之馬，今之鹿。夫任人

（八一上）

□□□□□□□□昌曰：若子之言則易蒙上矣。子曰：何必若此而不可察也。夫蒙者，

（八一下）

然少未又（有）知也[一三四]。凡物之少，人之所好也，故曰蒙享。非我求童蒙，童蒙求我者，有知能者不求无能者，无能者

（八二上）

□□□□[故曰]非我求童蒙，童蒙求我。初筮吉者，聞其始而知其冬（終），見其本而知其[末也]，

（八二下）

[故]曰初筮吉。再參讀（瀆），讀（瀆）則不吉者，反覆問之而讀（瀆），讀（瀆）弗敬，故曰不吉。弗知而好學，身之賴也[一三五]。故曰利[貞]。

（八三上）

□□□□仁義之道也，雖弗身能，剴（豈）能已才（哉）！日夜不休，冬（終）身不卷（倦），

日日載載,必成而 (八三下)

后止。故易曰:蒙,亨,非我求童蒙,童蒙求我。初筮吉,再參三讀瀆,讀(瀆)則不吉。
利貞。此之胃(謂)也。·吳孟問先 (八四上)
生曰:□□□易中覆[一三六]之九二,其辭曰:鳴額(鶴)在陰,其子和之。我又(有)好爵,
吾與壐贏之[一三七]。何胃(謂)也?[子] (八四下)

曰:夫易,耵(聖)君之所尊也。吾庸與焉乎?吳子曰:亞(惡)又(有)。然願先生式
(試)略之,以爲毋忘,以匡弟子□ (八五上)
□□□□□□□□所獨擅也,道之所見也,故曰在陰。君者人之父母也,人者君之子
(八五下)

也,君發號出令,以死力癒之。故曰其子和之。我又(有)好爵,吾與壐贏之者,爵禄在
君,在人君不徒□ (八六上)
臣不□□之名也,□其人也,訢(欣)焉而欲利之;忠臣之事其君也,驩(歡)然而欲明
之。驩(歡)訢(欣)交迥(通), (八六下)

此耵(聖)王所以君天下也。故易曰:鳴鶴陰[一三八],其子和之。我又(有)好爵,吾與壐
贏之。其此之胃(謂)乎!·莊但[問] (八七上)
於先生曰:敢問於古今之世,聞學談説之士君子,所以皆扐焉勞其四枳(肢)之力,渴
(竭)六(其)腹心 (八七下)

而索者,類非安樂而爲之也。以但之私心論之,此大者求尊嚴顯貴之名,細者欲富厚
安樂[之] (八八上)
實。是以皆□□□□勉輕,奮其所穀[一三九],幸於天下者,殆此之爲也。今易溓之初六
其辭 (八八下)

曰:嗛(謙)嗛(謙)[君子],用涉大川,吉。將何以此諭也?子曰:夫務尊顯者,其心又
(有)不足者也。君子不然,昒焉不自 (八九上)
明也[一四〇],不自尊也,□□高世□。嗛(謙)之初六,嗛(謙)之明夷也。耵(聖)人不敢
又(有)立(位)也,以又(有)知爲无知 (八九下)

也，以又（有）能爲无能也，以又（有）見爲无見也。憧焉无敢設也[一四一]，以使其下。所
以治人請（情）犮羣臣之僞也。嗛（謙）［嗛（謙）］　　　　　　　　　　　（九〇上）
君子者，夫□□□□然以不□□於天下，故箸（諸）多廣大斿（游）樂之鄉，不敢渝
（愉）其身焉，　　　　　　　　　　　　　　　　　　　　　　　　　　　（九〇下）

是以而［天］下驪然歸之而弗猒（厭）也。用涉大川吉者，夫明夷离下而川（坤）上，川
（坤）者順也[一四二]，君子之所以折其身　　　　　　　　　　　　　　　（九一上）
者，明察所以□□□□□是以能既致天下之人而又（有）之[一四三]。且夫川者下之爲也，
故曰用　　　　　　　　　　　　　　　　　　　　　　　　　　　　　　（九一下）

涉大川吉。子曰：能下人若此，其吉也不亦宜乎？舜取天下也，當此卦也。子曰：蔥
（聰）明叡（叡）知[一四四]守以愚，博　　　　　　　　　　　　　　　　（九二上）
聞強試[一四五]守［以］□，□□貴富守以卑。若此故能君人。非舜其孰能當之？・張射問
　　　　　　　　　　　　　　　　　　　　　　　　　　　　　　　　　（九二下）

先生曰：自古至今，天下皆貴盛盈。今周易曰：嗛（謙），亨，君子又（有）冬終。敢問君
子何亨於此乎？子曰：善　　　　　　　　　　　　　　　　　　　　　　（九三上）
□問是也。□□盛盈者，處埶列爵位之尊，明厚賞慶之名，此先君之所以勸六（其）力也。
　　　　　　　　　　　　　　　　　　　　　　　　　　　　　　　　　（九三下）

宜矣彼其貴之也。此非耴（聖）君之所貴也。夫耴（聖）君卑體屈貌[一四六]以舒孫（遜），
以下其人，能至（致）天下之人而又（有）之，　　　　　　　　　　　　（九四上）
□□□□□行莫不勸，孰能以此冬（終）？子曰：天之道豪（崇）高神明而好下，故萬勿
（物）歸命焉；地之道　　　　　　　　　　　　　　　　　　　　　　　　（九四下）

精博，以尚（上）而安卑，故萬勿（物）得生焉。耴（聖）君之道，尊嚴叡（叡）知而弗以驕
人，嗛（謙）然比德而好後[一四七]，故　　　　　　　　　　　　　　　　（九五上）
□□□□□易曰溓（謙）亨君子有冬（終）。子曰：嗛（謙）者溓然不足也，亨者嘉好之會
也[一四八]，夫君人　　　　　　　　　　　　　　　　　　　　　　　　　（九五下）

者以德下其人,人以死力報之。其亨也不亦宜乎! 子曰: 天道毀盈而益嗛(謙),地道
銷[盈而]流嗛(謙),[鬼神害盈]　　　　　　　　　　　　　　　　　　　　　(九六上)
而福嗛,人道亞(惡)盈而好溓(謙)。溓(謙)者一物而四益者也,盈者一物而四損者
也。故耵(聖)君以　　　　　　　　　　　　　　　　　　　　　　　　　　(九六下)

爲豐荏[一四九],是以盛盈。使祭服勿[一五〇],屋成加菤[一五一],宫成刊隅。溓(謙)之爲道
也,君子貴之。故曰: 溓(謙)亨,君[子有冬(終)。][一五二]　　　　　　　　(九七上)
□□□□□□下,非君子其孰當之?　·李羊問先生曰: 易歸妹之上六曰: 女承匡无
實,士　　　　　　　　　　　　　　　　　　　　　　　　　　　　　　(九七下)

刲羊无血,无攸利。將以辭是何明也?　子曰: 此言君臣上下之求者也。女者下也,士
者上也,承者□求焉　　　　　　　　　　　　　　　　　　　　　　　　(九八上)
□□□□□□者上求於下也。羊者衆也,血者邮也,攸者所也,夫賢君之爲列埶爵立
(位)　　　　　　　　　　　　　　　　　　　　　　　　　　　　　　　(九八下)

也,與實俱;羣臣榮六(其)列,樂其實。夫人盡忠於上,其於小人也,必談博知其又
(有)无而□□不可不求□□　　　　　　　　　　　　　　　　　　　　　(九九上)
□□□□樂以承上求,故可以長君也。貪亂之君不然,羣臣虛立(位),皆又(有)外志,
君无賞禄　　　　　　　　　　　　　　　　　　　　　　　　　　　　　(九九下)

以勸之,其於小人也,賦斂无根[一五三],耆(嗜)欲无猒(厭),徵求无時,財盡而人屈,不朕
(勝)上求,衆又(有)离心,□而□　　　　　　　　　　　　　　　　　　(一〇〇上)
□□□其國以及其身也。夫明君之畜其臣也不虛,忠臣之事其君也有實。上下週
(通)實,　　　　　　　　　　　　　　　　　　　　　　　　　　　　　(一〇〇下)

所以長又(有)令名於天下也。夫忠言請(情)愛而實弗隋(隨),此鬼神所疑也,而兄
(况)人乎將何所利?　□[故]曰女承匡无　　　　　　　　　　　　　　(一〇一上)
實,士刲羊无血,无攸利。此之胃(謂)也。孔子曰: 夫无實而承之,无血而卦(刲)之,
不亦不知(智)乎?　　　　　　　　　　　　　　　　　　　　　　　　　(一〇一下)

且夫求於无又(有)者,此凶之所産也。善乎胃(謂)[之]无所利也。　·子曰: 君人者,

又(有)大德於□而不求(其)報,則□□　　　　　　　　(一〇二上)
要,晉、齊、宋之君是也[一五四]。臣人者,又(有)大德於□而不求六報□□□□□□□□
□要□□　　　　　　　　　　　　　　　　　(一〇二下)

[關]龍逢[一五五]、王子比干[一五六]、五(伍)子[胥[一五七]、介]子隹(推)[一五八]是也。□君人
者有大德於□而不求其報,生道也。臣者[有大德於君]　　(一〇三上)
而不求(其)報,死道也。是故耴(聖)君求報□□□□□□□□□□□□□爲道也不利遠
　　　　　　　　　　　　　　　　　　　　　(一〇三下)

□□□□□□□也,其在易也,覆(復)之六二曰:休覆(復)吉[一五九]。則此言以□□□
□□□也又□□□□□□□　　　　　　　　　(一〇四上)
□□將,何吉之求矣?·子曰:昔者先君□□□□□□□□□□□□□□□□□□
　　　　　　　　　　　　　　　　　　　　　(一〇四下)

□□□□□□□□□而不□□正之成也,故人□□□□□□□□□□□□□□□□□
□□□□　　　　　　　　　　　　　　　　　(一〇五上)
□猶恐人之不順也,故其在易□□□□□□□□□□□[食舊德貞厲[一六〇],或從王]事
无成。子　　　　　　　　　　　　　　　　(一〇五下)

曰食[舊德貞厲者,]□□□□□□□□□□□□□翰事,食舊德以自厲,□□□□□□□
□□□□□　　　　　　　　　　　　　　　　(一〇六上)
□□□□□□□也,未產於今之世而□□爲新□□□□□□□□□□□□□□□也,不
亦宜乎?　　　　　　　　　　　　　　　　(一〇六下)

故曰:食舊德,貞厲。或從王事,无成。·子曰:恒之初六曰:夐(浚)恒[一六一]貞,凶,
无[攸利。子]曰:夐,治也·]□□□□□□　　(一〇七上)
□□□□□曰:國□人之所非也,凶必產[焉,故曰:夐恒貞,凶。无攸]利。·子曰:
恒之九三曰:不　　　　　　　　　　　　　(一〇七下)

恒其德,或承之羞,貞[吝]。子曰:不恒其[德]者言其德,行之无恒也。德行无道,則
親疏无辨,親疏无辨□□□　　　　　　　　(一〇八上)

□□□□□□□闍,故曰:不恒其德,或[承之羞,貞閵。·子曰:恒之]九五曰:恒其
德,貞,婦人　　　　　　　　　　　　　　　　　　　　　　　（一〇八下）

吉,夫子凶。婦德一人之爲□可以又(有)它。又(有)它矣,凶□産焉。故曰:恒其德,
貞,婦人吉。□男德不□□□　　　　　　　　　　　　　　　　（一〇九上）

□□又弱德,必立而好比於人、賢不宵(肖)人得其宜□則吉,自恒也則凶。故曰:恒其
德,貞,婦人　　　　　　　　　　　　　　　　　　　　　　　（一〇九下）

吉,夫子凶。·子曰:川(坤)之六二曰:直方大,不習,无不利。子曰:直方者,知之胃
(謂)也。不習者,□□□□□　　　　　　　　　　　　　　　　（一一〇上）

□□□大,無不利者,无過之胃(謂)也。夫羸德以與人,過則失人和矣,非人之所習
也,則近害矣。故　　　　　　　　　　　　　　　　　　　　　（一一〇下）

曰:直方大,不習,无不利。·湯出軕(巡)守,東北又(有)火。曰:彼何火也? 又(有)
司對曰:漁者也。湯遂至□曰:子之祝□　　　　　　　　　　　（一一一上）

□□曰:古蛛蝥[一六二]作罔(網),今之人緣序[一六三]。左者、右者、尚(上)者、下者、率突
乎土者[一六四],皆來乎吾罔(網)。湯　　　　　　　　　　　　　（一一一下）

曰:不可。我教子祝之。曰:古者蛛蝥作罔(網),今之[人][一六五]緣序。左者使左,右
者使右,尚(上)者使尚(上),下者使下,□□　　　　　　　　　（一一二上）

□□者以□□□諸矣聞之曰:湯之德及貪(禽)獸魚鼈矣。故共皮幣[一六六]以進者册
(四十)又(有)　　　　　　　　　　　　　　　　　　　　　　　（一一二下）

餘國[一六七]。易卦其義曰:顯比,王用參(三)毆(驅),失前禽,邑不戒[一六八],吉。此之
胃(謂)也。·西人舉兵侵魏野而[一六九]□□　　　　　　　　　　（一一三上）

□□□□□□□而遂出,見諸夫(大)夫,過段干木之閭而式(軾),其僕李義曰:義聞
之,諸侯　　　　　　　　　　　　　　　　　　　　　　　　　（一一三下）

先財而後財,今吾君先財而後財[一七〇],何也? 文侯曰:段干木富乎德,我富於財,段干
木富□□□　　　　　　　　　　　　　　　　　　　　　　　　（一一四上）

□□□□□□□爲者也,義而不吾取者也,彼擇取而不我與者也,我求而弗

(一一四下)

得也,若何我過而弗式(軾)也? 西人聞之曰:我將伐无道也,今也文侯尊賢,□□□□

□□□　　　　　　　　　　　　　　　　　　　　(一一五上)

□□□□□□□□何何,而要之局,而冠之獄獄[一七一],吾君敬女(汝),而西人告不足。

易卦其義　　　　　　　　　　　　　　　　　(一一五下)

曰:又(有)覆惠心,勿問,元吉。又復惠我德也[一七二]。·吳王夫跕(差)攻[一七三],當

夏,大(太)子辰歸冰[一七四]八管,君問左右,冰□　　　(一一六上)

□□□□□□□□注冰江中上流,與士歂(飲)其下流,江水未加清[一七五],而士人大説

(悦)。　　　　　　　　　　　　　　　　　　(一一六下)

斯壘[一七六]爲三遂[一七七],而出戠(擊)荆人,大敗之。襲其郢,居六(其)君室,徙其祭器。

察之則從八管之冰始也。　　　　　　　　　(一一七上)

易卦其義曰:嗚嗛(謙),[利用]行師征國[一七八]。·越王句賤即(既)已克吳[一七九],環

周而欲均荆方城　　　　　　　　　　　　　(一一七下)

之外[一八〇]。荆王聞之,恐而欲予之。左史倚相曰:天下吳爲強,以戈(越)戔(踐)

吳[一八一],其鋭者必盡,其餘不足用　　　　　(一一八上)

也,是知越之不能□□□□齊之不能隃(踰)驕(鄒)魯而與我争於吳也[一八二]。是恐而來觀

(一一八下)

我也。君曰:若何則可? 左史倚相曰:請爲長轂五百乘[一八三],以往分於吳地。君曰:

若(諾)。遂爲長轂五[百]　　　　　　　　(一一九上)

乘,以往分吳。曰:吳人□□□而不服者,請爲君服之。曰旦[一八四],越王曰:天下吳爲

強,吾　　　　　　　　　　　　　　　　　(一一九下)

既戔(踐)吳,其餘不足以辱大國,士人請辭。又曰:人力所不至,周(舟)車所不達,請

爲君服之。王胃(謂)夫(大)夫重(種)[一八五]　　(一二〇上)

□□不退兵□□□重(種)曰:不可。天下吳爲強,以我戔(踐)吳,吾鋭者既盡,其餘不

足用　　　　　　　　　　　　　　　　　　　　　　　　　（一二〇下）

也,而吴衆又未可起也。請與之分於吴地。遂爲之封於南巢,至於北蘄,南北七百里。
命之曰倚[相。]　　　　　　　　　　　　　　　　　　　　　（一二一上）
□□易卦[其義曰:乖苙],鬼〈見〉豕負塗,載鬼一車,先張之枛(弧),後説之壺[一八六]。
此之胃(謂)也。　　　　　　　　　　　　　　　　　　　　（一二一下）

·荆莊王欲伐陳[一八七],使沈尹樹[一八八]往觀之。沈尹樹反至令曰:其城郭脩,其
倉[廪]實,其士好學,其婦人組疾[一八九]。君　　　　　　　　（一二二上）
[曰]如是,則[陳不可伐]也。城郭脩則其守固也,倉廪實則人食足也,其士好學必死
上也,　　　　　　　　　　　　　　　　　　　　　　　　　（一二二下）

其婦組[疾]□財足也。如是,陳不可伐也。沈尹樹曰:彼若若君之言,則可也。彼與
君之言之異。城郭脩　　　　　　　　　　　　　　　　　　（一二三上）
[則]人力渴(竭)矣,倉廪實□□之人也,其士好學則又(有)外志也,其婦組疾則士禄
不足食也。　　　　　　　　　　　　　　　　　　　　　　（一二三下）

故曰陳可伐也。遂舉兵伐陳,克之。易卦其義曰:入于左腹[一九〇],穚(獲)明夷之心,
于出門廷。·趙間(簡)子欲伐衛[一九一],　　　　　　　　　　（一二四上）
□史黑□□□□□世(卅)日,六十日焉反。間(簡)子大怒,以爲又(有)外志也。史黑
曰:吾君殆乎大過矣。衛使　　　　　　　　　　　　　　　（一二四下）

據(籧)柏(伯)玉相、子路爲浦(輔),孔子客焉,史子突焉[一九二],子贛出入於朝而莫之留
也。此五人也,一治天下者也,而　　　　　　　　　　　　（一二五上）
□皆在衛,□□實□□□□□毋又(有)是心者,倪(況)□□而伐之乎? 易卦其義曰:
觀國之光,利用　　　　　　　　　　　　　　　　　　　　（一二五下）

賓于王[一九三]。易曰:童童往來[一九四],仁不達也;不克征[一九五],義不達也;其行
塞[一九六],道不達也;不明晦[一九七],明不達[也]。□□□□□　　（一二六上）
達矣;直方[大,不]習,義達矣;自邑告命[一九八],道達矣;觀國之光,明達矣。　繆和
　　　　　　　　　　　　　　　　　　　　　　　　　　　（一二六下）

《昭力》

　　昭力問曰：易又(有)鄉(卿)夫(大)夫之義乎？子曰：師之左次[一九九]與闌輿之率〈衛〉[二○○]與豶豕之牙[二○一]，參(三)者，夫(大)夫之所以治其國而安其

(一二七上)

□□昭力曰：可得聞乎？子曰：昔之善爲夫(大)夫者，必敬其百姓之順德[二○二]，忠信以先之，脩其兵甲

(一二七下)

而率之，長賢而勸之，不棄朕(勝)名[二○三]以教其人，不羞卑險[二○四]以安社稷。其將稽誅也，□言以爲人次；其將報

(一二八上)

□□□一以爲人次；其將取利，必先其義，以爲人次。易曰：師左次，无咎。師也者，人之聚也；次

(一二八下)

也者，君之立(位)也。見事而能左其主，何咎之又(有)？問闌輿之義。子曰：上正(政)率〈衛〉國以德，次正(政)率〈衛〉國以力，下正(政)率

(一二九上)

〈衛〉國以兵，率國以德者，必和其君臣之節，不耳之所聞，敗目之所見。故權臣不作，同父子之

(一二九下)

欲，以固其親；賞百姓之勸，以禁諱教[二○五]，察人所疾，不作苟心。是故大國屬力焉，而小國歸德焉，城郭弗

(一三○上)

脩，五兵弗底[二○六]，而天下皆服焉。易曰：闌輿之率〈衛〉，利又(有)攸往。若輿且可以闌然率〈衛〉之，倪(況)以

(一三○下)

德乎？何不吉之又(有)？又問豶豕之牙，何胃(謂)也？子曰：古之伐強者也，伐強以侍(待)難也。上正(政)衛兵而弗用，次正(政)用兵

(一三一上)

而弗先也，下正(政)銳兵而后威。幾兵而弗用者，調愛其百生(姓)[二○七]而敬其士臣，強爭其時而讓其

(一三一下)

成利，文人爲令，武夫用圖，脩兵不解(懈)，卒伍必固，權謀不讓[二○八]，怨弗无昌[二○九]。是故其士驕(趫)而不傾，其人調而不

(一三二上)

野。大國禮之,小國事之,危國獻焉,力國助焉,遠國依焉,近國固焉。上正(政)陲
(垂)衣常(裳)以來　　　　　　　　　　　　　　　　　　　　　（一三二下）

遠人,次正(政)櫜弓矢以伏天下。易曰:豶豕之牙,吉。夫豕之牙,成而不用者也,又
笑而後見,言國脩兵,不單(戰)　　　　　　　　　　　　　　　　（一三三上）
而威之胃(謂)也。此夫(大)夫之用也,鄉(卿)夫(大)夫之事也。·昭力問曰:易又
(有)國君之義乎? 子曰:師之王參(三)賜命[二一〇],　　　　　　（一三三下）

與比之王參(三)毆(驅),與奈(泰)之自邑告命[二一一]者,三者國君之義也。昭力曰:可
得聞乎? 子曰昔之君國者,君親　　　　　　　　　　　　　　　（一三四上）
賜其夫(大)夫,夫(大)夫親賜其百官,此之胃(謂)參(三)裯(詔)[二一二]。君之自大而亡
國者,其臣厲以寙(聚)謀,君臣不相知,　　　　　　　　　　　　（一三四下）

則遠人无勸矣,亂之所生於忘(妄)者也。是故君以懷人爲德,則夫(大)夫共惠,將軍
禁單(戰);君以武爲德,則　　　　　　　　　　　　　　　　　　（一三五上）
夫(大)夫薄人,[將軍]□柢;君以資財爲德,則夫(大)夫賤人,而將軍走利。是故失國
之罪,必在君之　　　　　　　　　　　　　　　　　　　　　　　（一三五下）

不知夫(大)夫也。易曰:王參(三)賜命,无咎。爲人君而能亟賜其命,无國何失之又
(有)[二一三]? 又(有)問:比之王[參](三)毆(驅),何胃(謂)也? 子　　（一三六上）
曰:昔之□□□□人以索[二一四],教之以義,付之以刑,殺當罪而人服。君乃服小節以
先人,曰義,　　　　　　　　　　　　　　　　　　　　　　　　　（一三六下）

爲上且猶又(有)不能,人爲下何无過之又(有)? 夫失之前,將戒諸後,此之胃(謂)教
而戒之。易[比]之王參(三)毆(驅),失　　　　　　　　　　　　（一三七上）
前禽,邑人不戒,吉。若爲人君毆(驅)者,其人[二一五]孫戒在前[二一六],何不吉之又(有)?
又問曰:奈(泰)〇之自邑告命,　　　　　　　　　　　　　　　　（一三七下）

何胃(謂)也? 子曰:昔之賢君也,明以察乎人之欲亞(惡),詩書以成其慮,外内親賢,
以爲紀剛(綱)。夫人弗告則　　　　　　　　　　　　　　　　　　（一三八上）
弗識,弗將不達[二一七],弗遂不成[二一八]。易曰:奈(泰)之自邑告命,吉。自君告人之胃

(謂)也。·昭力問先　　　　　　　　　　　　　　　　　（一三八下）

生曰：君鄉(卿)夫(大)夫之事，既已聞之矣。易或又(有)乎？子曰：之數言，數百猶
又(有)所廣用之，兄(況)於易乎？比卦六十又二　　　　　　　（一三九上）
冬(終)，六合之内，四勿之卦，何不又(有)焉？旅之潛斧[二一九]，商夫之義也。无孟(妄)
之卦，邑塗之義也。　　　　　　　　　　　　　　　　　　（一三九下）

不耕而穤(穫)[二二〇]，戎夫之義也。良月幾望[二二一]，處女之義也。　《昭力》六千
　　　　　　　　　　　　　　　　　　　　　　　　　　　（一四〇）

校注

[一] 二品(三)子　帛書"参"字書作"叁"，故"品"爲"参"字之省寫。参假爲三。古籍中"二三子"一詞常見。

[二] 龍，刑(形)邎叚　《説文·舁部》："舁(邎)，升高也。"字亦假爲遷。《説文·辵部》："遷，登也。"故邎叚即升假、登假，上升也。

[三] 賓于帝　《書·堯典》"寅賓出日"，《疏》引馬注："賓，從也。"

[四] 倪　《詩·大明》"倪天之妹"，《説文·人部》："倪，譬喻也。"

[五] 高尚齊虖(乎)星辰日月而不眺　《淮南子·要略》："挾日月而不姚。"案：眺、姚並當假爲宨，《管子·宙合》："其處大也不宨。"《廣雅·釋詁三》："宨，寬也。"

[六] 窮(窮)深潚之潚而不沬　《説文》："潚，深清也。"但在金文與帛書中，"淵"字亦書作"潚"。此句上一"潚"字爲深清之"潚"字，下一"潚"字則爲"淵"字，沬讀爲没。

[七] 干　犯也。

[八] 正虫　正讀爲貞。虫即蟲字，古虫、虫不分，説見《説文》段注。《淮南子·原道》"蚑蟯貞蟲"，注："貞蟲，細腰之屬也。"

[九] 辯者不能察其羔　辯讀爲辨。《左傳·哀公十五年》"子羔"，注："《禮記·檀弓》作高。"是羔可假爲高。然帛書美字或亦書作羔，此羔字釋爲美，亦通。

[一〇] 馴德　《史記·五帝本紀》"能明馴德"，《集解》引徐廣："馴，古順字。"《書·堯典》作"俊德"。

[一一] 精白　《楚辭·橘頌》"精色内白"，注："精，明也。"

[一二] 而不諱賢　諱，忌也。

[一三] 其方一也　方，道也。

[一四] 黄常　《易》坤(川)之六五爻辭。

[一五] 不習 《易》坤(川)之六二爻辭。

[一六] 宿(潛)龍勿用 《易》乾(鍵)之初九爻辭。

[一七] 朝謌 謌疑即警，以音近假爲觀或請。《周禮·大宗伯》：“春見曰朝，秋見曰觀。”《史記·吳王濞傳》集解：“律，春曰朝，秋曰請。”

[一八] 抗龍有悔 《易》乾(鍵)之上九爻辭。

[一九] 佁：疑假作殆。

[二〇] 立正 《史記·范睢傳》：“臣聞明主立政。”《索隱》：“《戰國策》立作涖。”是立正即涖政。

[二一] 若遁(循)木，俞高俞畏下 《大戴禮記·子張問入官》：“故上者辟如緣木者，務高而畏下者滋甚。”《家語》卷五略同。

[二二] 龍戰于野其血玄黄 《易》坤(川)之上六爻辭。

[二三] 夫文之李，采物畢存者 之，其也。李假爲裏。采假爲彩，物，雜色也。

[二四] 王臣蹇蹇，非今之故 《易》蹇(蹇)之六二爻辭。通行本今作躬。

[二五] 古以狀也 “狀”疑爲“然”字之誤。

[二六] 鼎折足，復公莁，其形屋，凶 《易》鼎之九四爻辭。通行本“莁”作“餗”，“刑”作“形”，“屋”作“渥”。

[二七] 路其國 《管子·四時》“國家乃路”，注：“失其常居也。”

[二八] 晉厲公 《左傳·成公十七年》：“晉厲公侈，多外嬖，反自鄢陵，欲盡去羣大夫而立其左右……公遊于匠麗氏，欒書、中行偃遂執公焉。”帛書此處所記與《左傳》不同，且晉無雲夢，當係誤記。《國語·吳語》及《史記·楚世家》並載楚靈王饑餓事，或此處爲楚靈王之誤。

[二九] 鼎玉弦 鼎之上九爻辭。弦字從玉(帛書玉字與王字無別)從弦省(省去玄字之上半部)，即鉉之異體字。通行本作“鉉”。此字《儀禮》作“扃”，《説文·鼎部》作“鼏”，《釋文》云：“鉉，一音古螢反。”是鉉、扃、鼏並耕部字，音近相通。

[三〇] 舉忌 忌讀爲己。

[三一] 康侯用錫馬番庶，晝日三接 《易》晉卦卦辭。番，通行本作蕃。

[三二] 牛參弗服 參讀爲犙，《説文》：“犙，三歲牛也。”

[三三] 不夏乘牝馬 夏讀爲假，《淮南子·主術》：“故假輿馬者，足不勞而至千里。”《史記·平準書》：“衆庶街巷有馬，阡陌之間成羣，而乘字牝者，儐而不得聚會。”注引《漢書音義》：“皆乘父馬，有牝馬間其間，則相踶齧，故斥不得出會同。”

[三四] 剽風苦雨 剽讀爲飄，疾風、暴風。《禮記·月令》：“孟夏行秋令，則苦雨數來，五穀不滋。”

[三五] 民恩相惕以壽 恩假爲總。《周書·大匡》“因其耆老及其總害”，注：“總，衆人也。”惕

爲觴之異體字。《後漢書·明帝紀》"奉觴上壽",注:"壽者人之所欲,故卑下奉觴進酒,皆言上壽。"

[三六] 聒囊 《易》坤(川)之六四爻辭。聒,通行本作"括"。《周易集解》引虞翻注:"括,結也。"

[三七] 多言多過多事多患 《説苑·敬慎》:"戒之哉!無多言,多言多敗。無多事,多事多患。"

[三八] 可以衍矣 《荀子·賦篇》"暴人衍矣",注:"衍,饒也。"

[三九] 見龍在田,利見大人 《易》乾(鍵)之九二爻辭。

[四〇] 君子終日鍵鍵,夕沂[若]厲,无咎 《易》乾(鍵)之九三爻辭。

[四一] 蜚龍在天,利見大人 《易》乾(鍵)之九五爻辭。

[四二] 見羣龍无首,吉 《易》乾(鍵)之用(迵)九爻辭。

[四三] 履霜堅氷至 《易》坤(川)之初六爻辭。

[四四] 譖戒莑常 譖疑爲深。

[四五] 直方大,不習,无不利 《易》坤(川)之六二爻辭。

[四六] 含章可貞 《易》坤(川)之六三爻辭。

[四七] 元,善之始也 此段釋《易》坤之六五"黄裳(常)元吉"。

[四八] 大貞凶 《易》屯之九五爻辭。

[四九] 利涉大川 《易》同人卦辭。

[五〇] 于門无咎 此段釋《易》同人之初九"同人于門,无咎"。

[五一] 同人于宗貞藺 同人之六二爻辭。帛書《六十四卦》及通行本爻辭均无"貞"字。藺,帛書《六十四卦》作"閵",通行本作"吝"。

[五二] 絞如委如,吉 大有之六五爻辭。絞,帛書、通行本爻辭並作"交",委,通行本作"威"。

[五三] 嗛,亨,君子有終吉 謙(嗛)卦卦辭。帛書及通行本均无吉字。

[五四] 上川而下根 謙卦上爲坤(川)、下爲艮(根)。

[五五] 川也 據下文"根(艮),精質也",則此二字間有脱文。

[五六] 天亂驕而成嗛,地徹驕而實嗛,鬼神禍福嗛,人惡驕而好嗛 禍字下應脱"驕而"二字,通行本《周易·象辭》云:"天道虧盈而益謙,地道變盈而流謙,鬼神害盈而福謙,人道惡盈而好謙。"義與此近。

[五七] 盰予悔 豫之六三爻辭。帛書作"杅餘",通行本作"盰豫"。

[五八] 廙客 即儼恪、嚴恪。《禮記·祭義》"嚴威儼恪",疏:"儼謂儼正,恪謂恭敬。"《漢書·匡衡傳》作"嚴恪"。

[五九] 詖行 《楚辭·靈懷》"不從俗而詖行兮",注:"詖,猶傾也。"

[六〇] (我)有好爵,與聖嬴已 中孚(復)九二爻辭。通行本作"吾與爾靡之"。

[六一] 者酒　者假爲旨，謂美酒。

[六二] 此言聲君之下舉乎山林犾畞之中也　聲假爲聖。帛書《老子》甲本聖字多作“聲”，《左傳·文公十七年》“聲姜”，《公羊傳》作“聖姜”。犾爲畎之異體字。

[六三] 公射取皮在穴　小(少)過六五爻辭，通行本作“公弋取彼在穴”。

[六四] 恒，亨，无[咎]，利貞　《周易》恒卦卦辭。

[六五] 不[恒其德，或]承之憂，貞藺　恒之九三爻辭。帛書及通行本“憂”均作“羞”，此書後文亦作“羞”。

[六六] 蹇(蹇)之九五爻辭。

[六七] 公用射隼于[高塙之上]，无不利　解之上六爻辭，隼即隼字。帛書及通行本作“獲之，无不利”，此處只缺四字，故“獲之”二字未補入。

[六八] 根其北　艮(根)卦卦辭。

[六九] 言有序　艮(根)之六五爻辭。

[七○] 害寒人之美　據下文“害塞人之亞(惡)”，知此處之“寒”字實“塞”字之誤。《詩·長發》“則莫我敢曷”，《傳》：“曷，害也。”《荀子·議兵》、《漢書·刑法志》引《詩》並作“遏”，是害與遏通。

[七一] 豐，亨，王叚之，勿憂，宜日中　豐卦卦辭。

[七二] 用賢弗害　害亦假爲遏。

[七三] 黄帝四輔　《史記·五帝本紀》：“舉風后、力牧、常先、大鴻以治民。”當即所謂“四輔”。

[七四] 堯立三卿　《文子·自然》：“昔堯之治天下也，舜爲司徒，契爲司馬，禹爲司空。”三卿或指此。

[七五] 帝□　當爲帝舜。

[七六] 奂其肝　渙之九五爻辭。通行本作“渙汗其大號”。

[七七] 狐涉川，幾濟，濡其尾，　未濟卦辭。帛書卦辭作“小狐气涉濡其尾”，通行本作“小狐汔濟濡其尾”，《史記·春申君傳》引作“狐涉水，濡其尾”。

[七八] 吾好學而兔聞要　兔即龜，古籍中多作“纔”，龜、纔均以雙聲假爲才。

[七九] 危者安其立者也　自此句至“毄于苞桑”，與通行本《繫辭下》第四章第五節略同，缺文據以補入。“保其存者也”下帛書脱“亂者有其治者也”一句。

[八○] 德薄而位算　自此句至“言不勝任也”與通行本《繫辭下》第四章第六節略同。

[八一] 顔氏之子　自此句至“元吉”與通行本《繫辭下》第四章第八節略同。

[八二] 天地困　自此句至“勿恒凶”，與通行本《繫辭下》第四章第九節略同。“天地困，萬勿潤”，通行本作“天地絪縕，萬物化醇”，《釋文》云：“本又作氤氲。”《說文·壺部》引作“壹壹”。絪縕，氣凝聚充塞之狀。困，混也，與絪縕義近。

[八三] 德行亡者神需(靈)之趨，知謀遠者卜筮之蘩　之讀爲是。蘩疑讀爲播。《楚辭·思

古》“播規矩以背度分”，注：“播，棄也。”

[八四] 緡　《莊子·在宥》：“當我緡乎?”《釋文》引司馬注：“緡，無心之謂也。”

[八五] 君子言以杲方也　杲即柜(柜見《隸釋》堯康碑)，亦即矩字。“柜方”疑與“矩薎”同義，“言以柜方”謂言語合于法度。

[八六] 孫正而行義　孫假爲遜，順也。

[八七] 校哉賜　校讀爲狡，《左傳·僖公十五年》“亂氣狡憤”，注：“狡，戾也。”

[八八] 愚人爲而不忘　忘讀爲妄。

[八九] 慚人爲而去詐　慚當假爲毚。《廣雅·釋詁四》：“毚，獪也。”

[九〇] 幽贊而達乎數　《説卦傳》：“幽贊於神明而生蓍。”韓注：“幽，深也。贊，明也。”《周易集解》引荀爽：“幽，隱也。贊，見也。”

[九一] 君子德行焉求福　焉：於是也，乃也(見《經傳釋詞》)。言君子當於德行中求福。孔丘之僞善，於此可見。

[九二] 孔子繇易　繇通籀，讀也。《漢書·文帝紀》顏注：“繇……本作籀，籀書也，謂讀卜詞也。”案《説苑·敬慎》亦有“孔子讀易，至於損益則喟然而歎”一段。

[九三] 産之室也　産，生也。

[九四] 據上文文義，此處“秋以授冬之時也”之上，當脱“損之爲卦也”一句。

[九五] 據文義，此句當爲“故曰損□者”，“産道窮焉”涉下文而誤。

[九六] 而君者之事已　已，畢也。

[九七] 不時不宿，不日不月　謂不卜時宿日月之吉凶。《周禮·保章氏》：“保章氏掌天星，以志星辰日月之變動，以觀天下之遷，辨其吉凶。”《孟子·公孫丑》“天時不如地利”，注：“天時謂時日支干五行王相孤虛之屬也。”

[九八] 先後　《史記·武帝本紀》：“故見神，於先後宛若。”孟康注：“兄弟妻相謂先後。”

[九九] 故要之以上下　要，約也。

[一〇〇] 一類不足以亟之變　亟通極，盡也。之，其也。

[一〇一] 五官六府　《鶡冠子·泰鴻》：“五官六府，分之有道。”《禮記·曲禮下》：“天子之五官，曰司徒、司馬、司空、司士、司寇，典司五衆。天子之六府，曰司土、司木、司水、司草、司器、司貨，典司六職。”

[一〇二] 五正　《左傳·隱公六年》杜注：“五正，五官之長。”《國語·齊語》：“立五正，各使聽一屬焉。”注：“正，長也。”

[一〇三] 渙賁其階，悔亡　帛書六十四卦同，通行本賁作奔，階作機。

[一〇四] 吾[少]慝　慝假爲隱。《荀子·宥坐》：“奚居之隱也?”注：“隱謂窮約。”

[一〇五] 問學不上與　與，及也。謂問學不上及於《周易》。

[一〇六] 恐言而貿易夫人之道　《漢書·李尋傳》：“日月失度，星辰錯謬，高下貿易。”貿易蓋

亦錯謬。

[一○七] 福至而能既焉　既讀爲幾,望也。

[一○八] 受者昌　據下文"貫福而弗能蔽者窮,逆福者死",則此處"受"字下當脱一"福"字。蔽假爲畢,盡也。

[一○九] 女弄不幣(敝)衣裳,士弄不幣輿輪　《戰國策·楚策一》:"嬖色不敝席,寵臣不敝軒。"注引《真誥》:"女寵不敝席,男愛不盡輪。"均與此義近,弄與寵音義俱近。

[一一○] 无十歲之能　《廣雅·釋詁二》:"能,任也。"

[一一一] 困,亨,貞,大人吉,无咎,又(有)言不信　困卦卦辭。

[一一二] 夫人道厽之　厽疑假爲軌。《後漢書·襄楷傳》"不軌常道",注:"軌猶依也。"

[一一三] 此段殘缺,然古籍有類似之記載。《説苑·雜言》:"孔子曰:……陳蔡之間,丘之幸也,二三子之從丘者皆幸也。吾聞人君不困不成王,列士不困不成行。昔者,湯囚於吕,文王困於羑里,秦穆公困於殽,齊桓公困於長勺,勾踐困於會稽,晉文困於驪氏。夫困之爲道,從寒之及煖,煖之及寒也,唯賢者獨知而難言之也。《易》曰:困,亨,貞,大人吉,无咎,有言不信。聖人所與人難言信也。"《家語·困誓》略同。

[一一四] 文王絢(拘)於條羑里　事見《史記·周本紀》。

[一一五] [齊桓公]辱於長餉　餉假爲勺。《左傳·莊公十年》記魯師敗齊師於長勺之事。

[一一六] 戉(越)王句賤(踐)困於[會稽]　《左傳·哀公元年》:"吴王夫差敗越于夫椒,報檇李也,遂入越。越子以甲楯五千保于會稽,使大夫種因吴大宰嚭以行成。……三月,越及吴平。"

[一一七] 晉文君[困於]驪氏　事見《左傳·僖公四年》、《五年》,《國語·晉語七》、《晉語八》,《史記·晉世家》。

[一一八] 勞嗛,君子有冬(終),吉　謙(嗛)之九三爻辭。

[一一九] 大能奮細　《説文》:"揮,奮也。"故此奮字有指揮之義。

[一二○] 列執　下文或作"執(勢)列"。《荀子·正名》"無執列之位而可以養名",注:"執列,班列也。"

[一二一] 弄傅　疑假爲"拱輔"。

[一二二] 其始夢扯而巫見之者也　夢假爲萌。《説文》:"夢,灌渝也。从艸夢聲,讀若萌。"

[一二三] 夫易上聖之治也　據文義,此句之上當脱"子曰"二字。

[一二四] 而厚僉(斂)致正(征)以自封也　《國語·楚語》"是聚民利以自封而瘠民也",注:"封,厚也。"

[一二五] 搜(厚)與以相享(饗)也　《春秋公羊經·莊公四年》:"夫人姜氏饗齊于祝邱。"注:"牛酒曰犒,加飰羹曰饗。"

[一二六] 羣黨朋挨　挨參閲《繫辭》注"八三",挨疑假作等,《廣雅·釋詁一》:"等,輩也。"

[一二七] 黔首 《史記·秦始皇本紀》:"更名民曰黔首。"案：在秦始皇之前已有黔首之名，
見《國策·魏策二》、《吕氏春秋·大樂》、《韓非子·忠孝》等書。

[一二八] 侍君而生 侍假爲事。《荀子·君道》"以禮侍君"，《韓詩外傳·四》"侍"作"事"。

[一二九] [嘒彼小]星，參五在東，蕭蕭宵正，蚤夜在公，是命不同 毛詩作"嘒彼小星，三五在
東，肅肅宵征，夙夜在公，寔命不同"。《釋文》引韓詩作"實命不同"，均與此異。

[一三〇] 管之聞 管當假作莫。

[一三一] 蒙，亨，非我求童蒙，童蒙求我。初筮吉，再三讀，讀則不吉 蒙卦卦辭。帛書《六十
四卦》讀作瀆，則作即。通行本讀作瀆，吉作告。

[一三二] 管管然 《荀子·非十二子》"莫莫然"，注："莫讀爲貊，貊，静也。"是管即貊，假作
莫。《詩·楚茨》"君婦莫莫"，《傳》："言清静而敬至也。"

[一三三] 成人也 《國語·周語》："成，德之終也。"

[一三四] 夫蒙者，然少未又(有)知也 "然"字上疑脱一"蒙"字。

[一三五] 身之賴也 賴，利也。

[一三六] 中復 帛書《六十四卦》同，通行本作"中孚"。

[一三七] 吾與璽贏之 通行本璽作爾，贏作靡。

[一三八] 鳴額(鶴)陰 "鶴"下脱一"在"字。

[一三九] 奮其所穀 穀假作穀，善也。

[一四〇] 吻焉不自明也 吻假作勿，勉也。

[一四一] 憧焉无敢設也 憧假作僮，《詩·采繁》傳："僮僮，竦敬也。"設假爲洩，《繫辭·下》
"益長裕而不設"，設亦假作洩。

[一四二] 川(坤)者順也 《廣雅·釋詁一》："巛，順也。"《説卦傳》："坤，順也。"

[一四三] 是以能既致天下之人而又(有)之 既，盡也。

[一四四] 蒽明叡知 古瓊與璿本爲一字，故叡可假作叡。

[一四五] 博聞强試 《韓詩外傳》卷三、卷八及《説苑·敬慎》與此段略同，均作"博聞强記"，
是試假爲識或記。

[一四六] 卑體(體)屈貌 《漢書·賈誼傳》"所以體貌大臣而厲其節也"，注："體貌，謂加禮容
而敬之。"是體當讀爲禮。

[一四七] 比德而好後 《廣雅·釋詁一》："比，樂也。"《雜卦傳》："比樂師憂。"

[一四八] 亨者，嘉好之會也 《左傳·襄公九年》："亨，嘉之會也。"《文言傳》："亨者，嘉之
會也。"

[一四九] 豐茸 《漢書·尹齊傳》注引《字林》："茸，草亦盛也。"故"豐茸"即豐盛。

[一五〇] 使祭服勿 勿讀爲冕。《禮記·禮器》："勿勿乎其欲其饗之也。"注："勿勿，猶勉勉
也。"《釋名·釋形體》："吻，免也。"是勿可讀爲冕。《左傳·桓公二年》孔疏："冕者，

俛也。以其後高前下,有俛俯之形,故因名焉。蓋以在上位者失於驕矜,欲令位彌高而志彌下,故制此服,令貴者下賤也。”

[一五一] 屋成加菩　菩,《韓詩外傳》作“拙”,《説苑》作“錯”,疑並假作藉。《説文・艸部》:“藉,……一曰草不編狼藉。”古之屋頂或加草。《左傳・桓公二年》“清廟茅屋”,疏云:“杜云:以茅飾屋,著儉也。以茅飾之而已,非謂多用其茅摠爲覆蓋,猶童子垂髦及蔽膝之屬,示其存古耳。”杜預謂以茅飾屋,以昭其儉,此則謂屋成加籍,以示不成,其言雖殊,然因有屋成加草之事實也。

[一五二] 古籍亦有類似此段之記載,《荀子・宥坐》:“聰明聖知,守之以愚,功被天下,守之以讓;勇力撫世,守之以怯;富有四海,守之以謙。”《韓詩外傳》卷三:“成王封伯禽於魯,周公誡之曰:……吾聞德行寬裕守之以恭者榮,土地廣大守之以儉者安,禄位尊盛守之以卑者貴,人衆兵強守之以畏者勝,聰明叡智守之以愚者善,博聞強記守之以淺者智。……夫天道虧盈而益謙,地地變盈而流謙,鬼神害盈而福謙,人道惡盈而好謙。是以衣成則必缺衽,宮成則必缺隅,屋成則必加拙。示不成者,天道然也。《易》曰謙,亨,君子有終。”又見同卷及卷八,《説苑・敬慎》、謙卦象辭。

[一五三] 賦斂无根　根讀爲限。

[一五四] 晉、齊、宋之君是也　晉,晉文公。齊,齊桓公。宋,疑指宋桓公御説,見《左傳》《莊公十一年》、《十二年》。

[一五五] [關]龍逢　《韓非子・難言》:“關龍逢斬。”事見《韓詩外傳》卷四,《潛夫論》作豢龍逢。

[一五六] 王子比干　《史記・殷本紀》:“剖比干而觀其心。”

[一五七] 五子胥　《史記・伍子胥傳》:“……吴王乃使使賜伍子胥屬鏤之劍,曰:子以此死。”

[一五八] [介]子佳(推)　《莊子・盗跖》:“子推隱避,公因放火燒山,庶其走出。火至,子推遂抱樹而焚死焉。”《楚辭・九章・惜往日》、《吕氏春秋・介立》、《韓非子・用人》、《史記・晉世家》並作“介子推”,惟《左傳・僖公二十四年》作“介之推”。

[一五九] 覆之六二曰,休覆吉　覆,帛書《六十四卦》及通行本並作“復”。

[一六〇] 食舊德貞厲　帛書《六十四卦》與此同,通行本“貞厲”下有“終吉”二字。

[一六一] 夐恒　帛書《六十四卦》與此同,通行本作“浚恒”,《釋文》云:“鄭作濬。”

[一六二] 蛛螯　《方言》十一:“鼃黿,黿螯也。”是蛛螯即蜘蛛。

[一六三] 緣序　《吕氏春秋》作“學紓”,《新書・諭誠》作“循緒”。案:《詩・閔予小子》傳:“序,緒也。”紓亦當讀爲緒。緣序謂緣其事。

[一六四] 率突乎土者　與《吕氏春秋》“從地出者義同”,突與出音義俱近。

[一六五] “今之”下脱一“人”字。

[一六六] 皮幣　《孟子・梁惠王下》:“事之以皮幣”,注:“皮,狐貉之裘;幣,繒帛之貨也。”

[一六七] 此段記載,亦見其他史籍。《呂氏春秋·異用》:"湯見祝網者置四面,其祝曰:從天墜者,從地出者,從四方來者,皆離吾網。湯曰:嘻,盡之矣。非桀其孰爲此也? 湯收其三面,置其一面。更教祝曰:昔蛛蝥作網罟,今之人學紓,欲左者左,欲右者右,欲高者高,欲下者下,吾取其犯命者。漢聞之國聞之曰:湯之德及禽獸矣。四十國歸之。"

[一六八] 邑不戒　比之九五爻辭。"邑"下脱一"人"字。戒,帛書《六十四卦》同,通行本作誡。

[一六九] 此段關於魏文侯之記載,亦見於其他古籍。《呂氏春秋·期賢》:"魏文侯過段干木之閭而軾之。其僕曰:君胡爲軾? 曰:此非段干木之閭歟? 段干木蓋賢者也,吾安敢不軾? 且吾聞段干木未嘗肯以己易寡人也,吾安敢驕之? 段干木光乎德,寡人光乎地;段干木富乎義,寡人富乎財。其僕曰:然則君何不相之? 於是君請相之,段干木不肯受,則君乃致禄百萬,而時往館之。……居無何,秦興兵欲攻魏,司馬唐諫秦君曰:段干木賢者也,而魏禮之,天下莫不聞,無乃不可加兵乎? 秦君以爲然,乃按兵輟不敢攻之。"《新序·雜事》所記略同。

[一七〇] 諸侯先財而後財　此句有誤,疑爲"諸侯先財而後身"。

[一七一] 而冠之嶽嶽　嶽嶽讀爲嶽嶽,高貌。

[一七二] 又覆惠心,勿問,元吉,又復惠我德也　益之九五爻辭。帛書《六十四卦》"又"作"有","覆"作"復"。通行本"又覆"作"有孚","又復"作"有復"。

[一七三] 吳王夫瑳(差)攻　"攻"字下疑脱一"楚"字。此段記載與史籍不同,疑係誤記。《左傳》、《史記》並謂吳大敗楚軍,入郢爲吳王闔廬時事(魯定公四年,吳王闔廬,公元前五〇六年),非吳王夫差也。越二年,吳復伐楚,《左傳》記率師者爲太子終纍,《史記》則爲太子夫差。即以《史記》而言,是時夫差爲太子,非吳王也,不得遂有太子。又《左傳》記夫差之太子名友,《史記》記夫差之太子名友,友與友形近易訛,亦與此書之"大子辰"不合。

又此類記載,古籍中亦有相似者。《呂氏春秋·順民》:"越王苦會稽之恥,欲深得民以致必死於吳……有甘脆,不足分,弗敢食。有酒,流之江,與民同之。"

[一七四] 歸冰　歸讀爲餽。

[一七五] 江水未加清　清讀爲清,冷也。

[一七六] 斯罍　《爾雅·釋言》:"斯,離也。"

[一七七] 爲三遂　遂讀爲隊。《左傳·文公十六年》:"楚子乘馹會師于臨品,分爲二隊。"

[一七八] 鳴嗛(謙),[利用]行師征國　謙(嗛)之上六爻辭,"征"字下脱一"邑"字。

[一七九] 此段記載,亦見於其他古籍。《韓非子·説林下》:"越已勝吳,又索卒于荊而攻晉。左史倚相謂荊王曰:夫越破吳,豪士死,鋭卒盡,大甲傷。今又索卒以攻晉,示我不

病也。不如起師與分吴。荆王曰:善。因起師而從越。越王怒,將擊之。大夫種曰:不可,吾豪士盡,大甲傷,我與戰必不剋,不如賂之。乃割露山之陰五百里以賂之。"《説苑・權謀》略同。

[一八〇] 環周而欲均荆方城之外　均讀爲徇,《史記・項羽本紀》"徇下縣",集解引李奇:"徇,略也。"

[一八一] 以戉(越)戔(踐)吴　《書・成王政序》:"遂踐奄。"孔疏:"鄭玄讀踐爲翦。翦,滅也。"

[一八二] 齊之不能隃(踰)驤(鄹)魯而與我争於吴也　驤即鄹,《史記・吴太伯世家》"(王夫差)九年,爲驤伐魯",鄹亦作驤。

[一八三] 長轂五百乘　《穀梁傳・文公十一年》"長轂五百乘",集解:"長轂,兵車。"

[一八四] 曰卪　疑此二字均誤字,下一字爲未寫完之"吴"字。

[一八五] 大夫重(種)　即越之大夫文種。

[一八六] 鬼〈見〉豕負塗,載鬼一車,先張之柧(弧),後説之壺　睽(乖)之上九爻辭。帛書《六十四卦》"豕"作"豨"。通行本"壺"作"弧"。《釋文》云:"京、馬、鄭、王肅、翟子玄均作壺。"

[一八七] 此段記載,亦見於其他古籍。《吕氏春秋・似順》:"荆莊王欲伐陳,使人視之。使者曰:陳不可伐也。莊王曰:何故? 對曰:城郭高,溝洫深,蓄積多也。寧國曰:陳可伐也。夫陳小國也,而蓄積多,賦斂重也,則民怨上矣;城郭高,溝洫深,則民力罷矣。興兵伐之,陳可取也。莊王聽之,遂取陳焉。"《説苑・權謀》略同。

[一八八] 沈尹樹　楚之左司馬。《左傳》作"沈尹戌",杜注:"戌,音恤。"(《左傳・昭公十九年》)據此書知"戌"實爲"戍"字之誤,蓋樹與戍同爲侯部字,音近相通。戌爲祭部字,與樹不相通假。

[一八九] 其婦人組疾　《詩・簡兮》"執轡如組",傳:"組,織組也。"《説文・糸部》:"組,綬屬,以小者以爲冠纓。"

[一九〇] 入于左腹　明夷之六四爻辭。通行本同,帛書《六十四卦》作"明夷夷于左腹"。

[一九一] 此段記載,亦見於其他古籍。《吕氏春秋・召類》:"趙簡子將襲衛,使史默往睹之,期以一月,六月而後反。趙簡子曰:何其久也? 史默曰:謀利而得害,猶弗察也。今籧伯玉爲相,史鰌佐焉,孔子爲客,子貢使令於君前,甚聽。……趙簡子按兵不動。"史默即史黑。《説苑・奉使》略同,惟"史黑"作"史黯"。

[一九二] 史子突焉　"史子"即"史鰌","突"疑假作"秩"。

[一九三] 觀國之光,利用賓于王　觀之六四爻辭。

[一九四] 童童往來　咸(欽)之九四爻辭。帛書《六十四卦》作"重重",通行本作"憧憧"。

[一九五] 不克征　復之上六爻辭,通行本同,帛書《六十四卦》"不"作"弗"。

[一九六]　其行塞　鼎之九三爻辭。

[一九七]　不明晦　明夷之上六爻辭,通行本同,帛書《六十四卦》"晦"作"海"。

[一九八]　自邑告命　泰之上六爻辭。

[一九九]　師之左次　師之六四爻辭。

[二〇〇]　闌輿之率　大畜(泰蓄)之九三爻辭。通行本作"曰閑車衛"。此處及下文之"率"字,疑均爲"衛"字之誤。

[二〇一]　豶豕之牙　大畜(泰蓄)之六五爻辭。

[二〇二]　必敬其百姓之順德　"德"下疑脱一"者"字。

[二〇三]　不棄朕(勝)名　朕(勝)讀爲盛。

[二〇四]　不羞卑隃　隃讀爲偷,苟且也。

[二〇五]　以禁諱教　諱讀爲違。

[二〇六]　五兵弗底　《穀梁傳·莊公二十五年》"陳五兵",注:"五兵:矛、戟、鉞、楯、弓矢。"《周禮·司兵》"掌五兵五盾",注引司農:"五兵者,戈、殳、戟、酋矛、夷矛。"又"軍事建車之五兵",注:"步卒之五兵則無夷矛而有弓矢。"《漢書·吾邱壽王傳》"臣聞古者作五兵",顏注:"五兵謂矛、戟、弓、劍、戈。"底,礪也。

[二〇七]　調愛其百生(姓)　《説文·言部》:"調,和也。"

[二〇八]　權謀不讓　讓疑爲釀。

[二〇九]　怨弗无昌　弗、違戾也。

[二一〇]　師之王參賜命　師之九二爻辭。賜,帛書《六十四卦》作"湯",通行本作"錫"。

[二一一]　柰之自邑告命　泰之上六爻辭。泰卦之泰,此作柰。

[二一二]　此之胃(謂)參(三)招　招假作詔。《國策·齊策一》"今主君以趙王之教詔之",注:"詔,告也。"

[二一三]　无國何失之又　"无"疑"夫"字之誤。

[二一四]　宷　通索,法也。

[二一五]　此"人"字疑衍。

[二一六]　孫戒在前　孫疑讀爲訓。

[二一七]　弗將不達　《詩·鵲巢》"百兩將之",傳:"將,送也。"

[二一八]　弗遂不成　《國語·齊語》"遂滋民",注:"遂,育也。"

[二一九]　旅之潛斧　旅之九四爻辭。潛,帛書《六十四卦》作"溍",通行本作"資",古籍中多作"齊"。溍與資、齊以真脂對轉通假。溍、資、齊與潛則以雙聲通假,亦猶武威漢《儀禮》簡,甲、乙兩《喪服傳》"晉枅綏"之"晉",丙本作"晉",今本則作"箭",晉、箭與晉亦以雙聲通假也。

[二二〇]　不耕而穉　无妄(孟)六二爻辭,帛書《六十四卦》及通行本均無"而"字,《釋文》云:

　　“或依注作‘不耕而穫’。”敦煌唐寫本《周易》殘卷(伯二五三〇)有“而”字，與此同。

［二二一］良月幾望　歸妹之六五爻辭。注《易》各家均以“良”字屬上讀，此獨屬下讀。當以
　　　　屬上讀爲是。